The Personal Information Protection Law

1・2級対応

個人情報
保護実務検定
公式テキスト

弁護士　坂東利国　著

牧野鉄郎（課題Ⅱ監修）

主催団体発行テキスト　＞＞＞

個人情報保護実務検定　試験概要

1. 制限時間　　　　1級...120分／2級...90分
2. 問題数　　　　　1級...100問／2級...80問
3. 合格点　　　　　課題 I・課題 II　合計70%以上
4. 検定料　　　　　1級...11,000円（税込）／2級...8,800円（税込）
5. 試験形態　　　　マークシート方式
6. 出題範囲

課題	出題内容	
課題 I 個人情報保護法の理解	第1編　個人情報保護法総説	・個人情報保護の法体系
		・各種認定制度
	第2編　個人情報保護法の基本法部分	・法の目的と基本理念
		・用語の定義
		・国及び地方公共団体の責務や施策等
	第3編　個人情報に関する義務	・利用目的の特定・変更（法17条）
		・利用目的による制限（法18条）
		・不適正な利用の禁止（法19条）
		・適正な取得（法20条1項）
		・要配慮個人情報の取得制限（法20条2項）
		・取得に際しての利用目的の通知等（法21条）
	第4編　個人データに関する義務	・個人データの正確性の確保と不要な個人データの削除（法22条）
		・安全管理措置（法23条）
		・従業者の監督（法24条）
		・委託先の監督（法25条）
		・漏えい等の報告等（法26条）

		・第三者提供の制限（法 27 条）
		・オプトアウトによる第三者提供（法 23 条2 項〜4項）
		・「第三者」に該当しない場合（法 27 条5項 各号）
		・外国にある第三者への提供の制限（法 28 条）
		・第三者提供時の確認・記録義務（法29条・ 30 条）
第5編　個人関連情報に 関する義務		・個人関連情報の第三者提供の制限等（法 31 条）
第6編　保有個人データ に関する義務		・保有個人データに関する事項の本人への 周知（法 32 条1項）
		・利用目的の通知の求め（法 32 条2項・3 項）
		・保有個人データの開示請求（法 33 条）
		・第三者提供記録の開示請求（法 33 条5 項）
		・保有個人データの訂正等の請求（法 34 条）
		・保有個人データの利用停止等の請求（法 35 条1項・2項）
		・保有個人データの第三者提供停止の請求 （法 35 条3項・4項）
		・法 35 条5項の要件を満たす場合の利用停 止等又は第三者提供の停止
		・開示等の請求等に応じる手続・手数料（法 37 条・38 条）
		・裁判上の訴えの事前請求（法 39 条）
第7編　仮名加工情報取扱 事業者等の義務		・仮名加工情報取扱事業者等の義務（法 41 条・42 条）
第8編　匿名加工情報に 関する義務等		・匿名加工情報に関する義務等（法 43 条〜 46 条）
第9編　実効性を担保する 仕組み等		・個人情報の取扱いに関する苦情処理（法 40 条）
		・個人情報保護委員会による監視・監督
		・民間団体による個人情報の保護の推進
		・罰則（法 176 条〜185 条）

	第10編　行政機関等における個人情報等の取扱い	・行政機関等における個人情報等の取扱い
課題Ⅱ 個人情報保護の対策と情報セキュリティ	第1編　脅威と対策	・個人情報保護法と情報セキュリティ
		・情報セキュリティ
		・個人情報保護法のガイドライン
	第2編　組織的・人的セキュリティ	・基本方針の策定
		・リスクの認識、分析、対策
		・組織的安全管理措置
		・人的安全管理措置
		・事故・苦情等への対応
	第3編　オフィスセキュリティ	・物理的セキュリティ対策に関連する知識
		・物理的安全管理措置の実施項目
		・災害対策
	第4編　情報システムセキュリティ ※1級のみ	・技術的セキュリティ対策に関連する知識
		・技術的安全管理措置の実施項目

※2級の難易度は1級よりも易しく、2級の出題範囲に課題Ⅱの第4編は含まれません。
※出題項目が変更となる場合がありますので、受験申込時にホームページにてご確認ください。

お問合せ先

一般財団法人　全日本情報学習振興協会

東京都千代田区神田三崎町 3-7-12　清話会ビル5階

TEL：03-5276-0030　FAX：03-5276-0551

http://www.joho-gakushu.or.jp/

目　次

課題 I
個人情報保護法の理解

第1編　個人情報保護法総説　　　　　　　　　　　　　　　　　10

　第1章　個人情報保護の法体系　　　　　　　　　　　　　　　10

第2編　個人情報保護法の基本法部分　　　　　　　　　　　　　17

　第2章　法の目的と基本理念　　　　　　　　　　　　　　　　17

　第3章　用語の定義　　　　　　　　　　　　　　　　　　　　18

　第4章　国及び地方公共団体の責務や施策等　　　　　　　　　40

　第5章　構成と個人情報取扱事業者の義務　　　　　　　　　　42

第3編　個人情報に関する義務　　　　　　　　　　　　　　　　44

　第6章　利用目的の特定・変更（法17条）　　　　　　　　　　45

　第7章　利用目的による制限（法18条）　　　　　　　　　　　48

　第8章　不適正な利用の禁止（法19条）　　　　　　　　　　　54

　第9章　適正な取得（法20条1項）　　　　　　　　　　　　　56

　第10章　要配慮個人情報の取得制限（法20条2項）　　　　　　58

　第11章　取得に際しての利用目的の通知等（法21条）　　　　　63

第4編　個人データに関する義務（法22条〜30条）　　68

第12章　個人データの正確性の確保と不要な個人データの削除（法22条）　　70
第13章　安全管理措置（法23条）　　71
第14章　従業者の監督（法24条）　　72
第15章　委託先の監督（法25条）　　74
第16章　漏えい等の報告等（法26条）　　80
第17章　第三者提供の制限（法27条）　　95
第18章　オプトアウトによる第三者提供（法27条2項〜4項）　　100
第19章　「第三者」に該当しない場合（法27条5項各号）　　103
第20章　外国にある第三者への提供の制限（法28条）　　108
第21章　第三者提供時の確認・記録義務（法29条・30条）　　118

第5編　個人関連情報に関する義務　　134

第22章　個人関連情報の第三者提供の制限等　　134

第6編　保有個人データに関する義務（法32条〜39条）　　143

第23章　保有個人データに関する事項の本人への周知（法32条1項）　　144
第24章　利用目的の通知の求め（法32条2項・3項）　　146
第25章　保有個人データの開示請求（法33条）　　148
第26章　第三者提供記録の開示請求（法33条第5項）　　152
第27章　保有個人データの訂正等の請求（法34条）　　155
第28章　保有個人データの利用停止等の請求（法35条1項・2項）　　157
第29章　保有個人データの第三者提供停止の請求（法35条3項・4項）　　159

第30章　法35条5項の要件を満たす場合の利用停止等
　　　　又は第三者提供の停止 _____ 161

第31章　開示等の請求等に応じる手続・手数料
　　　　（法37条・38条） _____ 165

第32章　裁判上の訴えの事前請求（法39条） _____ 169

第7編　仮名加工情報取扱事業者等の義務 _____ 170

第33章　仮名加工情報取扱事業者等の義務
　　　　（法41条・42条） _____ 170

第8編　匿名加工情報に関する義務等 _____ 186

第34章　匿名加工情報に関する義務等（法43条〜46条） _____ 186

第9編　実効性を担保する仕組み等 _____ 204

第35章　総論 _____ 204

第36章　個人情報の取扱いに関する苦情処理（法40条） _____ 205

第37章　個人情報保護委員会による監視・監督 _____ 207

第38章　民間団体による個人情報の保護の推進 _____ 214

第39章　雑則 _____ 216

第40章　罰則（法176条〜185条） _____ 220

第10編　行政機関等における個人情報等の取扱い
　　　　（法第5章） _____ 223

第41章　行政機関等における個人情報等の取扱い ____ 223

課題 II
個人情報保護の対策と情報セキュリティ

第1編　脅威と対策 _____ 227

　第1章　個人情報保護と情報セキュリティ _____ 227

第2編　組織的・人的セキュリティ _____ 231

　第2章　基本方針の策定 _____ 231

　第3章　個人情報の洗い出しと管理 _____ 232

　第4章　規程文書（内部規程）の整備 _____ 236

　第5章　組織的安全管理措置 _____ 242

　第6章　人的安全管理措置 _____ 253

　第7章　事故・苦情等への対応 _____ 258

第3編　オフィスセキュリティ _____ 261

　第8章　物理的安全管理措置 _____ 261

第4編　情報システムセキュリティ _____ 278

　第9章　技術的安全管理措置 _____ 278

課題 I

個人情報保護法の理解

第1編　個人情報保護法総説

第1章　個人情報保護の法体系

第1節　法令

1　個人情報保護法

　個人情報保護法（個人情報の保護に関する法律（平成15年法律第57号）。本書で「法」というときは、個人情報保護法を指す。）は、個人情報の適正な取扱いに関し、個人情報を取り扱う事業者及び行政機関等が遵守すべき義務を定めること等により、個人情報の有用性に配慮しつつ、個人の権利利益を保護することを目的とする法律である。

　我が国の個人情報保護に関する法制は、かつては、民間部門の個人情報保護法、行政機関の行政機関個人情報保護法、独立行政法人等の独立行政法人等個人情報保護法、そして各地方公共団体が定めた個人情報保護条例という多元的な構造をとっていた。

　しかし、令和3年の法改正により個人情報保護制度の官民一元化が行われ、個人情報保護法に統合された。

　なお、個人情報の適正な取扱いに関する事業者等の措置等に関する規律については、個人情報保護法で大枠を定め、具体的な内容は政省令、規則及びガイドラインにより対応する形がとられている。

2　基本方針

　個人情報保護法7条1項の規定に基づき、個人情報の保護に関する施策の推進の基本的な方向及び国が講ずべき措置を定めるとともに、地方公共団体、独立行政法人等、地方独立行政法人、個人情報取扱事業者及び認定個人情報保護団体等が講ずべき措置に関する基本的な事項等を示すものとして、政府により「個人情報の保護に関する基本方針」（本書では「基本方針」という。）が策定されている。

3　施行令

個人情報保護法の規定に基づき、内閣による「政令」として、「個人情報の保護に関する法律施行令」（本書では「施行令」又は「令」という。）が制定され、法が定める用語の具体的な要件等が定められている。

4　規則

個人情報保護法及び施行令の規定に基づき、並びに同法を実施するため、個人情報保護委員会により「個人情報の保護に関する法律施行規則」（本書では「施行規則」又は「規則」という。）が定められている。

第2節　ガイドラインその他の規範

1　ガイドライン

事業者が個人情報の適正な取扱いの確保に関して行う活動を支援すること、及び当該支援により事業者が講ずる措置が適切かつ有効に実施されることを目的として、個人情報保護法4条及び9条等に基づく具体的な指針として、個人情報保護委員会により「個人情報の保護に関する法律についてのガイドライン」が策定されている。

民間部門向けとしては、分野別に以下5編のガイドラインがある（括弧内は本書における略称）。

- ・通則編（本書では「通則ガイドライン」又は「通則GL」と略称する。）
- ・外国にある第三者への提供編（本書では、「外国第三者提供ガイドライン」又は「外国第三者GL」と略称する。）
- ・第三者提供時の確認・記録義務編（本書では、「確認・記録ガイドライン」又は「確認・記録GL」と略称する。）
- ・仮名加工情報・匿名加工情報編（本書では、「仮名・匿名ガイドライン」又は「仮名・匿名GL」と略称する。）
- ・認定個人情報保護団体編

個人情報保護委員会は、これらのガイドラインの実務的な解説として、「個人情報の保護に関する法律についてのガイドラインに関するQ&A」（本書では「Q&A」という。）も公表している。

なお、個別分野において、より事業者の理解を深めるために、事業所管大臣等が事例集やQ&A、解説等を公表している場合もある。

図表1　ガイドラインの関係

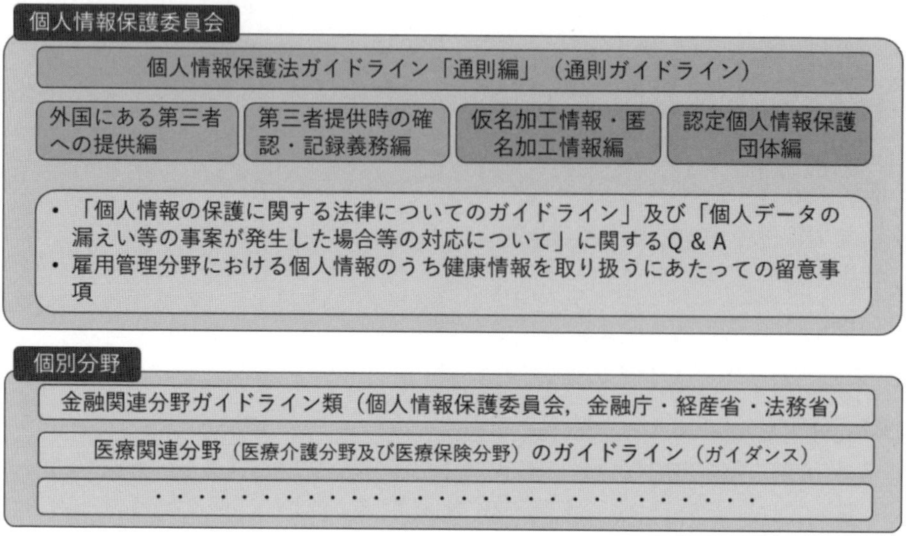

個人情報保護委員会

個人情報保護法ガイドライン「通則編」（通則ガイドライン）

外国にある第三者への提供編	第三者提供時の確認・記録義務編	仮名加工情報・匿名加工情報編	認定個人情報保護団体編

- 「個人情報の保護に関する法律についてのガイドライン」及び「個人データの漏えい等の事案が発生した場合等の対応について」に関するＱ＆Ａ
- 雇用管理分野における個人情報のうち健康情報を取り扱うにあたっての留意事項

個別分野

金融関連分野ガイドライン類（個人情報保護委員会，金融庁・経産省・法務省）

医療関連分野（医療介護分野及び医療保険分野）のガイドライン（ガイダンス）

・・・・・・・・・・・・・・・・・・・

2　各種認定制度

(1)　JIS Q 15001 とプライバシーマーク制度

① 　JIS Q 15001

　JIS Q 15001「個人情報保護マネジメントシステム−要求事項」は、個人情報の保護に関するマネジメントシステムの日本産業規格であり、プライバシーマークの審査基準の根拠となっている。

　　☞　JIS Q 15001 は、企業が個人情報を扱う際の基本的な方針（個人情報保護方針）や、それに基づいた具体的な計画の策定、その実施と運用、一定期間毎の運用の評価や見直しまでを含めたトータルな個人情報保護管理体系の構築を要求している。

　本規格に沿った措置は法的義務として行われるものではなく、事業者が自主的に行うものという位置づけとなるが、後述するプライバシーマーク制度においては、本規格が認証基準となっているので、プライバシーマーク付与事業者は、本規格の遵守が求められる。

　JISQ15001 は個人情報保護法に対応しているので、JISQ15001 を遵守することで、個人情報保護法も遵守することができる。

② 　プライバシーマーク制度

　プライバシーマーク制度は、JIS Q 15001 を審査基準とした第三者認証制度である（1998 年に創設）。

　プライバシーマークの付与を受けたい事業者は、一般財団法人日本情報経済社会推進協会（JIPDEC）又は JIPDEC が指定する審査機関に申請する。審査機関が申請者のプライバシーマーク付与適格性を審査し、付与適格性が認められた事業者に JIPDEC がプライバシーマーク

を付与して登録する。

(2)　JIS Q 27001 と ISMS 適合性評価制度

①　JIS Q 27001

　JIS Q 27001「情報技術－セキュリティ技術－　情報セキュリティマネジメントシステム－要求事項」は、情報セキュリティマネジメントシステム（ISMS= Information Security Management System）の要求事項を定めた日本産業規格である。

　後述する ISMS 適合性評価制度の認証取得事業者は、その認証基準である JIS Q 27001 の遵守が求められる。

②　ISMS 適合性評価制度

　「ISMS 適合性評価制度」は、JIS Q 27001（ISO/IEC 27001）を認証基準とした ISMS の第三者認証制度である。

　ISMS を取得することにより、事業者は、ISMS の構築・運用による組織の総合的な情報セキュリティ対策が実現できるとともに、対外的には、顧客や取引先などの要求に対応して情報セキュリティの信頼性を確保し、国際的にもアピールすることができる。

　ISMS 適合性評価制度の認定を受けたい組織は、一般財団法人日本情報経済社会推進協会（JIPDEC）の認定を受けた認証機関に申請する。認証機関は、申請者が構築した ISMS が JIS Q 27001 に適合しているかを審査し認証する。認証された事業者は JIPDEC に ISMS 認証取得組織として登録される。

　ISMS 適合性評価制度の認定申請ができる組織は、法人単位に限られず、事業所、部門、事業やグループ企業での取得も可能である。

(3)　JIS Q 15001 と JIS Q 27001 の関係

　JIS Q 15001 も JIS Q 27001 も、リスクマネジメントシステムの一般的な原則に従い、いわゆる PDCA サイクルを繰り返す手法を採用する点は共通している。

　しかし、JIS Q 15001 は、個人情報保護法（国内法）に準拠し、主に個人情報を対象とするのに対し、JIS Q 27001 は、ISO/IEC 27001（国際規格）に準拠しており、対象も個人情報を含む情報資産全般である点に大きな違いがある。

JISQ15001 を認証基準とするプライバシーマーク制度は、保護対象を個人情報とし、法人単位での認証が原則とされている。

一方、JISQ27001 を認証基準とする ISMS 適合性評価制度は、保護対象が情報全般となっており、また、企業の事業・部門やサービスなどの単位での認証が可能である。

☞　このため、企業としては、まず特定の部門で ISMS 適合性評価制度の認証を受け、順次企業内に ISMS を拡大していくという用い方ができる。そして、マネジメントシステムの考え方が企業全体に浸透した段階で、プライバシーマーク制度の付与を目指すという方法が考えられる（プライバシーマークは全社での導入が必要）。

図表2　プライバシーマーク制度と ISMS 適合性評価制度

	プライバシーマーク	ISMS 適合性評価制度
共通点	・情報保護に関するマネジメントシステムの整備 ・PDCA サイクルの運用	
認証取得単位	事業者単位	部門単位など柔軟
保護の対象	事業者が取り扱う個人情報等	組織が保護すべき情報資産
基準となる規格	JISQ15001	JISQ27001 ISO/IEC27001
維持・更新	有効期限は2年 2年ごとに更新審査	通常、1年ごとにサーベイランス（認証維持）審査 再認証（更新）審査は3年ごと

第3節　個人情報保護法の背景と成立・改正

1　平成15年・個人情報保護法の成立（2013年）

[参考知識：個人情報保護法の成立]

平成12年（2000年）10月に、政府の情報通信技術（IT）戦略本部・個人情報保護法制化専門委員会が「個人情報保護基本法制に関する大綱」を公表し、我が国の個人情報保護法制に関する方針が示された。

その後は、内閣官房を中心に個人情報保護法案の立案が進められ、法案が国会に提出され、法案審議は紆余曲折を経て、平成15年（2003年）3月に、個人情報保護関係5法（①個人情報保護法、②行政機関個人情報保護法、③独立行政法人等個人情報保護法、④情報公開・個人情報保護審査会設置法及び⑤行政機関の保有する個人情報の保護に関する法律等の施行に伴う関係法律の整備等に関する法律）が可決成立した。

2　平成 27 年改正（2015 年）

> [参考知識：平成 27 年改正]
>
> 　個人情報保護法は、成立後 10 年以上にわたって改正が行われなかったが、この間、同法が定める「個人情報」の定義があいまいであることや、ＥＵから個人データを移転する際の障壁をなくすための法対応が不十分であること、法成立後の ICT の更なる発展や国境を超えた情報流通の拡大といった社会情勢の変化への対応が必要であること、名簿取引規制の強化が必要であることなどが指摘されていた。
>
> 　このような観点から、平成 27 年改正が行われた。

3　令和 2 年改正（2020 年）

> [参考知識：令和 2 年改正]
>
> 　平成 27 年改正においては、法改正後の社会・経済政策の変化に対応するために、改正後 3 年を目途として所要の措置を講ずることとされていた。そこで、個人情報保護委員会は、個人情報保護をめぐる国内外の政策、技術、産業等の状況等についての実態把握や、様々な分野の専門家からのヒアリング等を実施して論点整理を進めた。そして、令和元年 12 月、個人情報保護委員会が「個人情報保護法 いわゆる 3 年ごと見直し 制度改正大綱」を公表した。
>
> 　これをもとに立案作業が進められ、令和 2 年の第 201 回国会に改正法案が提出されて可決・成立し、同年 6 月 12 日に公布された。

4　令和 3 年改正（2021 年）

> [参考知識：令和 3 年改正]
>
> 　令和 2 年改正に続き、令和 3 年にも大きな改正が行われた。
>
> 　大きな改正点は、個人情報保護法制の官民一元化である。すなわち、それまでは、個人情報に関する法制は、民間部門の個人情報保護法、行政機関の行政機関個人情報保護法、独立行政法人等の独立行政法人等個人情報保護法、そして各地方公共団体が定めた個人情報保護条例というように、多元的な法規制となっており、所管も、個人情報保護法は個人情報保護委員会、行政個人情報保護法及び独立行政法人等個人情報保護法は総務省、個人情報保護条例は各地方公共団体となっており、煩雑であった。
>
> 　そこで、令和 3 年改正では、3 つの法律を個人情報保護法 1 本に統合した。また、地方公共団体の個人情報保護制度についても、個人情報保護法において全国的な共通ルールを規定することとした。更に、全体の所管を個人情報保護委員会に一元化した。

第4節　個人情報保護法の構成

　個人情報保護法の第1章から第3章は、基本理念のほか、国・地方公共団体の責務や個人情報の保護に関する施策等が規定されており、民間部門・公的部門を通じた個人情報の取扱いに関する政策を定める「基本法」に相当する部分である。

　個人情報保護法の第4章から第8章は、個人情報取扱事業者等の義務等（第4章）や行政機関等の義務等（第5章）、個人情報保護委員会（第6章）のほか、罰則（第8章）などが規定されており、民間部門や公的部門に対する必要最小限度の規律を定める「一般法」に相当する部分である。一般法に相当する部分については、各分野に対応したガイドライン（指針）が策定・公表されている。

図表3　個人情報保護法の構成

基本法部分	第1章　総則（1条－3条） 第2章　国及び地方公共団体の責務等（4条－6条） 第3章　個人情報の保護に関する施策等（7条－15条） 　第1節　個人情報の保護に関する基本方針（7条） 　第2節　国の施策（8条－11条） 　第3節　地方公共団体の施策（12条－14条） 　第4節　国及び地方公共団体の協力（15条）

| 一般法部分 | 第4章　個人情報取扱事業者等の義務等（16条－59条）
　第1節　総則（16条）
　第2節　個人情報取扱事業者及び個人関連情報取扱事業者の義務（17条－40条）
　第3節　仮名加工情報取扱事業者等の義務（41条・42条）
　第4節　匿名加工情報取扱事業者等の義務（43条－46条）
　第5節　民間団体による個人情報の保護の推進（47条－56条）
　第6節　雑則（57条－59条）
第5章　行政機関等の義務等（60条－129条）
第6章　個人情報保護委員会（130条－170条）
第7章　雑則（171条－175条）
第8章　罰則（176条－185条）

附則 | }　ガイドライン

}　ガイドライン |

第２編　個人情報保護法の基本法部分

第２章　法の目的と基本理念

第１節　法の目的（法１条）

法第１条（目的）

この法律は、デジタル社会の進展に伴い個人情報の利用が著しく拡大していることに鑑み、個人情報の適正な取扱いに関し、基本理念及び政府による基本方針の作成その他の個人情報の保護に関する施策の基本となる事項を定め、国及び地方公共団体の責務等を明らかにし、個人情報を取り扱う事業者及び行政機関等についてこれらの特性に応じて遵守すべき義務等を定めるとともに、個人情報保護委員会を設置することにより、行政機関等の事務及び事業の適正かつ円滑な運営を図り、並びに個人情報の適正かつ効果的な活用が新たな産業の創出並びに活力ある経済社会及び豊かな国民生活の実現に資するものであることその他の個人情報の有用性に配慮しつつ、個人の権利利益を保護することを目的とする。

1　個人情報の有用性と個人の権利利益の保護

　個人情報保護法は、「個人情報の有用性に配慮しつつ、個人の権利利益を保護すること」を目的としている（法１条）。「個人情報の有用性」とは、個人情報の適正かつ効果的な活用が新たな産業の創出並びに活力ある経済社会及び豊かな国民生活の実現に資するものであること（法１条）などを意味する。

　政府の基本方針でも、「個人情報の保護に関する施策を推進するに当たっては、個人情報の保護と適正かつ効果的な活用のバランスを考慮した取組が求められる」と定められ、個人情報の有用性への配慮が明確にされている。

　　☞　個人情報の有用性に対する配慮は、個人情報取扱事業者の遵守すべき義務の例外の規定（法18条3項各号、27条1項各号・2項・4項、33条2項但書等、多数ある）や、仮名加工情報の規定（法41条・42条）などに現れている。

第２節　基本理念（法３条）

　個人情報は、プライバシー等の個人の人格的な権利利益に密接に関わる情報であるから、個人が「個人として尊重される」ことを定めた憲法13条の下、慎重に取り扱われるべきことが求められる。

　このため、個人情報保護法3条は、個人情報が「個人の人格尊重の理念の下に慎重に取り扱われるべきものである」ことを示すとともに、「適正な取扱いが図られなければならない」という基本理念を示している。

第3章　用語の定義

　個人情報保護法は、法2条と法16条で、用語の定義を定めている。

第1節　個人情報（法2条1項）

1　定義と趣旨

> 法第2条（定義）
>
> 1　この法律において「個人情報」とは、生存する個人に関する情報であって、次の各号のいずれかに該当するものをいう。
>
> 　一　当該情報に含まれる氏名、生年月日その他の記述等（文書、図画若しくは電磁的記録（電磁的方式（電子的方式、磁気的方式その他人の知覚によっては認識することができない方式をいう。次項第二号において同じ。）で作られる記録をいう。以下同じ。）に記載され、若しくは記録され、又は音声、動作その他の方法を用いて表された一切の事項（個人識別符号を除く。）をいう。以下同じ。）により特定の個人を識別することができるもの（他の情報と容易に照合することができ、それにより特定の個人を識別することができることとなるものを含む。）
>
> 　二　個人識別符号が含まれるもの

　個人情報の定義を簡単にいうと、

　　①　生存する

　　②　個人に関する情報であって、

　　③　特定の個人を識別することができるもの又は個人識別符号が含まれるもの

である。

　個人情報は、大きく次の2種類に分類できる（法2条1項）。

　1号　文書、図画、電磁的記録に記載・記録等された事項等により特定の個人を識別できる情報

　2号　個人識別符号が含まれる情報

2　生存する者の情報であること

　個人情報は、「生存する」個人に関する情報でなければならない。

　　☞　当該情報の取得時は本人が生存していたが、その後本人が死亡した場合は、当該情報は個人情報ではなくなるのが原則である。

3　個人に関する情報であること

(1)　個人に関する

個人情報は、「個人に関する情報」でなければならない。情報の主体が「個人」であれば、国籍や所属等を問わない。

[参考知識：統計情報の扱い]

「統計情報」（複数人の情報から共通要素に係る項目を抽出して同じ分類ごとに集計して得られる情報）は、個人情報から作成されたものでも、個人との対応関係が排斥されている限りにおいて「個人に関する情報」に該当せず、個人情報に該当しない。

---

(2)　情報

個人情報となりうる情報には限定がなく、「当該情報に含まれる氏名、生年月日その他の記述等」により特定の個人を識別することができる情報であり、「その他の記述等」には、文書、図画もしくは電磁的記録に記載され、もしくは記録され、又は音声、動作その他の方法を用いて表された一切の事項が含まれる（法2条1項1号）。

従って、個人の属性※に関する情報は、記載・記録の方式や情報の価値、プライバシー権として保護される情報であるかなどは問わず、個人識別性などの要件を満たせば個人情報となる。

　※「属性」とは、性別、生年月日、家族構成、社会的地位、電話番号、郵便番号、年収等、ある時点における個人の情報である。

4　特定の個人を識別できるもの（法2条1項1号）

(1)　個人識別性

生存する個人に関する情報に含まれる一切の事項から特定の個人が識別できる場合には、当該情報は個人情報となる（法2条1項1号）。

特定の個人を識別できることを「個人識別性」ということもある。

[参考知識：個人識別に関する例]

・芸能人の周知な芸名（本名ではない）は、その芸能人を特定できるので個人情報といえる。

・オンラインゲームのニックネームやIDは、通常は（周知である等の事情がない限り）特定の個人を識別できないので、単体では個人情報とはいえないが、当該情報に含まれる他の情報とともに特定の個人が識別できる場合には、個人情報といえる。

・防犯カメラの映像は氏名を含んでいないが、会社内の防犯カメラ映像であれば、その会社にとっては容貌等により従業員の特定が可能であるから、その会社にとっては個人情報といえる。

---

(2)　容易照合性

　当該情報単体で特定の個人を識別できる場合（(1)の場合）のほか、当該情報単体では特定の個人を識別できなくても、当該情報を他の情報と容易に照合することができ、それにより特定の個人を識別することができる場合は、個人情報となる（法2条1項）。

　他の情報と容易に照合することができ、それにより特定の個人を識別することができることを、「容易照合性」ということもある。

図表4　容易に照合できる他の情報との照合による識別

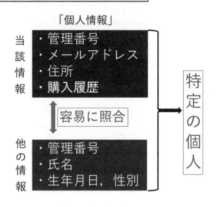

[参考知識：容易照合性を有している場合の例]

・メールアドレスは、文字列だけから特定個人の情報とわかる場合（例：joho_taro@meti.go.jp）は、個人情報といえる。それ以外のメールアドレスは、一般には個人情報とはいえないが、取扱業者において従業員名簿等と容易に照合できる（照合容易性を有している）場合は、当該取扱業者にとっては個人情報となる。

・通信履歴（アクセスログ）は、事業者が通信履歴を保有し顧客データ等と容易に連携できる場合は、個人情報といえる。

・電子タグ内の情報と個人情報データベース等を容易に連係できる場合は、電子タグ内の情報も個人情報といえる。

・ある情報の取得時には特定の個人を識別することができなかったとしても、取得後に、新たな情報が付加され、又は照合された結果、生存する特定の個人を識別できた場合は、その時点で個人情報となる。

　照合が「容易」であるとは、特別な手間や費用を掛けることなく、通常の業務における一般的な方法で照合が可能な状態をいう。

[参考知識：照合が容易な場合（○）と容易とはいえない場合（×）]

× 部門ごとに設置されているデータベースに別々に情報を保管している場合で、別部門とのシステムの違いから技術的に照合困難な場合は「容易」とはいえない。

○ 部門ごとに設置されているデータベースに別々に情報を保管している場合で、他部門のデータベースへのアクセスが厳格に禁止されていても、各部門の統括者等が双方にアクセス可能な場合は、照合が容易といえる（Q&A）。

× 部門ごとに設置されているデータベースに別々に情報を保管している場合で、各部門の統括的立場の者等が、規程上・運用上、双方のデータベースを取り扱うことが厳格に禁止され、通常の業務における一般的な方法で双方のデータベース上の情報を照合することができない状態である場合は、照合容易性は認められない（Q&A）。

○ 特定の個人を識別できる情報（氏名等）に割り当てられている識別子（管理番号や顧客 ID 等）と共通のものが割り当てられていることにより、事業者内部において特定の個人を識別できる情報（氏名等）とともに参照できる場合は、照合が容易といえる（Q&A）。

5　個人識別符号が含まれるもの（法2条1項2号）

　生存する個人に関する情報であって、「個人識別符号が含まれるもの」も、個人情報となる（法2条1項2号）。

第2節　個人識別符号（法2条2項）

法第2条（定義）

2　この法律において「個人識別符号」とは、次の各号のいずれかに該当する文字、番号、記号その他の符号のうち、政令で定めるものをいう。

一　特定の個人の身体の一部の特徴を電子計算機の用に供するために変換した文字、番号、記号その他の符号であって、当該特定の個人を識別することができるもの

二　個人に提供される役務の利用若しくは個人に販売される商品の購入に関し割り当てられ、又は個人に発行されるカードその他の書類に記載され、若しくは電磁的方式により記録された文字、番号、記号その他の符号であって、その利用者若しくは購入者又は発行を受ける者ごとに異なるものとなるように割り当てられ、又は記載され、若しくは記録されることにより、特定の利用者若しくは購入者又は発行を受ける者を識別することができるもの。

1　定義と趣旨

　個人識別符号は、当該情報単体から特定の個人を識別できる文字、番号、記号その他の符号であって、政令（施行令）で定めるものである。

　個人識別符号は、次の2種類がある（法2条2項）。

　　1号　身体的特徴をデータ化した符号（「1号個人識別符号」と呼ばれる）

　　2号　個人に提供されるサービスの利用等に関し割り当てられ、又は個人に発行されるカード
　　　　等に記載・記録された符号（「2号個人識別符号」と呼ばれる）

2　1号個人識別符号

[参考知識：1号個人識別符号]

　1号個人識別符号は、

　　イ．「特定の個人の身体の一部の特徴を電子計算機の用に供するために変換した文字、番号、記号そ
　　　の他の符号」、すなわち、身体的特徴をデータ化した符号であって、当該特定の個人を識別すること
　　　ができるもの（個人識別性を備えるもの）のうち、

　　ロ．政令で定めるもの

　　である。

　「政令で定めるもの」については、施行令1条1号に、以下の(1)及び(2)の要件が定められている。

　　(1)　イからトの7種類の「身体の特徴」のいずれかを電子計算機の用に供するために変換した文字、
　　　番号、記号その他の符号であって、

　　(2)　特定の個人を識別するに足りるものとして個人情報保護委員会規則（規則2条）で定める基準に
　　　適合するもの

---

(1)　施行令1条1号のイ～トに該当する身体の特徴（令1条1号）

[参考知識：身体の特徴]

　「身体の特徴」として、施行令1条1号は、以下のイからトの7種類を定めている。

施行令1条1号が掲げる「身体の特徴」

施行令1条1号イ～ト	
イ	細胞から採取されたデオキシリボ核酸（DNA）を構成する塩基の配列
ロ	顔の骨格及び皮膚の色並びに目、鼻、口その他の顔の部位の位置及び形状によって定まる容貌
ハ	虹彩の表面の起伏により形成される線状の模様
ニ	発声の際の声帯の振動、声門の開閉並びに声道の形状及びその変化（声紋）

ホ	歩行の際の姿勢及び両腕の動作、歩幅その他の歩行の態様（歩容）
ヘ	手のひら又は手の甲若しくは指の皮下の静脈の分岐及び端点によって定まるその静脈の形状
ト	指紋又は掌紋

(2)　個人情報保護委員会規則で定める基準（令1条1号）

> [参考知識：個人情報保護委員会規則で定める基準]
>
> 　施行令1条1号は、1号個人識別符号であるために、イからトのいずれかに該当する身体的特徴をデータ化した符号であるだけでなく、特定の個人を識別するに足りるものとして施行規則（規則2条）で定める基準に適合するものであることも要求している。
>
> 　施行規則2条は、「基準」を「特定の個人を識別することができる水準が確保されるよう、適切な範囲を適切な手法により電子計算機の用に供するために変換すること」と定めている。
>
> これは、「本人を認証することを目的とした装置やソフトウェアにより、本人を認証することができるようにしたもの」という趣旨である（通則GL）。

3　2号個人識別符号

> [参考知識：2号個人識別符号]
>
> 　2号個人識別符号は、
>
> 　ア.　「個人に提供される役務の利用若しくは個人に販売される商品の購入に関し割り当てられ、又は個人に発行されるカードその他の書類に記載され、若しくは電磁的方式により記録された文字、番号、記号その他の符号であって、その利用者若しくは購入者又は発行を受ける者ごとに異なるものとなるように割り当てられ、又は記載され、若しくは記録されることにより特定の利用者等を識別することができるもの」（個人識別性を備えるもの）のうち、
>
> 　イ.　政令で定めるもの
>
> 　である。
>
> イ.の「政令で定めるもの」は、施行令（令1条2号から8号）に定められている。

　2号個人識別符号として政令で定めるものは、旅券の番号、基礎年金番号、運転免許証の番号、住民票コード、個人番号などである（令1条）。

　☞　具体的な該当例は、次ページの[参考知識：施行令1条2号から8号の定め]を参照されたい。

　携帯電話番号やクレジットカード番号は政令（令1条）に定められておらず、個人識別符号に位置づけられていない。

> ☞　携帯電話番号やクレジットカード番号は、様々な契約形態や運用実態があり、およそいかなる場合においても特定の個人を識別することができるとは限らないこと等の理由から、個人識別符号からは除外されている（Q&A）。

　もっとも、これらの番号も、氏名等の他の情報と「容易に照合することができ、それにより特定の個人を識別することができることとなる」場合には、個人情報に該当する（法2条1項）。

[参考知識：施行令1条2号から8号の定め]	
施行令1条2号～8号が掲げる2号個人識別符号	
施行令1条2号～8号	
2号	旅券の番号
3号	基礎年金番号
4号	運転免許証の番号
5号	住民票コード
6号	個人番号
7号 規則 3条	国民健康保険の被保険者証，報後期高齢者医療制度の被保険者証，介護保険の被保険者証に、その発行を受ける者ごとに異なるものとなるように記載された規則3条で定めた文字、番号、記号その他の符号
	（規則3条） 国民健康保険の被保険者証の記号・番号・保険者番号 後期高齢者医療制度の被保険者証の番号・保険者番号 介護保険の被保険者証の番号・保険者番号
8号 規則 4条	その他前各号に準ずるものとして規則4条で定める文字、番号、記号その他の符号
	（規則4条） 健康保険の被保険者証等の記号・番号・保険者番号 健康保険の高齢受給者証の記号・番号・保険者番号 　（以下略）
☞　健康保険証等の記号・番号・保険者番号は、2つ又は3つ揃うことで個人識別符号となる（Q&A）。	

第3節　要配慮個人情報（法2条3項）

> 法第2条（定義）
>
> 3　この法律において「要配慮個人情報」とは、本人の人種、信条、社会的身分、病歴、犯罪の経歴、犯罪により害を被った事実その他本人に対する不当な差別、偏見その他の不利益が生じないようにその取扱いに特に配慮を要するものとして政令で定める記述等が含まれる個人情報をいう。

1　定義と概要

　要配慮個人情報は、本人の人種、信条、社会的身分、病歴、犯罪の経歴、犯罪により害を被った事実のほか、本人に対する不当な差別、偏見その他の不利益が生じないようにその取扱いに特に配慮を要するものとして施行令（令2条）で定める記述等が含まれる個人情報である（法2条3項）。

　要配慮個人情報は、個人情報としての規制に加えて、以下の規制が定められている。

　　①　要配慮個人情報の取得には、原則として、あらかじめ本人の同意を得ることが必要である（法20条2項）。

　　②　オプトアウトによる第三者提供は認められない（法27条2項但書）。

　　③　要配慮個人情報が含まれる個人データの漏えい等が発生し、又は発生したおそれがある事態が生じた場合には、個人情報保護委員会に報告しなければならない（法26条、規則7条1号）。

　要配慮個人情報となる記述等は、法2条3項及び施行令（令2条）に定められている。その意味や該当例は、以下のとおりである。

　なお、要配慮個人情報を推知させるにすぎない情報は、要配慮個人情報に含まない（通則GL）。

［参考知識：要配慮個人情報となる記述等（通則GL、Q&A）］

要配慮個人情報となる記述等

（○は該当する記述等、×は該当しない記述等）

記述等	意味や該当例
法第2条3項が定める記述等	
人種	人種、世系又は民族的若しくは種族的出身を広く意味する ×　国籍や肌の色（人種を推知させる情報＝推知情報 にとどまる）。
信条	思想や信仰など、個人の基本的なものの見方、考え方 ○　特定の政党の党員であること（政治上の主義を特定させる情報） ×　宗教に関する書籍や政党の機関紙の購買情報（信条の推知情報にとどまる） ×　嫌煙家であること、菜食主義者であること
社会的身分	ある個人にその境遇として固着していて、一生の間、自らの力によって容易に

	それから脱し得ないような地位 ○　同和地区の出身であること ×　職業的地位や学歴
病歴	病気に罹患した経歴 ○　がんに罹患している，統合失調症を患っている ○　本人の素振りや外形上の特徴により外形上明らかな疾患に関する情報 ×　疾患の事情が推知されるに過ぎない外形的事情 ×　体重、血圧、脈拍等の健康情報，レントゲン写真等（病歴の推知情報） ×　「Aは○○病らしい」（真偽不明の伝聞情報であり推知情報にとどまる）
犯罪の経歴	前科（有罪の判決を受けこれが確定した事実） ○　前科に該当する犯罪行為を行った事実、受刑の経歴 ×　反社会的集団に所属し、関係を有している事実（推知情報） ×　犯罪行為を撮影した防犯カメラ映像や不確定の犯罪情報（推知情報）
犯罪により害を被った事実	身体的被害、精神的被害、財産的被害を問わず、犯罪の被害を受けた事実
政令2条1号～5号が定める記述等	
（1号） 身体障害、知的障害、精神障害（発達障害を含む）その他の個人情報保護委員会規則で定める心身の機能の障害があること	①身体障害者福祉法が掲げる身体上の障害 ②知的障害者福祉法にいう知的障害 ③精神保健及び精神障害者福祉に関する法律にいう精神障害 ④治療方法が確立していない疾病その他の特殊の疾病であって障害の程度が厚生労働大臣が定める程度であるもの ○　本人の素振りや外形上の特徴により外形上明らかな身体障害に関する情報
（2号） 本人に対して医師その他医療に関連する職務に従事する者（医師等）により行われた疾病の予防及び早期発見のための健康診断その他の検査の結果	○　法律に定められた検査（労働安全衛生法の健康診断やストレスチェック、高齢者の医療の確保に関する法律の特定健康診査等）の結果 ○　任意で実施する人間ドック、医療機関を介さないで行った遺伝子検査等の結果 ×　フィットネスクラブで計測された会員の身長、体重、血圧などのデータ（健康診断事業、診療事業、遺伝子検査ビジネスなどに該当せず、医師等による検査結果といえない） ×　体調不良等を理由に自宅で本人が計測した体温など（同上）
（3号） 健康診断等の結果に基づき、又は疾病、負傷その他の心身の変化を理由として、	○　法律に定められた指導（労働安全衛生法に基づく医師・保健師による指導や医師による面接指導、高齢者の医療の確保に関する法律に基づく医師・保健師・栄養管理士による特定保険指導等）の内容 ○　任意で実施された保健指導等の内容 ○　診療記録等

本人に対して医師等により心身の状態の改善のための指導又は診療若しくは調剤が行われたこと	○　調剤録、薬剤服用歴、お薬手帳に記載された情報等 ○　保険指導を受けた事実、病院等を受診した事実及び薬局等で調剤を受けた事実 ×　病院でクレジットカードを利用した場合のクレジットカード売上明細の記録事項（推知情報） ×　薬局等の調剤に対する共通ポイント付与サービス（推知情報）
（4号） 本人を被疑者又は被告人として、逮捕、捜索、差押え、勾留、公訴の提起その他の刑事事件に関する手続が行われたこと	○　不起訴、不送致、微罪処分、無罪判決を受けた事実 ○　告訴された事実 ×　被害届の段階、本人が被疑者か判然としない段階（推知情報） ×　他人を被疑者とする犯罪捜査のために取調べを受けた事実 ×　他人を被告人とする裁判で証人として尋問を受けた事実 ×　行政処分に関する手続（交通違反の反則金・免停等，勧告，業務停止命令等）を受けた事実
（5号） 本人を少年法第3条1項に規定する少年非行少年又はその疑いのある者として、調査、観護の措置、審判、保護処分その他の少年の保護事件に関する手続が行われたこと	本人を非行少年又はその疑いのある者として、保護処分等の少年の保護事件に関する手続が行われたという事実

2　EU域内及び英国から十分性認定に基づき提供を受けた個人データの対応

[参考知識：EU域内及び英国から十分性認定に基づき提供を受けた個人データの対応]

　EU又は英国の域内から、「十分性認定」により日本に移転を受けた個人データについては、その取扱いをGDPR（又は英国GDPR）※に適合させるために、個人情報保護委員会により、個人情報保護法及びガイドラインに加えて最低限実施すべき規律を定めた補完的ルールが公表されている（「個人情報の保護に関する法律に係るEU及び英国域内から十分性認定により移転を受けた個人データの取扱いに関する補完的ルール」）。

　　※GDPR：EUの「一般データ保護規則」。

　　※英国GDPR：「英国一般データ保護規則」

　補完的ルールでは、EU又は英国の域内から十分性認定に基づき提供を受けた個人データに、性生活、性的指向又は労働組合に関する情報が含まれる場合には、個人情報取扱事業者は、当該情報について、「要配慮個人情報と同様に取り扱うこととする」としている。

　このため、EU又は英国域内から十分性認定に基づいて提供を受けた個人データを取り扱う個人情報取扱事業者は、性生活、性的指向又は労働組合に関する情報を含む個人情報を「要配慮個人情報」として取り扱うことが求められる。

第4節　本人（法2条4項）

　「本人」とは、個人情報によって識別される特定の個人をいう（法2条4項）。

第5節　仮名加工情報（法2条5項）

　　☞　「第33章　第2節　1　仮名加工情報（法2条5項」を参照

第6節　匿名加工情報（法2条6項）

　　☞　「第34章　第2節　1　匿名加工情報（法2条6項）」を参照

第7節　個人関連情報（法2条7項）

　　☞　「第22章　第1節　1　個人関連情報（法2条7項）」を参照

第8節　行政機関（法2条8項）

法2条（定義）

8　この法律において「行政機関」とは、次に掲げる機関をいう。

一　法律の規定に基づき内閣に置かれる機関（内閣府を除く。）及び内閣の所轄の下に置かれる機関

二　内閣府、宮内庁並びに内閣府設置法第49条第1項及び第2項に規定する機関（これらの機関のうち第4号の政令で定める機関が置かれる機関にあっては、当該政令で定める機関を除く。）

三　国家行政組織法第3条第2項に規定する機関（第5号の政令で定める機関が置かれる機関にあっては、当該政令で定める機関を除く。）

四　内閣府設置法第39条及び第55条並びに宮内庁法第16条第2項の機関並びに内閣府設置法第40条及び第56条（宮内庁法第18条第1項において準用する場合を含む。）の特別の機関で、政令で定めるもの

五　国家行政組織法第8条の2の施設等機関及び同法第8条の3の特別の機関で、政令で定めるもの

六　会計検査院

第9節　独立行政法人等（法2条9項）

法2条（定義）

9　この法律において「独立行政法人等」とは、独立行政法人通則法第2条第1項に規定する独立行政法人及び別表第1に掲げる法人をいう。

第10節　地方独立行政法人（法2条10項）

法2条（定義）

10　この法律において「地方独立行政法人」とは、地方独立行政法人法第2条第1項に規定する地方独立行政法人をいう。

第11節　行政機関等（法2条11項）

法2条（定義）

11　この法律において「行政機関等」とは、次に掲げる機関をいう。

一　行政機関

二　独立行政法人等（別表第2に掲げる法人を除く。第16条第2項第3号、第63条、第78条第7号イ及びロ、第89条第4項から第6項まで、第119条第5項から第7項まで並びに第125条第2項において同じ。）

第12節　個人情報データベース等（法16条1項）

法16条（定義）

1　この章及び第8章において「個人情報データベース等」とは、個人情報を含む情報の集合物であって、次に掲げるもの（利用方法からみて個人の権利利益を害するおそれが少ないものとして政令で定めるものを除く。）をいう。

一　特定の個人情報を電子計算機を用いて検索することができるように体系的に構成したもの

二　前号に掲げるもののほか、特定の個人情報を容易に検索することができるように体系的に構成したものとして政令で定めるもの

1　定義と趣旨

　個人情報データベース等は、個人情報を含む情報の集合物であって、特定の個人情報を容易に検索できるように体系的に構成されたものである（法16条1項）。

　個人情報データベース等には、①コンピュータ（電子計算機）を用いる場合（法16条1項1号）と、②コンピュータを用いない場合（同項2号）がある。

　個人情報データベース等は、個人情報保護法が定める他の用語等の構成要件である。すなわち、個人情報データベース等を事業の用に供している者が「個人情報取扱事業者」であり（法16条2項）、個人情報データベース等を構成する個人情報が「個人データ」である（法16条3項）。また、個人情報データベース等を不正な利益を図る目的で提供等した者は、1年以下の懲役又は50万円以下の罰金に処せられる（データベース等不正提供罪。法179条）。

図表5　「個人情報データベース等」と他の用語等の関係

個人情報

特定の個人情報を検索できるように体系的に構成されていない状態は、
多量の情報であっても「個人情報」の集合物

特定の個人情報を
検索できるように
体系的に構成

個人情報データベース等

個人情報データベース等を事業の用に供している者
個人情報取扱事業者
➡ 個人情報保護法が定める義務が適用される

個人情報データベース等を構成する個人情報
個人データ
➡ 個人データに関する義務

個人情報データベース等を不正な利益を図る目的で提供等
➡データベース等不正提供罪

2　電子計算機（コンピュータ）を用いる場合（法16条1項1号）

　「特定の個人情報を電子計算機を用いて検索することができるように体系的に構成したもの」とは、特定の個人情報をコンピュータを用いて検索することができるように体系的に構成した、個人情報を含む情報の集合物をいう。

［参考知識：個人情報データベース等に該当する例］
・電子メールソフトのアドレス帳に個人情報を登録している場合や、携帯電話の電話帳に個人情報を登録している場合は、個人情報データベース等に該当する。
・名刺の情報を業務用パソコンの表計算ソフト等を用いて入力・整理している場合は、個人情報データベース等に該当する。

3　電子計算機（コンピュータ）を用いない場合（法16条1項2号）

　コンピュータ（電子計算機）を用いない場合であっても、紙媒体に記録されている個人情報を含む情報の集合物を一定の規則に従って整理することにより特定の個人情報を容易に検索することができるように体系的に構成したものであって、目次、索引その他検索を容易にするためのものを有するものを有するものも個人情報データベースに該当する（令4条2項）。

(1)　一定の規則に従って整理する

　「一定の規則に従って整理する」とは、五十音順、企業別、住所別などの方法で個人情報を整理することである。

[参考知識：該当する例（〇）と該当しない例（✕）]

　〇　五十音別に索引を付して並べた顧客カードや名刺ホルダー、電話帳などは、原則として個人情報データベース等に該当する。

　　　但し、市販の電話帳については、個人情報データベース等に該当しない（本節の「4　個人情報データベース等の除外事由」を参照）。

　✕　アンケートの戻り葉書を分類整理してない状態で保管している場合や、宅配便の送り状を受付日付順に綴じただけの場合は、「一定の規則に従って整理」したといえないため、個人情報データベース等には該当しない（Q&A）。

---

(2)　目次、索引その他検索を容易にするためのものを有する（令4条2項）

[参考知識：該当しない例]

　・社員が自己の名刺入れで、他人には容易に検索できない独自の分類方法で名刺を分類している場合は、一定の規則に従って個人情報が整理されているが、「検索を容易にするためのものを有する」とはいえないので、個人情報データベース等には該当しない。

4　個人情報データベース等の除外事由

　市販の紳士録のように、個人情報データベース等の要件に形式的に該当するものでも、「利用方法からみて個人の権利利益を害するおそれが少ないものとして政令で定めるもの」に該当する場合は、個人情報データベース等から除外される（法16条1項柱書のかっこ書き）。

[参考知識：除外事由に関する政令の定め]

　政令の定め（令4条1項）によると、次の各号のいずれにも該当するものが、個人情報データベース等から除外される。

　　1号　不特定かつ多数の者に販売することを目的として発行され、かつ、その発行が個人情報保護法に違反して行われたものでないこと。

　　2号　不特定かつ多数の者により随時に購入することができ、又はできたものであること。

　　3号　生存する個人に関する他の情報を加えることなくその本来の用途に供しているものであること。

【除外事由に該当する例】

　・書店で誰もが容易に入手できる市販の名簿や紳士録（入手した事業者において全く加工をしていないもの）は、個人情報データベース等から除外される。

第13節　個人情報取扱事業者（法16条2項）

> 法16条（定義）
> 2　この章及び第六章から第八章までにおいて「個人情報取扱事業者」とは、個人情報データベース等を事業の用に供している者をいう。ただし、次に掲げる者を除く。
> 一　（略）

1　定義と適用除外

　個人情報取扱事業者は、個人情報データベース等を事業の用に供している者である（法16条2項）。

　個人情報取扱事業者には、個人情報，個人データ及び保有個人データに関する義務などが適用される。

図表6　個人情報取扱事業者

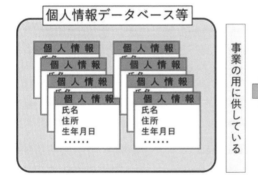

　ただし、次に掲げる者は個人情報取扱事業者から除外される（法16条2項但書1号から4号）。
　　① 　国の機関
　　② 　地方公共団体
　　③ 　独立行政法人等
　　④ 　地方独立行政法人
　☞　①から④に該当する者が個人情報取扱事業者から除外されるのは、これら公的機関による個人情報の取扱いは民間事業者とは異ならざるを得ないからである。

2　事業の用に供している

　「事業」（法16条2項）とは、一定の目的をもって反復継続して遂行される同種の行為であって、かつ社会通念上事業と認められるものをいい、営利・非営利の別は問わない（通則GL）。

☞　法人格のない任意団体や個人であっても、個人情報データベース等を事業の用に供していれば個人情報取扱事業者に該当する（通則GL）。

[参考知識：事業の用に供している]

【該当する例（○）と該当しない例（×）】

○　自治会、同窓会、NPO法人、マンション管理組合の活動は、「事業」に該当する。

×　個人が個人として年賀状を送るために友人のリストを使用する場合は、「事業」に該当しない。

第14節　個人データ（法16条3項）

法第16条（定義）

3　この章において「個人データ」とは、個人情報データベース等を構成する個人情報をいう。

1　定義と趣旨

　個人データとは、個人情報データベース等を構成する個人情報である（法16条3項）。

　個人データについては、個人情報よりも保護措置が加重されていて、個人情報取扱事業者には、個人情報に関する規律（法17条から21条）に加えて、個人データに関する規律（法22条から30条）が適用される。

☞　個人情報がデータベース化したもの（個人データ）は、大量の個人情報が含まれていることが多く、特定の個人情報を検索するなどの利用もしやすい反面、悪用する者の標的とされやすく、漏えい等により本人の権利利益が侵害されるおそれが高いからである。

図表7　個人情報と個人データ

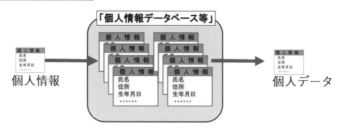

2 「個人情報データベース等を構成する」

> ［参考知識：個人情報データベース等を構成する］
>
> 【個人情報データベース等を構成している例（○）と構成していない例（×）】
> × 個人情報データベース等を構成する前の入力帳票に記載されている個人情報は、個人データとはいえない。
> ○ 個人情報データベースからプリントアウトした帳票等に印字された個人情報は、それが単一の個人情報であっても（個人情報データベース等を構成する個人情報なので）、個人データである。
> × 市販の電話帳は一般に個人情報データベース等に該当しないため（法２条４項・令３条）、市販の電話帳に含まれる個人情報は、個人データではない。

第15節　保有個人データ（法16条４項）

> 法第16条（定義）
> ４ この章において「保有個人データ」とは、個人情報取扱事業者が、開示、内容の訂正、追加又は削除、利用の停止、消去及び第三者への提供の停止を行うことのできる権限を有する個人データであって、その存否が明らかになることにより公益その他の利益が害されるものとして政令で定めるもの以外のものをいう。

1 定義と趣旨

　保有個人データは、個人情報取扱事業者が開示、内容の訂正、追加又は削除、利用の停止、消去及び第三者への提供の停止を行うことのできる権限を有する個人データである（法16条４項）。

　保有個人データについては、個人情報取扱事業者に対し、開示・訂正・利用停止等の権限を有していることに対応して、開示・訂正・利用停止等の義務（法32条から39条）が課されている。

図表8　個人情報等の関係

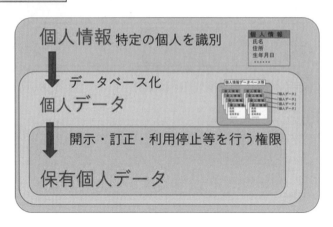

2　開示等を行う権限を有する個人データ

　保有個人データは、個人情報取扱事業者が、開示から第三者への提供の停止までのすべてを行うことのできる権限を有する個人データであり、一部の権限のみを有する個人データは含まれない。

[参考知識：保有個人データといえる例（○）といえない例（×）]

× 　委託元がその保有個人データの処理を外部に委託した場合で、委託先の業者が当該個人データにつき自らの判断では本人に開示等できない場合は、委託先にとっては、当該個人データは「保有個人データ」ではない（Q&A）。

　☞ 　委託先は、「個人データ」に関する義務は負うが、「保有個人データ」に関する開示等の義務までは負わない。

○ 　委託元が保有個人データの処理を外部に委託した場合で、委託元とともに委託先も開示等を行う権限を与えられている場合は、委託元とともに委託先にとっても保有個人データとなる。

○ 　委託元が開示等の権限を全て委託先に委ねてしまう場合は、当該個人データは、委託先のみの保有個人データとなる。

　☞ 　委託元にとっては個人データではない。

3　除外事由

　形式的に保有個人データの要件に該当するデータのうち、その存否が明らかになることにより公益その他の利益が害されるものとして政令（施行令5条）で定めるものは、保有個人データから除外される（法16条4項）。

【施行令5条が定める事由】

　1号　本人又は第三者の生命，身体又は財産に危害が及ぶおそれがあるもの

2号　違法又は不当な行為を助長し，又は誘発するおそれがあるもの

3号　国の安全が害されるおそれ、他国若しくは国際機関との信頼関係が損なわれるおそれ又は他国若しくは国際機関との交渉上不利益を被るおそれがあるもの

4号　犯罪の予防、鎮圧又は捜査その他の公共の安全と秩序の維持に支障が及ぶおそれがあるもの

[参考知識：保有個人データの除外事由に該当する場合の例]

① 「本人又は第三者の生命，身体又は財産に危害が及ぶおそれがあるもの」（施行令5条1号）の該当例

【例】

・家庭内暴力、児童虐待の被害者を支援する民間団体が保有している、加害者（配偶者又は親権者）及び被害者（配偶者又は子）を本人とする個人データ

② 「違法又は不当な行為を助長し，又は誘発するおそれがあるもの」（施行令5条2号）の該当例

【例】

・暴力団等の反社会的勢力による不当要求の被害等を防止するために事業者が保有している、当該反社会的勢力に該当する人物を本人とする個人データ（反社データベース）

・悪質なクレーマー等による不当要求の被害等を防止するために事業者が保有している、当該行為を行った者を本人とする個人データ

・防犯目的で保有する万引の疑いある者の情報や、安全確保目的で保有する不審者情報などの個人データ（通則GLパブコメ318）

③ 「国の安全が害されるおそれ、他国若しくは国際機関との信頼関係が損なわれるおそれ又は他国若しくは国際機関との交渉上不利益を被るおそれがあるもの」（施行令5条3号）の該当例

【例】

・製造業者、情報サービス事業者等が保有している、防衛に関連する兵器・設備・機器・ソフトウェア等の設計又は開発の担当者名が記録された、当該担当者を本人とする個人データ

・要人の訪問先やその警備会社が保有している、当該要人を本人とする行動予定等の個人データ

④ 「犯罪の予防、鎮圧又は捜査その他の公共の安全と秩序の維持に支障が及ぶおそれがあるもの」（施行令5条4号）の該当例

【例】

・警察から捜査関係事項照会等がなされることにより初めて取得した個人データ

ある人物に関する個人データを保有していなかった事業者が、警察から、刑事訴訟法197条2項に基づいて顧客情報の提供依頼を受けて、当該人物の個人データを取得した場合が該当する（Q&A）。このような個人データの存否が明らかになれば、捜査等に支障が及ぶおそれがあるため、当該人物の情報は、保有個人データの除外事由に該当し、開示請求の対象外となる（開示を拒否できる）。

・警察から契約者情報等について捜査関係事項照会等を受けた事業者が、その対応の過程で作成した照会受理簿、回答発信簿、照会対象者リスト等の個人データ

なお、当該契約者情報自体は、存否が明らかになっても犯罪の予防等に支障が及ぶおそれはないか

ら、除外事由には該当せず、保有個人データとして開示請求等の対象となる。

・犯罪による収益の移転防止に関する法律8条1項に基づく疑わしい取引の届出の有無及び届出に際して新たに作成した個人データ

なお、新たに作成したのではない元々ある取引情報は除外事由に該当せず、保有個人データとして開示請求等の対象となる。

・振り込め詐欺に利用された口座に関する警察からの照会に対応する過程で作成した照会受理簿・回答発信簿、照会対象者リスト等の個人データ

なお、振り込め詐欺に利用された口座であっても、名義人の氏名、住所、連絡先、口座番号等、口座開設の際に必要な当該名義人に関する情報そのものは、保有個人データとして開示請求等の対象となる（Q&A）。

[参考知識：短期保有データの除外規定の削除]

　令和2年改正の前は、6か月以内に消去することとなる個人データ（短期保有データ）は、保有個人データから除外されていた。しかし、令和2年改正により、短期保有データの除外規定は削除され、保有個人データは、その保有期間にかかわらず一律に取り扱われることとなった。

第16節　仮名加工情報取扱事業者（法16条5項）

☞「第33章　第2節　2　仮名加工情報取扱事業者（法16条5項）」を参照

第17節　匿名加工情報取扱事業者（法16条6項）

☞　「第34章　第2節　2　匿名加工情報取扱事業者（法16条6項）」を参照

第18節　個人関連情報取扱事業者（法16条7項）

☞　「第22章　第2節　2　個人関連情報取扱事業者（法16条7項）」を参照

第19節　学術研究機関等（法16条8項）

法第16条（定義）
8　この章において「学術研究機関等」とは、大学その他の学術研究を目的とする機関若しくは団体又はそれらに属する者をいう。

☞　国立の大学等、法別表第2に掲げる法人のうち、学術研究機関等にも該当するものについては、原則
として私立の大学、民間の学術研究機関等と同等の規律が適用される。

［参考知識：学術］

「学術」とは、人文・社会科学及び自然科学並びにそれらの応用の研究であり、あらゆる学問分野にお
ける研究活動及びその所産としての知識・方法の体系をいう（通則GL）。

具体的活動としての「学術研究」としては、新しい法則や原理の発見、分析や方法論の確立、新しい知
識やその応用法の体系化、先端的な学問領域の開拓などをいう（同）。

［参考知識：学術研究目的］

「学術研究目的」とは、当該個人情報を学術研究の用に供する目的である（法18条3項5号）。

製品開発を目的として個人情報を取り扱う場合は、当該活動は、学術研究目的とは解されない（通則GL）。

［参考知識：大学その他の学術研究を目的とする機関若しくは団体］

「大学その他の学術研究を目的とする機関若しくは団体」とは、国立・私立大学、公益法人等の研究所
等の学術研究を主たる目的として活動する機関や「学会」をいう（通則GL）。

「それらに属する者」とは、国立・私立大学の教員、公益法人等の研究所の研究員、学会の会員等をい
う（同）。

民間団体付属の研究機関等における研究活動についても、当該機関が学術研究を主たる目的とするもの
である場合には、「学術研究機関等」に該当する（同）。

当該機関が単に製品開発を目的としている場合は「学術研究を目的とする機関又は団体」には該当しな
いが、製品開発と学術研究の目的が併存している場合には、主たる目的により判断する（同）。

第4章　国及び地方公共団体の責務や施策等

第1節　国及び地方公共団体の責務等（法4条〜6条）

> [参考知識：国及び地方公共団体の責務等]
>
> 　国は、個人情報保護法の趣旨にのっとり、個人情報の適正な取扱いを確保するために必要な施策を総合的に策定し、及びこれを実施する責務を有する（法4条）。
>
> 　地方公共団体も、個人情報保護法の趣旨にのっとり、その地方公共団体の区域の特性に応じて、個人情報の適正な取扱いを確保するために必要な施策を策定し、及びこれを実施する責務を有する（法5条）。
>
> 　そして、政府は、個人情報の性質及び利用方法に鑑み、個人の権利利益の一層の保護を図るため特にその適正な取扱いの厳格な実施を確保する必要がある個人情報について、保護のための格別の措置が講じられるよう必要な法制上の措置その他の措置を講ずるとともに、国際機関その他の国際的な枠組みへの協力を通じて、各国政府と共同して国際的に整合のとれた個人情報に係る制度を構築するために必要な措置を講ずるものとされている（法6条）。

第2節　個人情報の保護に関する基本方針（法7条）

> [参考知識：基本方針]
>
> 　政府は、個人情報の保護に関する施策の総合的かつ一体的な推進を図るため、「個人情報の保護に関する基本方針」を定めなければならない（法7条）。法7条に基づいて、政府は「基本方針」を閣議決定している。

第3節　国・地方公共団体等の施策及び相互の協力（法8条〜15条）

> [参考知識：国・地方公共団体等の施策及び相互の協力]
>
> 　個人情報保護法は、法8条から15条において、国や地方公共団体の講ずべき施策、相互の連携について定めている。

1　国の施策（法8条〜11条）

> [参考知識：国の施策]
>
> 　国は、地方公共団体が策定し、又は実施する個人情報の保護に関する施策及び国民又は事業者等が個人情報の適正な取扱いの確保に関して行う活動を支援するため、情報の提供、事業者等が講ずべき措置の適切かつ有効な実施を図るための指針の策定その他の必要な措置を講ずるものとする（法9条）。
>
> 　国による個人情報の適正な取扱いを確保するための措置として、国は、地方公共団体との適切な役割分

担を通じ、個人情報保護法第4章に規定する個人情報取扱事業者による個人情報の適正な取扱いを確保するために必要な措置を講ずるものとする（法11条）。

2　地方公共団体の施策（法12条〜14条）

[参考知識：地方公共団体の施策]

地方公共団体は、その保有する個人情報の性質、当該個人情報を保有する目的等を勘案し、その保有する個人情報の適正な取扱いが確保されるよう必要な措置を講ずることに努めなければならない（法12条）。

また、地方公共団体は、個人情報の適正な取扱いを確保するため、その区域内の事業者及び住民に対する支援に必要な措置を講ずるよう努めなければならない（法13条）。

更に、地方公共団体は、個人情報の取扱いに関し事業者と本人との間に生じた苦情が適切かつ迅速に処理されるようにするため、苦情の処理のあっせんその他必要な措置を講ずるよう努めなければならない（法14条）。

3　国及び地方公共団体の協力（法15条）

[参考知識：地方公共団体の施策]

個人情報保護法15条は、「国及び地方公共団体は、個人情報の保護に関する施策を講ずるにつき、相協力するものとする。」と定めている。

第4節　法第6章が定める関連事項（法130条〜170条）

[参考知識：法第6章が定める関連事項]

個人情報保護委員会は、毎年、内閣総理大臣を経由して国会に対し所掌事務の処理状況を報告するとともに、その概要を公表しなければならない（法168条）。

内閣総理大臣及び個人情報保護法の施行に関係する行政機関及び内閣の所轄の下に置かれる機関等の長（会計検査院長を除く）は、相互に緊密に連絡し、及び協力しなければならない（法174条）。

個人情報保護法の実施のため必要な事項は、政令で定める（法175条）。この規定に基づき、「個人情報の保護に関する法律施行令」（平成15年12月10日政令第507。「施行令」）が制定されている。

第5章　構成と個人情報取扱事業者の義務

第1節　一般法部分の構成

　個人情報保護法の一般法部分（第4章〜第8章）は、個人情報取扱事業者の義務等（第4章）のほか、行政機関等の義務等（第5章）、個人情報保護委員会（第6章）、雑則（第7章）及び罰則（第8章）により構成されている。

図表9　個人情報保護法の一般法部分の構成

一般法部分の構成		条文
第4章　個人情報取扱事業者等の義務等		
	第1節　総則	16条
	第2節　個人情報取扱事業者及び個人関連情報取扱事業者の義務	17条〜40条
	第3節　仮名加工情報取扱事業者等の義務	41条・42条
	第4節　匿名加工情報取扱事業者等の義務	43条〜46条
	第5節　民間団体による個人情報の保護の推進	47条〜56条
	第6節　雑則	57条〜59条
第5章	行政機関等の義務等	60条〜129条
第6章	個人情報保護委員会	130条〜170条
第7章	雑則	171条〜175条
第8章	罰則	176条〜185条

第2節　個人情報取扱事業者等の義務等の概要

1　個人情報取扱事業者の義務

　法17条から30条及び法32条から40条には、個人情報取扱事業者（法16条2項）の義務が定められている。

　このうち、法17条から21条が個人情報に関する義務、法22条から30条が個人データに関する義務、そして法32条から39条が保有個人データに関する義務の定めである。

　なお、個人データは個人情報であることを要件とするから、個人データには個人情報に関する義務も適用される。また、保有個人データは個人データであることを要件とするから、保有個人データには個人情報に関する義務と個人データに関する義務も適用される。

　このように、個人情報取扱事業者の義務は、個人情報→個人データ→保有個人データの順で重くなっている。

図表10　個人情報取扱事業者の義務

	個人情報 (2条1項)	個人データ (16条3項)	保有個人データ (16条4項)
17条　利用目的の特定・変更	○	○	○
18条　目的外利用の制限	○	○	○
19条　不適正な利用の禁止	○	○	○
20条　適正な取得・要配慮個人情報の取得制限	○	○	○
21条　取得に際しての利用目的の通知・公表等	○	○	○
22条　データ内容の正確性の確保		○	○
23条　安全管理措置		○	○
24条　従業者の監督		○	○
25条　委託先の監督		○	○
26条　漏えい等の報告等		○	○
27条　第三者提供の制限		○	○
28条　外国にある第三者への提供の制限		○	○
29条　第三者提供に係る記録の作成等		○	○
30条　第三者提供を受ける際の確認等		○	○
32条　保有個人データに関する事項の公表等			○
33条　開示			○
34条　訂正等			○
35条　利用停止等			○
36条　理由の説明			○
37条　開示等の請求等に応じる手続			○
38条　手数料			○
39条　事前の請求			○
40条　苦情の処理	○	○	○

2　個人関連情報取扱事業者の義務等

　法31条には、「個人関連情報取扱事業者」の義務等が規定されている。

3　仮名加工情報取扱事業者等の義務等

　法41条・42条には、「仮名加工情報取扱事業者」の義務等が規定されている。

4　匿名加工情報取扱事業者等の義務等

　法43条から46条には、「匿名加工情報取扱事業者」の義務等が規定されている。

第３編　個人情報に関する義務

　個人情報取扱事業者が個人情報に関して負う義務（法 17 条から 21 条）は、個人情報の取得と利用に関する規律である。

図表 11　個人情報に関する義務の関係

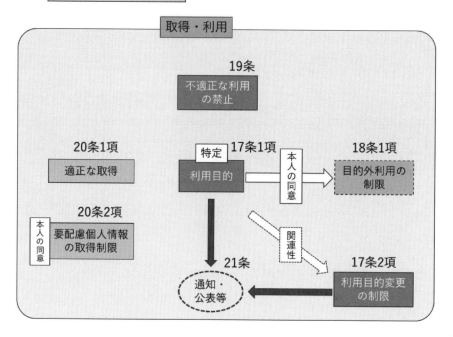

第6章　利用目的の特定・変更（法17条）

第1節　利用目的の特定（法17条1項）

> 法第17条（利用目的の特定）
>
> 1　個人情報取扱事業者は、個人情報を取り扱うに当たっては、その利用の目的（以下「利用目的」という。）をできる限り特定しなければならない。

1　概要・趣旨

　個人情報を取り扱うにあたっては、その利用目的をできる限り特定しなければならない（法17条1項）。

- ☞　利用目的の特定の趣旨・機能は、次のように説明される（通則GL）。
  - ・個人情報を取り扱う者が、個人情報がどのような事業の用に供され、どのような目的で利用されるかについて明確な認識を持ち、できるだけ具体的に明確にすることにより、個人情報が取り扱われる範囲を確定する（法18条で利用目的による制限にかかる）。
  - ・個人情報が取り扱われる範囲についての本人の予測を可能とする（法21条で利用目的の通知・公表等がなされる）。

図表12　利用目的の特定とその機能

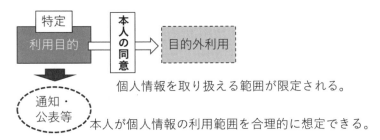

2　「利用」

　「利用」についての特段の定義があるわけではないが、取得及び廃棄を除く取扱い全般を意味すると考えられ、保管しているだけでも「利用」に該当する（Q&A）。

- ☞　利用目的の特定を要する「個人情報」は、公開・非公開を問わないから、登記簿等により公開されている個人情報を取得する場合でも、利用目的の特定が必要である（Q&A）。
- ☞　個人情報から個人情報に該当しない「統計データ」を作成して利用する場合は、統計データへの加工を行うことを含め、利用目的とする必要はない（Q&A）。

3　「できる限り特定しなければならない」

　利用目的の特定に際しては、「利用目的を単に抽象的、一般的に特定するのではなく、個人情報が個人情報取扱事業者において、最終的にどのような事業の用に供され、どのような目的で個人情報を利用されるのかが、本人にとって一般的かつ合理的に想定できる程度に具体的に特定することが望ましい」（通則 GL）。

【具体的に利用目的を特定しているとはいえない例】

　×　「事業活動に用いるため」

　×　「お客様のサービスの向上のため」

　×　「マーケティング活動に用いるため」

[参考知識：利用目的の特定の判断]

【具体的に利用目的を特定しているといえる例】

○　商品の販売に伴い、個人から氏名・住所・メールアドレス等を取得するにあたり、「お客様の個人情報は、△△事業における商品の発送、関連するアフターサービス、新商品・サービスに関する情報のお知らせのために利用いたします。」と、業種（事業内容）と利用態様を明示している。

(1)　業種（事業内容）

　「△△事業」のように事業を明示する場合は、社会通念上、本人からみてその特定に資すると認められる範囲に特定することが望ましい（通則 GL）。

(2)　利用態様

　利用態様に関しては、例えば、「商品の発送、関連するアフターサービス、新商品・サービスに関する情報のお知らせのため」というように、最終的にどのような形で個人情報が利用されるかを具体的に記載することが望ましい（通則 GL）。

[参考知識：第三者提供や委託を予定している場合]

　第三者提供（委託）することを利用目的で特定すること

　個人データの第三者提供を想定している場合は、利用目的の特定にあたっては、その旨が明確に分かるよう特定しなければならない（通則 GL）。

【第三者提供することの利用目的例】

　・「ご記入いただいた氏名、住所、電話番号は、名簿として販売することがあります。」（第三者提供に関する部分）

　・委託を受けて個人情報を処理することを取り扱う場合は、その旨を利用目的において特定すべきである。

【委託を受けることの利用目的例】

　・「給与計算処理サービス、あて名印刷サービス、伝票の印刷・発送サービス等の情報処理サービスを業として行うために、委託された個人情報を取り扱います。」（委託業務の遂行に関する部分）

第2節　利用目的の変更（法17条2項）

> 法第17条（利用目的の特定）
> 2　個人情報取扱事業者は、利用目的を変更する場合には、変更前の利用目的と関連性を有すると合理的に認められる範囲を超えて行ってはならない。

1　概要と趣旨

利用目的の変更をする場合は、変更前の利用目的と関連性を有すると合理的に認められる範囲を超えて行ってはならない（法17条2項）。

2　変更前の利用目的と関連性を有すると合理的に認められる

変更後の利用目的が変更前の利用目的と「関連性を有すると合理的に認められる」といえるかどうかは、変更後の利用目的が変更前の利用目的からみて、社会通念上、本人が通常予期し得る限度と客観的に認められる範囲内かどうかで判断する（通則GL）。

[参考知識：関連性を有すると合理的に認められるとはいえない例]

× 　「アンケート集計に利用」という利用目的に、「商品カタログ送付に利用」を追加する場合

× 　個人情報の第三者提供が利用目的に入っていない場合に、利用目的に第三者提供を追加する場合

× 　「会員カード等の盗難・不正利用発覚時の連絡のため」としてメールアドレス等を取得している場合に、「当社が提供する商品・サービスに関する情報のお知らせ」を追加する場合（Q&A）。

× 　利用目的で示した事業の範囲を超えての変更

[参考知識：関連性を有すると合理的に認められる例]

○ 　「当社が提供する既存の商品・サービスに関する情報のお知らせ」という利用目的に「新規に提供を行う関連商品・サービスに関する情報のお知らせ」を追加する場合（Q&A）。

　　ex.　フィットネスクラブが、会員向けにレッスン等の開催情報をメール配信する目的で個人情報を保有していたところ、同じ情報を用いて新たに始めた栄養指導サービスの案内を配信する場合

○ 　「当社が取り扱う既存の商品・サービスの提供」という利用目的に「新規に提供を行う関連商品・サービスに関する情報のお知らせ」を追加する場合（Q&A）。

　　ex.　防犯目的で警備員が駆け付けるサービスの提供のため個人情報を保有していた事業者が、新たに始めた「高齢者見守りサービス」について、既存の顧客に当該サービスを案内するためのダイレクトメールを配信する場合

○ 　「当社が取り扱う商品・サービスの提供」という利用目的に「当社の提携先が提供する関連商品・サービスに関する情報のお知らせ」を追加する場合（Q&A）。

　　ex.　住宅用太陽光発電システムを販売した事業者が、対象の顧客に対して、提携先である電力会社の自然エネルギー買取サービスを紹介する場合

3　法17条2項の制限の範囲内の変更の場合の処理

　変更前の利用目的と関連性を有すると合理的に認められる範囲内で利用目的を変更した場合は、変更後の利用目的を本人に通知するか、又は公表しなければならない（法21条3項）。

4　法17条2項の制限の範囲を超える変更をする場合の処理

　変更前の利用目的と関連性を有すると合理的に認められる範囲を超えて利用目的を変更する場合は、法17条2項による利用目的の変更はできない。この場合に、変更後の利用目的で個人情報を利用することは目的外利用となる。

第7章　利用目的による制限（法18条）

第1節　概要と趣旨

法第18条（利用目的による制限）

　1　個人情報取扱事業者は、あらかじめ本人の同意を得ないで、前条の規定により特定された利用目的の達成に必要な範囲を超えて、個人情報を取り扱ってはならない。

　原則として、あらかじめ本人の同意を得ないで、個人情報の目的外利用をしてはならない（法18条1項）。

[参考知識：目的外利用に該当する例]

・就職のための履歴書情報をもとに、自社商品の販売促進のためにカタログと商品購入申込書を送る場合

・電気通信事業者が本人確認のために個人情報を取得することがあるが、収入や学歴まで取得するのは、本人確認のためという利用目的の範囲外である。

・個人情報の利用目的達成後は、個人情報の速やかな廃棄・消去が望ましいから、利用目的を達成した個人情報の取扱いは、利用目的の範囲外となる。

第2節　事業承継の場合の利用目的の制限（法18条2項）

法第18条（利用目的による制限）

　2　個人情報取扱事業者は、合併その他の事由により他の個人情報取扱事業者から事業を承継することに伴って個人情報を取得した場合は、あらかじめ本人の同意を得ないで、承継前における当該個人情報の利用目的の達成に必要な範囲を超えて、当該個人情報を取り扱ってはならない。

　法18条2項により、事業承継においては、事業の譲渡人が特定した個人情報の利用目的が譲受人にも引き継がれ、譲受人がその利用目的の範囲を超えて個人情報を取り扱うためには、本人の同意を得なければならない。

☞　事業の承継に伴って個人データが提供される場合は個人データの第三者提供に該当せず（法27条5項2号）、本人の同意なく事業の譲受人に個人データを提供できる。この場合に、事業の譲受人が当該個人データについて自ら利用目的を特定して取り扱うことができるとすると、事業承継を利用すれば利用目的による制限（法18条1項）の規定を潜脱できてしまう。そこで、法18条2項により、事業の譲渡人が特定した利用目的を譲受人に引き継ぐことにしたのである。

図表13　事業承継と利用目的の制限

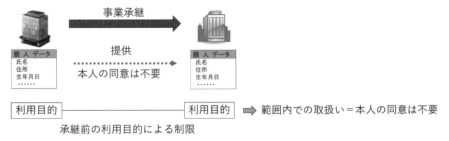

第3節　本人の同意（法18条1項・2項）

1　同意の方式

　本人の「同意」とは、本人の個人情報が、個人情報取扱事業者によって示された取扱方法で取り扱われることを承諾する旨の意思表示である（通則GL）。

　「同意」の具体的内容について法に定めはない。このため、同意の方式は書面に限定されず、口頭、同意の確認欄のチェック、ウェブ画面上の同意ボタンのクリック、タッチパネルへのタッチ等によることもできる。また、黙示の同意（目的外利用を示したことに対し明確な反対の意思表示がない場合）も含む。

　しかし、同意が意思表示である以上、郵便やメールで回答を求め、一定期間回答がなければ同意とみなすという方法は、同意とは認められない（Q&A）。

　「本人の同意を得（る）」とは、承諾する旨の本人の意思表示を当該個人情報取扱事業者が認識することをいい、事業の性質及び個人情報の取扱状況に応じ、本人が同意に係る判断を行うために必要と考えられる合理的かつ適切な方法によらなければならない（通則GL）。

　また、「本人の同意」は、同意をする本人であることを個人情報取扱事業者が確認できていることが前提となる。

2　本人が判断能力を有していない場合

　同意は意思表示であるから、本人が同意により生じる結果につき判断能力を有していない場合は、法定代理人等（親権者，成年後見人等）の同意を得なければならない（通則 GL）。

　　☞　未成年者については、一般に 12 歳から 15 歳までの年齢以下は、判断能力を有していないといえる（Q&A）。

3　同意を得るための個人情報の利用

　同意を得るために個人情報を利用してメールや電話等をすることは、当初の利用目的として記載されていない場合でも、目的外利用には該当しない（通則 GL）。

第4節　適用除外事由（法18条3項各号）

> 法第18条（利用目的による制限）
> 3　前二項の規定は、次に掲げる場合については、適用しない。
> 　一　（略）

　法 18 条 3 項 1 号から 6 号が規定する適用除外事由に該当する場合は、同条 1 項・2 項による利用目的による制限は適用されず、本人の同意を得ずに個人情報を目的外利用できる。

　　☞　これらの場合は、本人の事前同意を得ないで目的外利用する必要性があり、又は目的外利用により本人の権利利益を侵害する危険性がないことから、目的外利用に関する本人の同意を要しないこととされた。

図表 14　法 18 条 3 項 1 号～ 4 号の適用除外事由の例（通則 GL、Q&A）

1号：法令に基づく場合	
例	・警察や検察等の捜査機関からの照会に対する回答（刑訴法 197 条 2 項） ・裁判官の発する令状に基づく捜査への対応（刑訴法 218 条） ・検察官及び裁判官等からの裁判の執行に関する照会に対する回答（刑訴法 507 条） ・触法少年の調査に必要な質問や調査関係事項照会等（少年法 6 条の 4）、令状による触法少年の調査（少年法 6 条の 5） ・裁判所からの文書送付嘱託・調査嘱託への対応（民訴法 186 条、226 条、家事事件手続法 62 条） ・家庭裁判所調査官による事実の調査への対応（家事事件手続法 58 条） ・弁護士会からの照会への対応（弁護士法 23 条の 2） ・証券取引等監視委員会の職員による犯則事件の調査への対応（金融商品取引法 210 条、211 条等） ・取引時確認への対応（犯罪収益移転防止法 4 条），特定事業者による疑わしい取引の届出　（犯

	罪収益移転防止法 8 条 1 項）
	・税務署の所得税等に関する調査への対応（国税通則法 74 条の 2 等）
	・税務署長に対する支払調書等の提出（所得税法 225 条 1 項等）
	・税関の職員による消費税に関する調査への対応（国税通則法 74 条の 2）
	・税関の職員による関税法に基づく質問検査への対応（関税法 105 条 1 項各号）
	・税務署等及び税関の職員による犯則事件の調査への対応（国税犯則法 1 条，関税法 119 条等）
	・税務署等及び税関の職員による滞納処分のための調査への対応（国税徴収法 141 条）
	・検察官や被害回復事務管理人からの照会への対応（犯罪被害財産等による被害回復給付金の支給に関する法律 28 条）
	・国勢調査などの基幹統計調査に対する報告（統計法 13 条），基幹統計調査に関する協力要請への対応（統計法 30 条，31 条）
	・親会社の監査役の子会社に対する調査への対応（会社法 381 条 3 項）
	・財務諸表調査への対応（会社法 396 条，金融商品取引法 193 条の 2）
	・製造・輸入業者が消費生活用製品安全法 39 条 1 項による危害防止命令を受けて製品回収等の措置をとる際に、販売業者が製品の購入者等の情報を当該製造・輸入事業者に提供する場合（同法 38 条 3 項）
	・株主より株主名簿の閲覧を求められた場合（株主には株主名簿閲覧請求権が認められている。会社法 125 条 2 項）

2 号：人の生命、身体又は財産の保護のために必要がある場合であって、本人の同意を得ることが困難であるとき

例	・急病人の血液型や家族の連絡先等を医師・看護師に伝える
	・大規模災害時に被災者情報，負傷者情報を家族に提供したり、関係者で共有する（Q&A）
	・商品の販売事業者等が当該商品をリコールしたメーカーの求めに応じて購入者情報を提供する
	・指定感染症に罹患した従業員の情報について、取引先での 2 次感染の発生による取引先の従業者等の生命もしくは身体への危険を防止するために必要がある場合や、当該取引先における感染拡大に伴う事業活動の停止等への危険を防止するために必要がある場合で、本人の同意を得ることが困難なとき（Q&A）
	・反社会的勢力情報や業務妨害を行なう悪質者情報を事業者間で共有する
	・株主総会開催の際に、管轄の警察署に会場警備を依頼するのに伴い、要注意株主のリスト（指名、住所、持株数等）の提出を警察署から求められて提供する（1 号または 4 号にも該当する。Q&A）
	・不正送金等の金融犯罪被害の事実に関する情報を、関連する犯罪被害の防止のために、他の事業者に提供する
	・万引犯・疑われる者の情報を事業者間で共有する（通則 GL、パブコメ 407）

	・介護施設の入居者の家族の依頼を受けて当該入居者に関する情報を提供する（当該入居者の同意を得ることが困難である場合のみ。Q&A） ・民事訴訟において、訴訟代理人の弁護士や裁判所に、訴訟の相手方に係る個人データを含む証拠等を提出する場合（財産の保護のために必要があり、かつ、一般的に当該相手方の同意を取得することが困難であるといえる（Q&A）
3号：公衆衛生の向上又は児童の健全な育成の推進のために必要がある場合であって、本人の同意を得ることが困難であるとき	
例	・問題行動のある児童の情報や児童虐待の恐れのある家庭情報を、児童相談所・警察・学校・医療機関等で共有する ・健康保険組合等の保険者等が実施する健康診断の結果等に係る情報を、健康増進施策の立案、保健事業の効果の向上、疫学調査等に利用する（学術研究目的利用の場合は、法76条1項3号により個人情報取扱事業者の義務は適用されない）
4号：国の機関等が法令の定める事務を遂行することに対して協力する場合であって、本人の同意を得ることにより当該事務の遂行に支障を及ぼすおそれがあるとき	
例	・警察や税務署・税関職員の任意の求めに応じて個人情報を提供する ・一般統計調査や地方公共団体が行う統計調査に回答する ・民生委員・児童委員（＝特別職地方公務員）に対し、個人情報を提供する（Q&A）

1　法令に基づく場合（1号）

　該当する場合の具体例については、50ページ表（1号：法令に基づく場合）を参照。

2　人の生命、身体又は財産の保護のために必要がある場合であって、本人の同意を得ることが困難であるとき（2号）

　該当する場合の具体例については、前ページ表（2号：人の生命、身体又は財産の保護のために必要がある場合であって、本人の同意を得ることが困難であるとき）を参照。

3　公衆衛生の向上又は児童の健全な育成の推進のために特に必要がある場合であって、本人の同意を得ることが困難であるとき（3号）

　具体例については、上記表（3号：公衆衛生の向上又は児童の健全な育成の推進のために必要がある場合であって、本人の同意を得ることが困難であるとき）を参照。

**4　国の機関若しくは地方公共団体又はその委託を受けた者が法令の定める事務を
遂行することに対して協力する必要がある場合であって、本人の同意を得ること
により当該事務の遂行に支障を及ぼすおそれがあるとき（4号）**

　具体例については、前ページ表（国の機関等が法令の定める事務を遂行することに対して協力
する場合であって、本人の同意を得ることにより当該事務の遂行に支障を及ぼすおそれがあると
き）を参照。

5　学術研究機関等に関連する適用除外事由（5号・6号）

　学術研究機関等が個人情報を取り扱う必要がある場合や、個人情報取扱事業者が学術研究機関
等に個人データを提供する場合は、学術研究機関に学術研究目的で個人情報を取り扱う必要があ
り、個人の権利利益を不当に侵害するおそれがない場合は、法18条1項又は2項は適用されず、
本人の同意を得ることなく個人データを目的外利用できる（法18条1項5号・6号）。

　　☞　「学術研究機関等」「学術研究目的」については、「第4章　第19節　学術研究機関等（法16条8
　　　項）」を参照のこと。

　(1)　5号の事由

[参考知識：5号の事由]

　学術研究機関等が個人情報を学術研究目的で取り扱う必要がある場合（当該個人情報を取り扱う目的の
一部が学術研究目的である場合を含む。）であって、個人の権利利益を不当に侵害するおそれがない場合
は、当該学術研究機関等は、法18条1項又は第2項の適用を受けず、あらかじめ本人の同意を得ること
なく、特定された利用目的の達成に必要な範囲を超えて個人情報を取り扱うことができる。

　「個人の権利利益を不当に侵害するおそれがある場合」には、個人情報の目的外利用をすることはでき
ない。

---

　(2)　6号の事由

[参考知識：6号の事由]

　個人情報取扱事業者が、学術研究機関等に個人データを提供し、かつ、当該学術研究機関等が当該個人
データを学術研究目的で取り扱う必要がある場合（当該個人データを取り扱う目的の一部が学術研究目的
である場合を含み、個人の権利利益を不当に侵害するおそれがある場合を除く。）は、法第18条1項又は
2項の適用を受けず、あらかじめ本人の同意を得ることなく、特定された利用目的の達成に必要な範囲を
超えて個人情報を取り扱うことができる。

　「個人の権利利益を不当に侵害するおそれがある場合」には、学術研究機関等に個人情報を提供するこ
とはできない。

第8章　不適正な利用の禁止（法19条）

> 法第19条（不適正な利用の禁止）
> 　個人情報取扱事業者は、違法又は不当な行為を助長し、又は誘発するおそれがある方法により個人情報を利用してはならない。

第1節　概要と趣旨

　違法又は不当な行為を助長し、又は誘発するおそれがある不適正な方法により個人情報を利用すること（不適正な利用）は禁じられている（法19条）。

　　☞　法19条は、不適正な方法による個人情報の利用を禁止する趣旨で令和2年改正により新設された。

第2節　違法又は不当な行為

　「違法又は不当な行為」とは、個人情報保護法その他の法令に違反する行為に限定されず、直ちに違法とはいえないものの、個人情報保護法その他の法令の制度趣旨又は公序良俗に反する等、社会通念上適正とは認められない行為も含む（通則GL、Q&A）。

第3節　助長・誘発するおそれ

　違法又は不当な行為を「助長」するおそれがある方法による個人情報の利用とは、個人情報の利用が、直接に、既に存在する特定の違法又は不当な行為をさらに著しくするおそれがあることをいう。

　違法又は不当な行為を「誘発」するおそれがある方法による個人情報の利用とは、個人情報の利用が原因となって、違法又は不当な行為が新たに引き起こされるおそれがあることをいう（Q&A）。

> [参考知識：助長・誘発する「おそれ」の判断（Q&A）]
> 【「おそれ」が認められない場合の例】
> ・個人情報取扱事業者が第三者に個人情報を提供した場合において、当該第三者が当該個人情報を違法な行為に用いた場合であっても、当該第三者が当該個人情報の取得目的を偽っていた等、当該個人情報の提供の時点において、提供した個人情報が違法に利用されることについて、当該個人情報取扱事業者が一般的な注意力をもってしても予見できない状況であった場合は、違法な行為を助長する「おそれ」は認められないと考えられる。
> 　この場合には、提供元の事業者による個人情報の提供は、不適正利用には該当しない。

【「おそれ」が認められる場合の例】

・提供の時点において、提供先の第三者が個人情報を違法に利用していることが窺われる客観的な事情を提供元の事業者が認識しており、提供した個人情報も当該第三者により違法に利用されることが一般的な注意力をもって予見できる状況であったにもかかわらず、当該第三者に対して個人情報を提供した場合は、違法な行為を助長する「おそれ」が認められる。

この場合は、提供元の事業者による個人情報の提供は、不適正利用に該当する可能性がある。

第4節　不適正な利用の該当例

　個人情報取扱事業者が違法又は不当な行為を助長し、又は誘発するおそれがある方法により個人情報を利用している事例は、以下のとおりである（通則GL）。

[参考知識：不適正な利用]

【不適正な方法による利用の例】

・違法な行為を営むことが疑われる事業者（例：貸金業登録を行っていない貸金業者等）からの突然の接触による本人の平穏な生活を送る権利の侵害等、当該事業者の違法な行為を助長するおそれが想定されるにもかかわらず、当該事業者に当該本人の個人情報を提供する場合

・裁判所による公告等により散在的に公開されている個人情報（例：官報に掲載される破産者情報）を、当該個人情報に係る本人に対する違法な差別が、不特定多数の者によって誘発されるおそれがあることが予見できるにもかかわらず、それを集約してデータベース化し、インターネット上で公開する場合

・暴力団員により行われる暴力的要求行為等の不当な行為や総会屋による不当な要求を助長し、又は誘発するおそれが予見できるにもかかわらず、事業者間で共有している暴力団員等に該当する人物を本人とする個人情報や、不当要求による被害を防止するために必要な業務を行う各事業者の責任者の名簿等を、みだりに開示し、又は暴力団等に対しその存在を明らかにする場合

・個人情報を提供した場合、提供先において法27条1項に違反する第三者提供がなされることを予見できるにもかかわらず、当該提供先に対して、個人情報を提供する場合

・採用選考を通じて個人情報を取得した事業者が、性別、国籍等の特定の属性のみにより、正当な理由なく本人に対する違法な差別的取扱いを行うために、個人情報を利用する場合

・広告配信を行っている事業者が、第三者から広告配信依頼を受けた商品が違法薬物等の違法な商品であることが予見できるにもかかわらず、当該商品の広告配信のために、自社で取得した個人情報を利用する場合

第9章　適正な取得（法20条1項）

> 法第20条（適正な取得）
> 1　個人情報取扱事業者は、偽りその他不正の手段により個人情報を取得してはならない。

第1節　概要

個人情報を偽りその他不正の手段により取得することは禁止されている（法20条1項）。

第2節　不正の手段

「不正」は、不適法よりも広く、「不適正」を含む趣旨である。

> [参考知識：不正の手段により取得している場合の例]
> ・窃盗罪、横領罪、不正アクセス禁止法違反、不正競争防止法21条・22条に抵触する犯罪行為により個人情報を取得する。
> ・プライバシー権や肖像権の侵害等、民事上違法とされる行為により個人情報を取得する。
> ・第三者提供の制限（法27条）違反をするよう強要して取得する。
> ・十分な判断能力を有さない子供や障害者から、取得状況から考えて関係のない家族の収入事情などの個人情報を取得する。
> ・個人情報を取得する主体や利用目的等について、意図的に虚偽の情報を示して、本人から個人情報を取得する。
> ・他の事業者に指示して不正の手段で個人情報を取得させ、当該他の事業者から取得する。
> ・第三者提供制限違反や不正の手段により取得された個人情報であることを知り、又は容易に知り得たのに取得する。
> ・第三者提供制限違反がされようとしていることを容易に知ることができる場合
> ☞　部外秘・社外秘である旨のラベリング、メモ書、透かしがある従業員名簿・ファイルなど、第三者提供が制限されていることが外形上明らかである場合や、クレジットカード情報が含まれる顧客名簿・ファイルなど、社会通念上、第三者提供が制限されていることが推知できるような場合（Q&A）
> ・オプトアウト手続違反（第三者提供停止の未実施、オプトアウト事項の通知等や届出義務の懈怠。法27条2項・3項）の第三者提供であることを知りながら取得する。
> ・ダークウェブ（専用のウェブブラウザ等を利用しないとアクセスできないウェブ）上で掲載・取引されている個人情報は、不正の手段による取得（法20条1項違反）である蓋然性や、第三者提供制限違反の提供（法27条1項違反）に該当する蓋然性が高いから、そのような個人情報をみだりにダウンロード等により取得することは、法20条1項に違反するおそれがある（Q&A）。

第3節　取得

　個人情報を「取得」したといえるためには、提供を「受ける」行為が必要であるとされている。

　個人情報を含む情報がインターネット等により公にされている場合であって、単にこれを閲覧するにすぎず、転記等を行わない場合は、個人情報を「取得」しているとは解されない（通則GL）。

[参考知識：「取得」に該当する場合（○）と該当しない場合（×）の例]

- ○　公表情報や提供された情報を転記した。
- ○　当該情報が含まれるファイルをダウンロードした。
- ×　インターネット等により公にされている個人情報を含む情報を画面上で閲覧するにとどまる。
- ×　個人情報の記載された書類の提示を受けたが、この内容を転記等していない（通則 GL パブコメ 415）。
- ×　対面や電話口で相手の個人情報を聞いたが、録音や転記等をしていない（同上）。
- ×　求めていない個人情報が送られてきたために、当該個人情報を直ちに返送したり廃棄した。
- ×　電子メールで届いた個人情報を直ちに削除し、システム上に残っていない。

第4節　第三者提供を受ける際の確認・記録義務と適正取得の関係

　個人情報取扱事業者は、第三者から個人データの提供を受けるに際しては、当該個人データの取得経緯等を確認・記録しなければならない（法30条1項）。

　事業者がこの確認・記録義務を怠って個人情報を取得したところ、後に当該個人情報が漏えいしたもの等であることが発覚した場合には、当該事業者は個人情報を不正の手段により取得した（法20条1項違反）と判断される可能性がある。

- ☞　名簿業者から個人の名簿を購入する場合は、名簿の購入の際、相手方が個人データを取得した経緯などを確認・記録する必要があり、その結果、相手方が不正の手段により個人データを取得したことを知り又は容易に知ることができたにもかかわらず当該個人データを取得する場合は、法20条1項に違反するおそれがある（Q&A）。

　また、一般的に名簿業者はオプトアウト規定による届出が必要とされているため（法27条2項・3項）、個人情報保護委員会のホームページ上で、当該名簿業者が届出をしていることを確認する必要がある（Q&A）。

　なお、「個人データ」に該当しない「個人情報」の第三者提供を受ける場合は、法30条の確認・記録義務は適用されない。ただし、相手方が不正の手段で個人情報を取得したことを知り又は容易に知ることができたにもかかわらず当該個人情報を取得することは、適正取得の義務（法20条1項）に違反するおそれがある（Q&A）。

第10章　要配慮個人情報の取得制限（法20条2項）

法第20条（不適正な利用の禁止）
2　個人情報取扱事業者は、次に掲げる場合を除くほか、あらかじめ本人の同意を得ないで、要配慮個人情報を取得してはならない。
一　（略）

第1節　概要と趣旨

原則として、あらかじめ本人の同意を得ないで、要配慮個人情報を取得してはならない（法20条2項）。

☞　法20条2項は、平成27年改正によって新設された規制である。本人の意図しないところで要配慮個人情報が取得・利用され、それに基づいて差別的扱い（病歴に基づいて不採用とする、社会的身分に基づいて入店を拒否する等）がなされることを防止するためである。

[参考知識：法20条2項に違反している場合の例]
・法20条2項7号及び規則6条で定める者（本人、国の機関、地方公共団体、学術研究機関等、放送機関・新聞社・通信社その他の報道機関、著述を業として行う者、宗教団体、政治団体等）以外の者がインターネット上で公開している情報から、本人の同意を得ることなく、本人の信条や犯罪歴等に関する情報を取得し、既に保有している当該本人に関する情報の一部として自己のデータベース等に登録する。

第2節　取得

法20条2項における「取得」の意味は、適正な取得（法20条1項）における「取得」の意味と同じである（「第9章　適正な取得（法20条1項）」を参照）。

☞　要配慮個人情報を記載した書類を提示されたが、見ただけであり、書類をコピーしたり要配慮個人情報をメモしたりしなければ、要配慮個人情報を「取得」したことにはならない。要配慮個人情報を含む情報がインターネット等により公にされている場合であって、単に閲覧するに過ぎず、転記等を行わない場合も、要配慮個人情報を「取得」しているとは解釈されない（Q&A）。

☞　郵便物の誤配など、事業者が求めていない要配慮個人情報が送られてきた場合は、事業者が手にすることとなった要配慮個人情報を直ちに返送したり、廃棄したりするなど、提供を「受ける」行為がないといえる場合には、要配慮個人情報を取得しているとは解釈されない（Q&A）。

第3節　本人の同意

　法20条2項における「同意」の解釈は、利用目的による制限（法18条1項・2項）における「同意」の解釈と基本的に同じである（「第7章　利用目的による制限（法18条）」を参照）。

　　☞　障害者本人に十分な判断能力がなく、成年後見人等の法定代理人が選任されている場合には、法定代理人から同意を得る必要がある。

　「本人の同意」については、要配慮個人情報を書面又は口頭により本人から適正に直接取得する場合は、本人の当該行為をもって、要配慮個人情報の取得について本人の同意があったものと解してよい（通則GL，医療・介護事業者ガイダンス）。

　　☞　欠勤した従業員が診断書を会社に提出した場合は、診断書（要配慮個人情報）の取得について従業員本人の同意があったものとみてよい。

第4節　適用除外事由（法20条2項各号）

1　概要と趣旨

　法20条2項1号から8号に、要配慮個人情報の取得制限の適用除外事由が定められている。適用除外事由に該当する場合は、本人の同意を得ることなく、要配慮個人情報を取得できる。

　　☞　本人の意思（同意）に優先すべき必要性が認められる場合や、本人の権利利益を侵害する危険性がない場合である。

2　1号～4号の事由

　法20条2項が定める適用除外事由のうち、1号から4号までは、利用目的による制限の適用除外事由（法18条3項1から4号）と同じ事由である。

　　☞　適用除外事由のうち1号から4号までの解釈については、利用目的による制限の適用除外事由に関する解説（「第7章　第4節　適用除外事由（法18条3項各号）」）を参照されたい。

　法20条2項5号から8号までが、要配慮個人情報の取得制限独自の適用除外事由である。

[参考知識：法20条2項1号～4号までの適用除外事由の例（通則GL、Q&A）]

1号：法令に基づく場合	
例	利用目的による制限の適用除外事由としての法令に基づく場合の例のほか、次の事例も該当する（通則GL）。 ・労働安全衛生法に基づく健康診断を実施し、従業員の身体状況、病状、治療等の情報【健康診断の結果】を健康診断実施機関から取得する場合

2号：人の生命、身体又は財産の保護のために必要がある場合であって、本人の同意を得ることが困難であるとき	
例	・急病等に際し、本人の病歴等を医師や看護師が家族から聴取する場合（通則 GL） ・不正対策等のために、暴力団等の反社会的勢力情報、意図的に業務妨害を行う者の情報のうち、過去に業務妨害罪や脅迫罪で逮捕された事実等の情報【犯罪の経歴】について、事業者間で共有する場合（同上） ・不正送金等の金融犯罪被害の事実に関する情報【犯罪の経歴】を、関連する犯罪被害の防止のために、他の事業者から取得する場合（同上） ・障害福祉サービス事業所が、成年後見人等の法定代理人が選任されていない障害者に障害福祉サービスを提供するために、障害者の親族等から、必要な範囲で要配慮個人情報の提供を受ける場合（Q&A）
3号：公衆衛生の向上又は児童の健全な育成の推進のために必要がある場合であって、本人の同意を得ることが困難であるとき	
例	・健康保険組合等が実施する健康診断等の結果判明した病名等について、健康増進施策の立案や保健事業の効果の向上を目的として疫学調査等のために提供を受けて取得する場合（通則 GL） ・児童生徒の不登校や不良行為等について、児童相談所、学校、医療機関等の関係機関が連携して対応するために、他の関係機関から当該児童生徒の保護事件に関する手続が行われた情報を取得する場合（同上） ・児童虐待のおそれのある家庭情報のうち被害を被った事実に係る情報を、児童相談所、警察、学校、病院等の関係機関が、他の関係機関から取得する場合（同上）
4号：国の機関等が法令の定める事務を遂行することに対して協力する場合であって、本人の同意を得ることにより当該事務の遂行に支障を及ぼすおそれがあるとき	
例	・事業者が警察の任意の求めに応じて要配慮個人情報に該当する個人情報を提出するために、当該個人情報を取得する場合（通則 GL）

3　5号・6号の事由

　学術研究機関等が要配慮個人情報を取り扱う場合や、個人情報取扱事業者が学術研究機関等から個人情報を取得する場合には、一定の要件のもとで、本人の同意を得ることなく要配慮個人情報を取得することができる（法20条2項5号・6号）。

[参考知識：5号の適用除外事由]

　学術研究機関等が要配慮個人情報を学術研究目的で取り扱う必要がある場合（当該要配慮個人情報を取り扱う目的の一部が学術研究目的である場合を含む。）であって、個人の権利利益を不当に侵害するおそれがない場合は、当該学術研究機関等は、あらかじめ本人の同意を得ることなく、要配慮個人情報を取得することができる。

　「学術研究機関等」及び「学術研究目的」については、「第4章　第19節　学術研究機関等（法16条8項）」を参照されたい。

　「個人の権利利益を不当に侵害するおそれがある場合」には、学術研究機関等であっても要配慮個人情報を取得することはできない。この場合、個人の権利利益を不当に侵害しないような措置を講ずるなど適切に処理する必要がある。この点、学術研究目的で要配慮個人情報を取り扱う必要がある場合であっても、本人又は第三者の権利利益の保護の観点から、取得する要配慮個人情報の範囲を限定するなど、学術研究の目的に照らして可能な措置を講ずることが望ましい（通則GL）。

[参考知識：6号の適用除外事由]

　個人情報取扱事業者と学術研究機関等が共同して学術研究を行う場合に、当該個人情報取扱事業者が学術研究機関等から要配慮個人情報を取得する場合であって、当該要配慮個人情報を学術研究目的で取得する必要があるとき（当該要配慮個人情報を取得する目的の一部が学術研究目的である場合を含む）であって、個人の権利利益を不当に侵害するおそれがない場合は、当該個人情報取扱事業者は、あらかじめ本人の同意を得ることなく、要配慮個人情報を取得することができる。

　「学術研究機関等」及び「学術研究目的」については、「第4章　第19節　学術研究機関等（法16条8項）」を参照されたい。

4　7号の事由（適正に公開されている場合）

　当該要配慮個人情報が、本人、国の機関、地方公共団体、学術研究機関等、法57条1項各号に掲げる者その他個人情報保護委員会規則で定める者により公開されている場合は、あらかじめ本人の同意を得ることなく、要配慮個人情報を取得できる（法20条2項7号）。

- ☞　これらの場合は、当該要配慮個人情報が既に適正に公開されており、取得を制限する必要がないからである。

- ☞　取引の過程で、相手方企業の代表者の犯罪の経歴（有罪判決を受けこれが確定した事実）に関し、推知情報にとどまらない確定情報が判明した場合は、当該情報は要配慮個人情報に該当する。ただし、事案によっては、当該情報の取得が、「法令に基づく場合」（法20条2項1号）や「人の生命、身体又は財産の保護のために必要がある場合であって、本人の同意を得ることが困難であるとき」（同項2号）等に該当する場合があるし、本人や報道機関等により公開されている場合（同項7号）に該当する場合もあり、これらの場合は、取得に際してあらかじめ本人の同意を得る必要はない（Q&A）。

[参考知識：法57条1項各号に掲げる者]

1号　放送機関、新聞社、通信社その他の報道機関（報道を業として行う個人を含む。）

2号　著述を業として行う者

3号　宗教団体

4号　政治団体

[参考知識：個人情報保護委員会規則で定める者]

　個人情報保護委員会規則で定める者は、以下の各号のいずれかに該当する者である（規則6条）。

　1号　外国政府、外国の政府機関、外国の地方公共団体又は国際機関

　2号　外国において法第16条第8項に規定する学術研究機関等に相当する者

　3号　外国において法第57条第1項各号に掲げる者に相当する者

5　8号の事由（政令で定める事由）

法20条2項1号から7号に掲げる場合に準ずるものとして政令（施行令9条1号・2号）で定める場合も、あらかじめ本人の同意を得ることなく、要配慮個人情報を取得できる（法20条2項8号）。

[参考知識：施行令9条1号の事由]

「本人を目視し、又は撮影することにより、その外形上明らかな要配慮個人情報を取得する場合」（施行令9条1号）は、あらかじめ本人の同意を得ることなく、当該要配慮個人情報を取得することができる。

【例】

・身体の不自由な者が店舗に来店し、対応した店員がその旨をお客様対応録等に記録した場合（目視による取得）

・身体の不自由な者の様子が店舗に設置された防犯カメラに映りこんだ場合（撮影による取得）

[参考知識：施行令9条2号の事由]

法27条5項各号に定める委託、事業承継又は共同利用により要配慮個人情報の提供を受けるときは、あらかじめ本人の同意を得ることなく、当該要配慮個人情報を取得することができる。

第11章　取得に際しての利用目的の通知等（法21条）

第1節　概要と趣旨

個人情報取扱事業者は、個人情報を取得する際の態様に応じて、その利用目的を本人に通知・公表等しなければならない（法21条1項・2項）。

また、個人情報取扱事業者は、利用目的を変更した場合（法17条2項）は、変更された利用目的を本人に通知・公表しなければならない（法21条3項）。

第2節　利用目的の通知・公表（法21条1項）

法第21条（取得に際しての利用目的の通知等）

1　個人情報取扱事業者は、個人情報を取得した場合は、あらかじめその利用目的を公表している場合を除き、速やかに、その利用目的を、本人に通知し、又は公表しなければならない。

1　概要

　個人情報を取得するにあたっては、①又は②のいずれかの措置を講じなければならない（法21条1項）。

　①　あらかじめ個人情報の利用目的を公表する。

　②　取得後速やかに、個人情報の利用目的を本人に通知し又は公表する。

[参考知識：法21条1項の適用場面]

　法21条2項が、本人から書面等により個人情報を直接取得する際の義務を定めているので、法21条1項は、同条2項に該当する場合以外の取得（間接取得等）について適用される。

法21条1項と2項の適用関係

【法21条1項が適用される取得態様（間接取得等）の例】

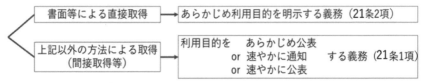

・本人がインターネットで公表している個人情報を取得する（本人以外からの間接的な取得）。

・本人からの電話による問い合わせ等（口頭）で提供された個人情報を取得する（書面等によらない取得）。

・個人情報の第三者提供を受ける（本人以外の第三者からの間接的な取得）。

・委託元が保有する顧客情報（個人情報）の取扱いの委託を受けて、委託元から顧客情報を取得する（本人以外の第三者からの間接的な取得）。

法21条1項が想定する取得態様（間接取得等）のイメージ

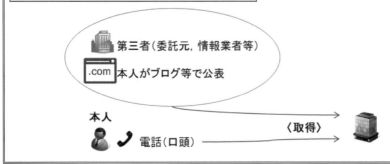

2　公表と通知

(1)　公表

　「公表」とは、広く一般に自己の意思を知らせること、すなわち、不特定多数の人々が知ることができるように発表することである（通則 GL）。

　法には公表の方法についての具体的な定めはなく、事業の性質及び個人情報の取扱状況に応じ、合理的かつ適切な方法によらなければならないと解されている。

【公表の例】

・自社ホームページのトップページから1回程度の操作で到達できる場所への掲載
・店舗・事務所内に、ポスターを掲示する／パンフレット等を備置する。
・窓口等に、掲示する／パンフレット等を備え付ける。
・通信販売用のパンフレットやカタログ等に掲載する。

(2)　本人に通知

　「通知」は、本人に直接知らしめることである（通則 GL）。

　法には「通知」の具体的な方法の限定はなく、事業の性質及び個人情報の取扱状況に応じ、内容が本人に認識される合理的かつ適切な方法によらなければならない（通則 GL）。

[参考知識：通知の例]

・（面談）ちらし等の文書を直接渡すことにより知らせる。
・（電話）口頭又は自動応答装置等で知らせる。
・（隔地）電子メール、FAX 等により送信し、又は文書を郵便等で送付することにより知らせる。
・（電子商取引）取引確認のための自動応答電子メールに掲載して送信する。

第3節　直接書面等取得の場合の利用目的の明示（法 21 条 2 項）

法第 21 条（取得に際しての利用目的の通知等）

2　個人情報取扱事業者は、前項の規定にかかわらず、本人との間で契約を締結することに伴って契約書その他の書面（電磁的記録を含む。以下この項において同じ。）に記載された当該本人の個人情報を取得する場合その他本人から直接書面に記載された当該本人の個人情報を取得する場合は、あらかじめ、本人に対し、その利用目的を明示しなければならない。ただし、人の生命、身体又は財産の保護のために緊急に必要がある場合は、この限りでない。

1　概要と趣旨

　契約書その他の書面（電磁的記録を含む）に記載された個人情報を、直接本人から取得する場合は、原則として、あらかじめ、本人に対し、その利用目的を明示しなければならない（法 21 条 2 項）。

> ☞　本人から直接、書面等により個人情報を取得する場合は、直接本人に利用目的を知らせる機会が存在しているので、「明示」により本人に対して明確・確実に利用目的を伝達することにしたのである。

2　書面等による直接取得

　利用目的の明示を要するのは、直接、本人から、契約書その他の書面（電磁的記録を含む）に記載された個人情報を取得する場合であり（法21条2項）、「直接書面等取得」ということもある。

> ☞　本人から直接、口頭で個人情報を取得する場合は、書面等による取得ではないから、法21条2項は適用されない（法21条1項の通知・公表によればよい）。

[参考知識：直接書面等取得の例]

・申込書やアンケート等の書面に記載された個人情報を本人から受け取る（書面による直接取得）。

・本人から直接、戸籍謄本・住民票や運転免許証・健康保険証を受け取る（書面による直接取得）。

・本人が電子メールに記載して送信した個人情報を受信する（電磁的記録による直接取得）。

・本人がホームページ申込画面に入力した個人情報を取得する（電磁的記録による直接取得）。

3　明示

(1)　明示の意味と例

　「明示」とは、本人に対し、利用目的を明確に示すことであり、事業の性質及び個人情報の取扱状況に応じ、合理的かつ適切な方法によらなければならない（通則GL）。

[参考知識：明示に該当する場合（○）と該当しない場合（×）の例]

　○　利用目的を明記した契約書等を本人に手渡す。／本人に送付する。

> ☞　約款や利用条件等の書面中に利用目的を記載する場合は、記載されている旨を本人に伝えたり、記載されている旨を表面に記述する等して、本人が実際に目にできるよう留意する必要がある。

　○　本人がアクセスした自社ウェブ画面上や本人の端末装置上に利用目的を明記する。

> ☞　本人が個人情報を記載した書面等の送信ボタン等をクリックする前に本人の目にとまるように留意する必要がある。

　×　利用目的の記載箇所が容易に分からない書面を交付するのでは、「明示」とはいえない。

　×　何度もリンク先をたどらないと利用目的を閲覧できないのでは、「明示」とはいえない。

---

(2)　利用目的の明示義務が適用されない場合

　人の生命、身体又は財産の保護のために緊急に必要がある場合は、直接書面等取得の場合の利用目的の明示義務は適用されない（法21条2項但書）。

　この場合は、法21条第1項が適用されるから、取得後速やかにその利用目的を、本人に通知し、又は公表しなければならない（法21条4項の適用除外事由にも該当すれば、通知・公表も不要である）。

第4節　変更された利用目的の通知・公表（法21条3項）

> 法第21条（取得に際しての利用目的の通知等）
> 3　個人情報取扱事業者は、利用目的を変更した場合は、変更された利用目的について、本人に通知し、又は公表しなければならない。

　利用目的を変更した場合は、変更された利用目的を本人に通知するか、又は公表しなければならない（法21条3項）。

　　☞　法21条3項の「通知」及び「公表」の意味と例は、法21条1項における「通知」及び「公表」と同じである。

第5節　適用除外事由（法21条4項各号）

> 法第21条（取得に際しての利用目的の通知等）
> 4　前三項の規定は、次に掲げる場合については、適用しない。
> 　一　（略）

　以下の適用除外事由に該当する場合には、個人情報の利用目的（又は変更後の利用目的）の通知・公表等の義務に関する規定（法21条1項から3項）は適用されず、個人情報の利用目的の通知・公表・明示を要しない（法21条4項各号）。

【利用目的の通知・公表等の義務の適用除外事由】
　1号　利用目的を本人に通知し、又は公表することにより本人又は第三者の生命、身体、財産その他の権利利益を害するおそれがある場合
　2号　利用目的を本人に通知し、又は公表することにより当該個人情報取扱事業者の権利又は正当な利益を害するおそれがある場合
　3号　国の機関又は地方公共団体が法令の定める事務を遂行することに対して協力する必要がある場合であって、利用目的を本人に通知し、又は公表することにより当該事務の遂行に支障を及ぼすおそれがあるとき。
　4号　取得の状況からみて利用目的が明らかであると認められる場合

第4編　個人データに関する義務（法22条〜30条）

　法22条から30条までは、「個人データ」を取り扱う場合の規律を規定している。

　「個人データ」は、個人情報データベース等を構成する個人情報である（法16条3項）。

　「個人情報」が大量にあっても個人情報データベース等を構成していない場合は、「個人データ」ではなく、法22条から30条の適用対象外である。これに対して、個人情報データベース等を構成している個人情報は、1件でも「個人データ」であり、法22条から30条の適用対象である。

図表15　個人情報と個人データの関係

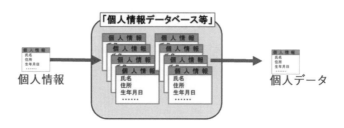

　個人データについては、個人情報の取扱いに関する義務（法17条から21条）に加えて、個人データの取り扱いに関する義務（法22条から30条）が適用される（次ページの図表16 個人情報取扱事業者の義務一覧 を参照）。

　個人情報取扱事業者が個人データに関して負う義務（法22条から30条）は、個人データの保管と第三者提供に関する規律である（次ページの図表17 個人データに関する義務の関係 を参照）。

　☞　「個人情報データベース等」（法16条1項）は、そこに含まれる個人情報の数が多数であるのが通常であり、特定の個人を容易に検索できるようになっているため、個人データは、個人情報データベース等を構成していない個人情報と比べると、その漏えい等により、多くの情報が検索・利用しやすい状態で漏えいすることにつながりやすく、本人の権利利益を侵害するおそれが高い。そこで、個人情報データベース等を構成している個人情報を「個人データ」として、個人情報よりも上乗せした規制を定めたのである。

図表16　個人情報取扱事業者の義務一覧

	個人情報 (2条1項)	個人データ (16条3項)	保有個人データ (16条4項)
17条　利用目的の特定・変更	○	○	○
18条　目的外利用の制限	○	○	○
19条　不適正な利用の禁止	○	○	○
20条　適正な取得・要配慮個人情報の取得制限	○	○	○
21条　取得に際しての利用目的の通知・公表等	○	○	○
22条　データ内容の正確性の確保		○	○
23条　安全管理措置		○	○
24条　従業者の監督		○	○
25条　委託先の監督		○	○
26条　漏えい等の報告等		○	○
27条　第三者提供の制限		○	○
28条　外国にある第三者への提供の制限		○	○
29条　第三者提供に係る記録の作成等		○	○
30条　第三者提供を受ける際の確認等		○	○
32条　保有個人データに関する事項の公表等			○
33条　開示			○
34条　訂正等			○
35条　利用停止等			○
36条　理由の説明			○
37条　開示等の請求等に応じる手続			○
38条　手数料			○
39条　事前の請求			○
40条　苦情の処理	○		○

加重

図表17　個人データに関する義務の関係

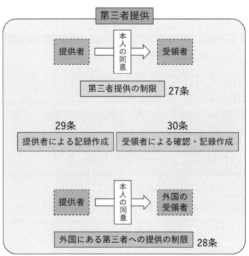

第12章　個人データの正確性の確保と不要な個人データの削除（法22条）

> 法第22条（データ内容の正確性の確保等）
> 　個人情報取扱事業者は、利用目的の達成に必要な範囲内において、個人データを正確かつ最新の内容に保つとともに、利用する必要がなくなったときは、当該個人データを遅滞なく消去するよう努めなければならない。

第1節　個人データの正確性の確保（法22条前段）

1　概要

　個人情報取扱事業者は、利用目的の達成に必要な範囲内において、個人データを正確かつ最新の内容に保つ努力義務を負う（法22条前段）。

2　利用目的の達成に必要な範囲内において

　データ内容の正確性の確保にあたっては、保有する個人データを一律に又は常に最新化する必要はなく、各個人情報データベース等の利用目的に応じて、必要な範囲内で正確性・最新性を確保すれば足りる（通則GL）。

第2節　不要な個人データの消去（法22条後段）

1　概要

　個人情報取扱事業者は、個人データを利用する必要がなくなったときは、当該個人データを遅滞なく消去する努力義務を負う（法22条後段）。

　なお、個人情報保護法には、個人情報の保存期間や廃棄すべき時期については、「個人データを利用する必要がなくなったとき」「遅滞なく」という以上に明確な定めがない。そこで、これらの期間・時期は、個人データの取扱状況等により異なり得るとされ、業務の遂行上の必要性や引き続き当該個人データを保管した場合の影響等も勘案し、必要以上に長期にわたることのないようにする必要があると指摘されるにとどまっている（Q&A）。しかも、事業者のデータ管理のサイクル等、実務上の都合に配慮することも認められている（Q&A）。

2　利用する必要がなくなったとき

個人データを「利用する必要がなくなったとき」は、利用目的が達成され、当該目的との関係では当該個人データを保有する合理的な理由が存在しなくなった場合や、利用目的が達成されなかったものの当該目的の前提となる事業自体が中止となった場合等が考えられる（通則GL）。

3　遅滞なく消去する

個人データを「消去する」とは、当該個人データを個人データとして使えなくすることであり、当該データを削除することのほか、当該データから特定の個人を識別できないように加工することを含む（通則GL）。

☞　カメラ画像や顔特徴データ等の個人データについては、利用の必要性を考慮して保存期間を設定し、個人データを利用する必要がなくなったときは、遅滞なく消去するよう努めなければならない（Q&A）。

第13章　安全管理措置（法23条）

> 法第23条（安全管理措置）
> 　個人情報取扱事業者は、その取り扱う個人データの漏えい、滅失又は毀損の防止その他の個人データの安全管理のために必要かつ適切な措置を講じなければならない。

第1節　概要

法23条は、個人情報取扱事業者が安全管理措置を講ずる義務を定めている。

☞　法は、「安全管理措置」の具体的な内容や手法については明確にせず、ガイドライン等の定めに委ねている。

☞　通則ガイドラインは、「当該措置は、個人データが漏えい等をした場合に本人が被る権利利益の侵害の大きさを考慮し、事業の規模及び性質、個人データの取扱状況（取り扱う個人データの性質及び量を含む。）、個人データを記録した媒体の性質等に起因するリスクに応じて、必要かつ適切な内容としなければならない。」とした上で、具体的に講じなければならない措置や当該項目を実践するための手法の例等を、「10　（別添）講ずべき安全管理措置の内容」に記載している。

具体的に講じなければならない措置や当該項目を実践するための手法の例等については後述する（☞　課題Ⅱ　第2〜4編を参照）。ここでは、安全管理措置の義務違反となる場合とならない場合の例をあげておく。

第2節　安全管理措置の義務違反となる場合、ならない場合

[参考知識：義務違反となる場合の例]

- 公開されることを前提としていない個人データが、事業者のウェブ画面上で不特定多数に公開されている状態を放置している場合
- 組織変更が行われ、個人データにアクセスする必要がなくなった従業者が個人データにアクセスできる状態を個人情報取扱事業者が放置していたところ、その従業者が個人データを漏えいした場合
- 本人が継続的にサービスを受けるために登録していた個人データが、システム障害により破損した。その個人データを復旧できずに滅失又はき損し、本人がサービスの提供を受けられなくなった場合
- 個人データに対してアクセス制御が実施されておらず、アクセスを許可されていない従業者がアクセスして個人データを入手し、漏えいした場合
- 個人データをバックアップした媒体が、持ち出しを許可されていない者により持ち出し可能な状態になっており、その媒体が持ち出されてしまった場合
- 委託する業務内容に対して必要のない個人データを委託先に提供し、委託先が個人データを漏えいした場合

[参考知識：義務違反とはならない場合の例]

- 内容物に個人情報が含まれない荷物等の宅配又は郵送を委託したところ、誤配によって宛名に記載された個人データが第三者に開示された場合

第14章　従業者の監督（法24条）

法第24条（従業者の監督）

　個人情報取扱事業者は、その従業者に個人データを取り扱わせるに当たっては、当該個人データの安全管理が図られるよう、当該従業者に対する必要かつ適切な監督を行わなければならない。

第1節　従業者

　法24条は、従業者に対する監督義務を定めている。

　「従業者」とは、個人情報取扱事業者の組織内にあって直接間接に事業者の指揮監督を受けて事業者の業務に従事している者をいい、雇用関係にある従業員（正社員、契約社員、嘱託社員、パート社員、アルバイト社員等）のみならず、取締役、執行役、理事、監査役、監事、派遣社員等も含まれる。

☞　情報漏えい等を防ぐためには、雇用関係のある「従業員」（労働者）だけを監督するのでは不十分であり、実際に事業者の下で業務に従事し、個人データに接触する可能性のある者全てを監督しなければ意味がない。そこで、従業員に限らず、役員や派遣社員等も含めた用語として、「従業者」が用いられている。

第2節　監督

　従業者の監督に際しては、個人データが漏えい等をした場合に本人が被る権利利益の侵害の大きさを考慮し、事業の規模及び性質、個人データの取扱状況、取り扱う個人データの性質及び量、個人データを記録した媒体の性質等に起因するリスクに応じて、個人データを取り扱う従業者に対する教育、研修等の内容及び頻度を充実させるなど、必要かつ適切な措置を講ずることが望ましい（通則GL）。

　従業者の監督は、法23条の安全管理措置として講じなければならない「組織的安全管理措置」や「人的安全管理措置」と重なるところが多い（☞　組織的安全管理措置については、「課題II 第5章」を、人的安全管理措置は、「課題II 第6章」を参照）。

　ここでは、従業者の監督を行っているといえない場合の例（通則GL）をあげておく。

第3節　従業者の監督を行っているといえない場合の例

[参考知識：従業者の監督を行っていない場合の例]
・従業者が個人データの安全管理措置を定める規程等に従って業務を行っていることを確認しなかった結果、個人データが漏えいした場合
・内部規程等に違反して個人データが入ったノート型パソコン又は外部記録媒体が繰り返し持ち出されていたにもかかわらず、その行為を放置した結果、当該機器が紛失し、個人データが漏えいした場合

第15章　委託先の監督（法25条）

> 法第25条（委託先の監督）
> 　個人情報取扱事業者は、個人データの取扱いの全部又は一部を委託する場合は、その取扱いを委託された個人データの安全管理が図られるよう、委託を受けた者に対する必要かつ適切な監督を行わなければならない。

第1節　概要・趣旨

　法25条は、個人データの取扱いの全部又は一部を委託する場合の委託先に対する監督義務を定めている。

☞　個人データの保存・処理等の業務のアウトソーシング（外部委託）は業務の効率化に不可欠である。このため、法は、委託に伴って個人データを提供する場合は個人データの「第三者」への提供に該当しないことにして（27条5項1号）、第三者提供の制限から除外している。他方で、個人データの漏えい等の事故を極力防ぐ必要があるため、法25条により委託元（委託者）が委託先を監督することを義務づけることで、委託先において確実に安全管理措置が遵守されるようにした。

　具体的には、個人情報取扱事業者は、法23条に基づき自らが講ずべき安全管理措置と同等の措置が講じられるよう、監督を行うものとする（通則GL）。

図表18　委託先の監督

第2節　内容

　「必要かつ適切な監督」のために、委託者は、取扱いを委託する個人データの内容を踏まえ、個人データが漏えい等をした場合に本人が被る権利利益の侵害の大きさを考慮し、委託する事業の規模及び性質、個人データの取扱状況、取り扱う個人データの性質及び量等に起因するリスクに応じて、1.適切な委託先の選定、2.委託契約の締結及び3.委託先における個人データ取扱状況の把握のための適切な措置を講じなければならない。

1　委託先の選定

　個人データの取扱いの委託先に対する必要かつ適切な監督（法 25 条）の措置の一環として、委託元は、適切な委託先を選定することが求められる。

　委託先の選定にあたっては、委託先の安全管理措置が、少なくとも委託元が法 23 条で求められる安全管理措置と同等であることを確認するため、通則ガイドラインの「10（別添）講ずべき安全管理措置の内容）」に定める各項目が、委託する業務内容に沿って確実に実施されることについて、あらかじめ確認しなければならない（通則 GL）。

　　☞　プライバシーマーク制度では、委託先を選定する基準は、少なくとも委託する当該業務に関しては、委託元と同等以上の個人情報保護の水準にあることを客観的に確認できなければならないとされている。

［参考知識：通則 GL に定める安全管理措置の項目］
1　組織的安全管理措置
　・個人データの安全管理措置を講じるための組織体制の整備
　・個人データの安全管理措置を定める規程等の整備と規程等に従った運用
　・個人データの取扱状況を一覧できる手段の整備
　・個人データの安全管理措置の評価、見直し及び改善
　・事故又は違反への対処
2　人的安全管理措置
　・雇用契約時における従業者との非開示契約の締結、及び委託契約等（派遣契約を 含む。）における委託元と委託先間での非開示契約の締結
　・従業者に対する内部規程等の周知・教育・訓練の実施
3　物理的安全管理措置
　・入退館（室）管理の実施
　・盗難等の防止
　・機器・装置等の物理的な保護
4　技術的安全管理措置
　・個人データへのアクセスにおける識別と認証
　・個人データへのアクセス制御
　・個人データへのアクセス権限の管理
　・個人データのアクセスの記録
　・個人データを取り扱う情報システムについての不正ソフトウェア対策
　・個人データの移送・送信時の対策
　・個人データを取り扱う情報システムの動作確認時の対策
　・個人データを取り扱う情報システムの監視

　　☞　【参考知識】の評価項目を、委託先選定基準としてルール化することが望ましい。委託先選定基準は、管理委員会（個人情報管理委員会）を設置している場合は管理委員会のもとで策定する。業務委託が日常化している場合は、委託先選定基準をみたす事業者を「委託先管理台帳」等でリスト化し、その中から選択する方法も考えられる。

　委託先の選定は、取扱いを委託する個人データの内容や規模に応じて適切な方法をとる必要がある（通則GL）。

【委託先の選定にあたって確認する方法の例】

　・委託元が立ち入ってチェックリストなどを用いて評価する。

　・委託先が監査した結果を委託元に報告させる。

2　委託契約の締結

　個人データの取扱いの委託先に対する必要かつ適切な監督（法25条）の措置の一環として、委託元は、適切に選定した委託先との間で、個人データの取扱いに関する委託契約を締結することが求められる。

　委託契約は口頭でも成立するが、口頭だと契約内容や責任の所在等が不明瞭になりやすいから、委託契約書を作成するべきである。

　委託契約には、個人情報等の非開示条項を入れるべきである。委託契約とは別に非開示契約の締結を示す契約書や覚書等を作成してもよい。

☞　非開示条項は、契約終了後も一定期間有効であるようにすることが望ましい。

[参考知識：委託契約に盛り込むことが望まれる事項]

　委託契約書には、下記事項を盛り込むことが望ましい。

委託契約に盛り込むことが望まれる事項と例

委託契約に盛り込むことが望まれる事項
□ 委託元及び委託先の責任の明確化 　ex.委託先において個人データを取り扱う者の氏名・役職等の明確化（別紙リストも可）
□ 個人データの安全管理に関する事項 　ex. 漏えい等の防止、委託契約範囲外の利用・複写等の禁止、委託契約期間、委託契約終了後の個人データの返還・消去・廃棄に関する事項
□ 再委託に関する事項 　ex. 再委託を行うに当たっての委託元への文書による事前報告又は承認
□ 個人データの取扱状況に関する委託元への報告の内容及び頻度
□ 契約内容が遵守されていることの確認（情報セキュリティ監査なども含まれる。）
□ 契約内容が遵守されなかった場合の措置 　ex. 安全管理に関する事項が遵守されずに個人データが漏えいした場合の損害賠償に関する事項等
□ セキュリティ事件・事故が発生した場合の報告・連絡に関する事項

> ［参考知識：「優越的地位」の問題］
>
> 　「優越的地位」にある者が委託元の場合には、委託元は、委託先との責任分担を無視して、本人からの損害賠償請求に係る責務を一方的に委託先に課す条項や、委託先からの報告や監査において過度な負担を強いる条項など、委託先に不当な負担を課す契約内容にすることはできない。
>
> 　※独占禁止法は「自己の取引上の地位が相手方に優越していること」を利用して、相手方に対して正常な商慣習に照らし不当とされる要求等をする行為を「優越的地位の濫用」として（独禁法2条9項5号）、「不公正な取引方法」の一類型として禁止している（同法19条）。違反した場合には排除措置命令や課徴金納付命令の対象となる。
>
> 　※「自己の取引上の地位が相手方に優越していること」は、市場支配的な地位又はそれに準ずる絶対的に優越した地位である必要はなく、取引の相手方との関係で相対的に優越した地位であれば足りると解される（「優越的地位の濫用に関する独占禁止法上の考え方」公正取引委員会）。

3　委託先における個人情報取扱状況の把握

　個人データの取扱いの委託先に対する必要かつ適切な監督（法25条）の措置の一環として、委託元は、委託契約を締結して終わりにせず、委託先における個人データの取扱状況を把握することが求められる。委託先における個人データの取扱状況を把握するためには、定期的に監査を行う等により、委託契約で盛り込んだ内容の実施の程度を調査した上で、委託の内容等の見直しを検討することを含め、適切に評価することが望ましい（通則GL）。

　委託先における個人データの取扱状況の把握にあたっては、取扱いを委託する個人データの内容や規模に応じて適切な方法をとる必要がある（同）。

【委託先における個人データの取扱状況の把握の例】

　・委託元が委託先に立ち入ってチェックリストなどを用いて評価（監査）する。

　・委託先が監査した結果を委託元に報告させる。

4　再委託・再々委託

　個人データの取扱いを委託に出す場合は、再委託の禁止等の条項を委託契約書に盛り込んでおかないと、委託元の知らぬ間に再委託、再々委託されてしまう可能性があるので注意が必要である。

> ☞　個人番号関係事務を委託する場合は、法律で再委託・再々委託が制限されているので（番号法10条）、委託契約書に再委託の禁止等の条項を盛り込むのを忘れたとしても、委託先が自由に再委託することはできない。

　なお、委託元（A）が委託先（B）に対する「必要かつ適切な監督」（法25条）を怠っている状況で委託先Bが再委託先（C）に再委託をしたとする。この場合に、再委託先（C）が個人データの不適切な取扱いにより漏えい事故等を起こしたときは、委託先Bの監督を怠った委託元

Aは、委託先Bに対する監督義務の違反があると判断される場合がある（通則GL）。

　また、委託元Aは、委託先Bや再委託先Cの行為により生じた損害について民事上の使用者責任（民法715条）を負うことがある。

　　☞　従って、個人情報・個人データの取扱いを委託する場合は、委託契約において、再委託を原則禁止するとともに、再委託の承認は文書（書面）で行うものとするべきである。

　委託先Bが再委託を行おうとする場合は、委託元Aとしては、次の措置を講ずることにより、委託先Bが再委託先Cに対して法25条による委託先の監督を適切に果たすこと、及び再委託先Cが法23条に基づく安全管理措置を講ずることを十分に確認することが望ましい（通説GL）。

【再委託する場合の望ましい措置】

・委託元Aが、再委託先Cの情報、再委託する業務内容及び再委託先の個人データの取扱方法等について、委託先Bから事前報告を得る、又は承認を行う。
・再委託における業務記録を一定期間保管する。
・委託先Bを通じて又は必要に応じて委託元A自らが、定期的に再委託先Cの監査を実施する。
・再委託先Cから個人情報が漏えいした場合の損害賠償に関する事項を明確にする。

　なお、再委託先Cが再々委託を行う場合以降も、再委託を行う場合と同様の措置を講ずることが望ましい。

図表19　再委託の場合に実施することが望ましい措置の例

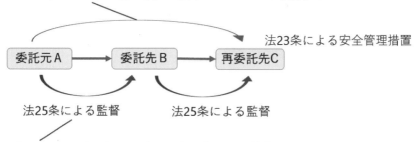

必要に応じて、委託元Aが自ら再委託先Cの監査を実施して再委託先Cが法23条による安全監理措置を講じていることを確認する

法23条による安全管理措置

委託元A　→　委託先B　→　再委託先C

法25条による監督　　　法25条による監督

委託元Aは、委託先Bに対し、法25条による監督として、再委託先Cについての事前報告・承認を求めたり、再委託先Cを監督させるなどして、再委託先Cが法23条により要求される安全監理措置を講ずることを確認する

5　個人情報の取扱いの委託ではない場合の注意

委託先が倉庫業やデータセンター（ハウジング，ホスティング）等の事業者であって、取り扱う情報に個人情報が含まれるかを委託先に認識させることなく情報を預ける場合は、個人情報の取扱いの委託ではないから、法25条（委託先の監督）は適用されず、委託契約書に個人情報に関する条項を盛り込む必要はない。

但し、委託元は、自社の安全管理措置（法23条）として、前述した委託先選定基準に従って委託先を選定するべきである。

また、人材派遣事業者との人材派遣契約，清掃事業者や機器のメンテナンス事業者、警備会社等との契約も、個人情報の取扱いの委託ではないから、契約書に個人情報に関する条項を盛り込む必要はない。もっとも、このような契約は、派遣社員、清掃職員、メンテナンス担当者、警備員等が個人情報に触れる可能性があるので、自社の安全管理措置（法23条）の一環として、契約先との間で、立ち入ることができる範囲を定め、又は守秘義務に関する事項を盛り込んだ契約を締結することが望ましい。

第3節　個人データの取扱いの委託

「個人データの取扱いの全部又は一部の委託」とは、契約の形態・種類を問わず、個人情報取扱事業者が他の者に個人データの取扱いを行わせることをいう。

例えば、個人データの本人からの取得や入力、編集、分析、出力等の処理を行うことを委託すること等が想定される（通則GL）。

第4節　監督

委託元（委託者）が委託先に対する「必要かつ適切な監督」を行っているといえるために、委託元は、法23条に基づいて自らが講ずべき安全管理措置と同等の措置が委託先においても講じられるよう、委託先の監督を行うことが求められる。

もっとも、委託元が法23条により求められる水準を超える高い水準の安全管理措置を講じている場合にまで、委託先に対してもこれと同等の措置を求める趣旨ではなく、委託先は、法23条が求める水準の安全管理措置を講じれば足りる（通則GL）。

委託先に対する「必要かつ適切な監督」を行うために、委託元は、取扱いを委託する個人データの内容を踏まえ、個人データが漏えい等をした場合に本人が被る権利利益の侵害の大きさを考慮し、委託する事業の規模及び性質、個人データの取扱状況、取り扱う個人データの性質及び量等に起因するリスクに応じて、次の(1)から(3)までに掲げる措置を講じなければならない（同上）。

(1)　適切な委託先の選定

(2)　委託契約の締結

(3)　委託先における個人データ取扱状況の把握

(1)(2)(3)の具体的な内容については前述しているが (☞ 「第2節　内容」)、ここでは、委託先に対して必要かつ適切な監督を行っているといえない場合の例をみておく。

[参考知識：委託先に対して必要かつ適切な監督を行っているといえない場合の例]

・個人データの安全管理措置の状況を契約締結時及びそれ以後も適宜把握せず外部の事業者に委託した結果、委託先が個人データを漏えいした場合

・個人データの取扱いに関して必要な安全管理措置の内容を委託先に指示しなかった結果、委託先が個人データを漏えいした場合

・再委託の条件に関する指示を委託先に行わず、かつ委託先の個人データの取扱状況の確認を怠り、委託先が個人データの処理を再委託した結果、当該再委託先が個人データを漏えいした場合

・契約の中に、委託元は委託先による再委託の実施状況を把握することが盛り込まれているにもかかわらず、委託先に対して再委託に関する報告を求めるなどの必要な措置を行わず、委託元の認知しない再委託が行われた結果、当該再委託先が個人データを漏えいした場合

第16章　漏えい等の報告等（法 26 条）

第1節　漏えい等事案とその発覚時に講ずべき措置

1　漏えい等と漏えい等事案

個人情報取扱事業者が取り扱う個人データの漏えい、滅失又は毀損を「漏えい等」といい、漏えい等又はそのおそれのある事案を「漏えい等事案」という（通則 GL）。

個人情報取扱事業者は、漏えい等事案が発覚した場合は、漏えい等事案の内容等に応じて、「漏えい等事案が発覚した場合に講ずべき措置」に掲げる事項について必要な措置を講じなければならない（通則 GL）。

図表20　「漏えい等」と「漏えい等事案」

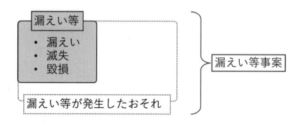

(1)　漏えい及び漏えいのおそれ

　　個人データの「漏えい」とは、個人データが外部に流出することをいう（通則 GL）。

　　個人データが外部に流出しても、個人データを第三者に閲覧されないうちに全てを回収した場合は、漏えいに該当しない（通則 GL）。

　　漏えいの「おそれ」は、その時点で判明している事実関係からして、漏えいが疑われるものの漏えいした確証がない場合である（通則 GL）。

[参考知識：「漏えい」の事案の例]

・個人データが記載された書類を第三者に誤送付した場合

・個人データを含むメールを第三者に誤送信した場合

・システムの設定ミス等によりインターネット上で個人データの閲覧が可能な状態となっていた場合

・個人データが記載又は記録された書類・媒体等が盗難された場合

・不正アクセス等により第三者に個人データを含む情報が窃取された場合

[参考知識「漏えいのおそれ」のある事案の例]

・個人データが記録された USB メモリを紛失したものの、紛失場所が社内か社外か特定できない場合（Q&A）

　☞　「漏えい」といえる場合もある（Q&A）

[参考知識：「漏えい」や「漏えいのおそれ」のある事案に該当しない例]

・個人データを含むメールを第三者に誤送信した場合において、当該第三者が当該メールを削除するまでの間に当該メールに含まれる個人データを閲覧していないことが確認された場合

・システムの設定ミス等によりインターネット上で個人データの閲覧が可能な状態となっていた場合において、閲覧が不可能な状態とするまでの間に第三者が閲覧していないことがアクセスログ等から確認された場合

---

(2)　滅失及び滅失のおそれ

　　個人データの「滅失」とは、個人データの内容が失われることをいう。

　　ただし、その内容と同じデータが他に保管されている場合は、「滅失」に該当せず、また、個人情報取扱事業者が合理的な理由により個人データを削除する場合も、「滅失」に該当しない（通則 GL）。

　　滅失の「おそれ」は、その時点で判明している事実関係からして、滅失が疑われるものの滅失した確証がない場合である（通則 GL）。

[参考知識：「滅失」の例]

・個人情報データベース等から出力された氏名等が記載された帳票等を誤って廃棄した場合

☞　当該帳票等が適切に廃棄されていない場合には、個人データの漏えいに該当する場合がある。

・個人データが記載又は記録された書類・媒体等を社内で紛失した場合

☞　当該個人データが社外に流出した場合には、個人データの漏えいに該当する。

[参考知識：「滅失のおそれ」のある事案の例]

・個人データが記録された USB メモリを社内で紛失したことが特定でき、社内で紛失したままである場合（Q&A）

☞　「滅失」といえる場合もある（Q&A）

(3)　毀損及び毀損のおそれ

　　個人データの「毀損」とは、個人データの内容が意図しない形で変更されることや、内容を保ちつつも利用不能な状態となることをいう。

　　ただし、その内容と同じデータが他に保管されている場合は「毀損」に該当しない（通則 GL）。

　　毀損の「おそれ」は、その時点で判明している事実関係からして、毀損が疑われるものの毀損した確証がない場合である（通則 GL）。

[参考知識：「毀損」の例]

・個人データの内容が改ざんされた場合

・暗号化処理された個人データの復元キーを喪失したことにより復元できなくなった場合

・ランサムウェア等により個人データが暗号化され、復元できなくなった場合

(4)　個人データ

　　漏えい等した情報が個人データに該当するかどうかは、当該個人データを漏えい等した個人情報取扱事業者を基準に判断する。

　　従って、取り扱う個人データの一部が漏えいし、当該漏えいした個人データによっては第三者が特定の個人を識別することができない場合でも、報告対象事態に該当すれば、報告が必要となる（Q&A）。

2　漏えい等事案が発覚した場合に講ずべき措置

　　個人情報取扱事業者は、漏えい等事案が発覚した場合は、漏えい等事案の内容等に応じて、次の(1)から(5)に掲げる事項について、必要な措置を講じなければならない（通則 GL）。

　　(1)　事業者内部における報告及び被害の拡大防止

　責任ある立場の者に直ちに報告するとともに、漏えい等事案による被害が発覚時よりも拡大しないよう必要な措置を講ずる（通則GL）。

　「責任ある立場の者」の役職は限定されていないが、取扱規程等により、漏えい等事案が発覚した場合の適切かつ迅速な報告連絡体制を整備しておくことが必要である（Q&A）。

【必要な措置の例】

　・外部からの不正アクセスや不正プログラムの感染が疑われる場合に、当該端末等のLANケーブルを抜いてネットワークからの切り離しを行う又は無線LANの無効化を行うなどの措置を直ちに行う（Q&A）。

(2)　事実関係の調査及び原因の究明

　漏えい等事案の事実関係の調査及び原因の究明に必要な措置を講ずる。

(3)　影響範囲の特定

　事実関係の調査及び原因の究明（上記(2)）で把握した事実関係による影響範囲の特定のために必要な措置を講ずる。

【必要な措置の例】

　・個人データの漏えいの場合に、漏えいした個人データに係る本人の数、漏えいした個人データの内容、漏えいした原因、漏えい先等を踏まえ、影響の範囲を特定する（Q&A）。

(4)　再発防止策の検討及び実施

　事実関係の調査及び原因の究明（上記(2)）の結果を踏まえ、漏えい等事案の再発防止策の検討及び実施に必要な措置を講ずる。

(5)　個人情報保護委員会への報告及び本人への通知

　個人情報保護委員会への報告は法26条1項、本人への通知は法26条2項に従って実施する。

　なお、漏えい等事案の内容等に応じて、二次被害の防止、類似事案の発生防止等の観点から、事実関係及び再発防止策等について、速やかに公表することが望ましい（通則GL）。

図表21　漏えい等の報告と本人への通知（法26条）

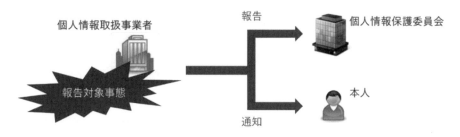

第2節　漏えい等の報告（法 26 条 1 項）

> 法第 26 条（漏えい等の報告等）
> 1　個人情報取扱事業者は、その取り扱う個人データの漏えい、滅失、毀損その他の個人データの安全の確保に係る事態であって個人の権利利益を害するおそれが大きいものとして個人情報保護委員会規則で定めるものが生じたときは、個人情報保護委員会規則で定めるところにより、当該事態が生じた旨を個人情報保護委員会に報告しなければならない。ただし、（略）

1　概要と趣旨

　個人情報取扱事業者は、後述する「報告対象事態」を知ったときは、規則 8 条で定めるところにより、当該事態が生じた旨を個人情報保護委員会に報告しなければならない（法 26 条 1 項）。

　個人情報保護委員会への報告については、速報（規則 8 条 1 項）と確報（規則 8 条 2 項）が定められ、報告事項（規則 8 条 1 項 1 号から 9 号）も定められている。

　☞　令和 2 年改正前は、個人データの漏えい等の報告は、法令上の義務ではなく通則ガイドラインで定める「努力義務」だった。そこで、個人情報保護委員会が漏えい等事案を把握し適切に対応することができるようにするため、令和 2 年改正により法 26 条 1 項が新設されて、個人情報保護委員会への報告等が法的義務とされた。

2　報告対象事態（規則 7 条各号）

　個人情報取扱事業者は、「報告対象事態」を知ったときは、個人情報保護委員会に報告しなければならない（法 26 条 1 項・規則 7 条各号）。

　報告対象事態は、「個人データの漏えい等が発生し、又は発生したおそれがある事態」のうち、個人の権利利益を害するおそれが大きいため個人情報保護委員会への報告の対象とすべき事態として、規則 7 条が定める以下の事態である。

【報告対象事態】

　　1 号　要配慮個人情報が含まれる個人データの漏えい等が発生し、又は発生したおそれがある事態

　　2 号　不正に利用されることにより財産的被害が生じるおそれがある個人データの漏えい等が発生し、又は発生したおそれがある事態

　　3 号　不正の目的をもって行われたおそれがある個人データの漏えい等が発生し、又は発生したおそれがある事態

　　4 号　個人データに係る本人の数が 1000 人を超える漏えい等が発生し、又は発生したおそれがある事態

　漏えい等が「発生したおそれがある」かどうかは、その時点で判明している事実関係に基づいて個別の事案ごとに蓋然性を考慮して判断する。そして、その時点で判明している事実関係からして、漏えい等が疑われるものの漏えい等が生じた確証がない場合が、漏えい等が「発生したお

それがある」事態に該当する（通則 GL）。

　なお、1号から3号までの報告対象事態は、個人データに係る本人の数にかかわらない（1人でも報告対象事態に該当しうる）。

　また、報告対象事態に該当しない漏えい等事案であっても、個人情報取扱事業者は個人情報保護委員会に任意の報告をすることができる（通則 GL）。

図表22　報告対象事態

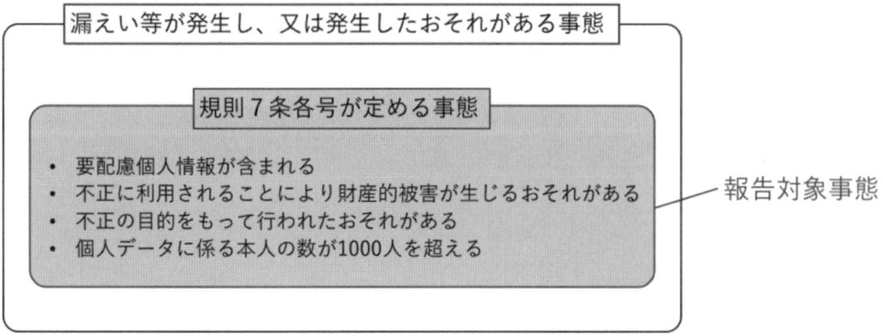

(1)　要配慮個人情報が含まれる個人データの漏えい等が発生し、又は発生したおそれがある事態（規則7条1号）

> [参考知識：規則7条1号の報告対象事態に該当する例]
> ・病院における患者の診療情報や調剤情報を含む個人データを記録した USB メモリーを紛失した。
> ・従業員の健康診断等の結果を含む個人データが漏えいした。
> ・医療機関において、健康診断等の結果を誤って本人以外の者に交付した（Q&A）。

(2)　不正に利用されることにより財産的被害が生じるおそれがある個人データの漏えい等が発生し、又は発生したおそれがある事態（規則7条2号）

　「財産的被害が生じるおそれ」については、対象となった個人データの性質・内容等を踏まえ、財産的被害が発生する蓋然性を考慮して判断する（通則 GL）。

　漏えい等した個人データを利用し、本人になりすまして財産の処分が行われる場合が想定されている（Q&A）。

　なお、漏えい等事案を知った時点において、「不正に利用されることにより財産的被害が生じるおそれがある」場合には、その後の被害防止措置により財産的被害が生じるおそれがなくなったとしても、報告対象となる（Q&A）。

> [参考知識：規則7条2号の報告対象事態に該当する例]
> ・EC サイトからクレジットカード番号を含む個人データが漏えいした。
> 　なお、個人データであるクレジットカード番号のみの漏えいでも、暗証番号やセキュリティコードが
> 　割り出されるおそれがあるため、規則7条2号の報告対象事態に該当する（Q&A）。
> ・送金や決済機能のあるウェブサービスのログイン ID とパスワードの組み合わせを含む個人データが
> 　漏えいした。

> [参考知識：規則7条2号の報告対象事態に該当しない例]
> ・住所、電話番号、メールアドレス、SNS アカウントといった個人データのみの漏えい（Q&A）
> ・個人データであるクレジットカード番号の下4桁のみとその有効期限の組合せが漏えいした（Q&A）。
> ・個人データである銀行口座情報（金融機関名、支店名、預金種別、口座番号、口座名義等）のみが漏
> 　えいした（Q&A）。
> 　☞　ただし、個人データである銀行口座情報がインターネットバンキングのログインに用いられてい
> 　　　る場合で、銀行口座情報とインターネットバンキングのパスワードの組み合わせが漏えいした場
> 　　　合は、規則7条2号の報告対象事態に該当する（Q&A）
> ・クレジットカード又はデビットカードを誤って第三者に郵送したが、クレジットカード又はデビッド
> 　カードが同封された郵便物が未開封のまま回収された場合
> 　☞　通常、「漏えい」に該当せず、報告対象事態に該当しない（Q&A）。

(3)　不正の目的をもって行われたおそれがある個人データの漏えい等が発生し、又は発生し
　　たおそれがある事態（規則7条3号）
　　　「不正の目的をもって」漏えい等を発生させた主体には、第三者のみならず、従業者も含
　まれる。

> [参考知識：規則7条3号の「漏えい等が発生」した事態の例]
> ・不正アクセスにより個人データが漏えいした場合
> ・ランサムウェア等により個人データが暗号化され、復元できなくなった場合
> ・個人データが記載又は記録された書類・媒体等が盗難された場合
> ・従業者が顧客の個人データを不正に持ち出して第三者に提供した場合

> [参考知識：サイバー攻撃の事例で、規則7条3号の漏えいが「発生したおそれがある」事態に該当し得る場合の例（通則 GL）]
> ・個人データを格納しているサーバや、当該サーバにアクセス権限を有する端末において外部からの不正アクセスによりデータが窃取された痕跡が認められた場合
> ・個人データを格納しているサーバや、当該サーバにアクセス権限を有する端末において、情報を窃取する振る舞いが判明しているマルウェアの感染が確認された場合
> 　☞　単にマルウェアを検知したことをもって直ちに漏えいのおそれがあると判断するものではなく、防御システムによるマルウェアの実行抑制の状況、外部通信の遮断状況等についても考慮する（Q&A）。
> ・マルウェアに感染したコンピュータに不正な指令を送り、制御するサーバ（C&C サーバ）が使用しているものとして知られている IP アドレス・FQDN（Fully Qualified Domain Name の略。サブドメイン名及びドメイン名からなる文字列であり、ネットワーク上のコンピュータ（サーバ等）を特定するもの。）への通信が確認された場合
> ・不正検知を行う公的機関、セキュリティ・サービス・プロバイダ、専門家等の第三者から、漏えいのおそれについて、一定の根拠に基づく連絡を受けた場合

> [参考知識：従業者による個人データの持ち出しの事例で、規則7条3号の漏えいが「発生したおそれがある」事態に該当し得る場合の例（通則 GL）]
> ・個人データを格納しているサーバや、当該サーバにアクセス権限を有する端末において、通常の業務で必要としないアクセスによりデータが窃取された痕跡が認められた場合

(4)　個人データに係る本人の数が 1,000 人を超える漏えい等が発生し、又は発生したおそれがある事態（規則 7 条 4 号）

　　「個人データに係る本人の数」は、当該個人情報取扱事業者が取り扱う個人データのうち、漏えい等が発生し、又は発生したおそれがある個人データに係る本人の数をいう（通則 GL）。
　　☞　当該事態発覚当初は 1,000 人以下であっても、その後 1,000 人を超えた場合には、1,000 人を超えた時点で規則 7 条 4 号に該当する（通則 GL）。
　　☞　本人の数が確定できない漏えい等であっても、漏えい等が発生したおそれがある個人データに係る本人の数が最大 1,000 人を超える場合には規則 7 条 4 号に該当する（通則 GL）。

3　報告対象から除外される場合

　　漏えい等が発生し、又は発生したおそれがある個人データについて、高度な暗号化その他の個人の権利利益を保護するために必要な措置を講じている場合は、報告対象から除外される（規則 7 条 1 号）。

[参考知識：高度な暗号化その他の個人の権利利益を保護するために必要な措置を講じている場合]

　「漏えい等が発生し、又は発生したおそれがある個人データ」について、高度な暗号化等の秘匿化がされている場合に該当するためには、当該漏えい等事案が生じた時点の技術水準に照らして、漏えい等が発生し、又は発生したおそれがある個人データについて、これを第三者が見読可能な状態にすることが困難となるような暗号化等の技術的措置が講じられるとともに、そのような暗号化等の技術的措置が講じられた情報を見読可能な状態にするための手段が適切に管理されていることが必要である（Q&A）。

　　☞　第三者が見読可能な状態にすることが困難となるような暗号化等の技術的措置としては、適切な評価機関等により安全性が確認されている電子政府推奨暗号リストやISO/IEC18033等に掲載されている暗号技術が用いられ、それが適切に実装されていることが考えられる（Q&A）。

　暗号化等の技術的措置が講じられた情報を見読可能な状態にするための手段が適切に管理されているといえるためには、①暗号化した情報と復号鍵を分離するとともに復号鍵自体の漏えいを防止する適切な措置を講じていること、②遠隔操作により暗号化された情報若しくは復号鍵を削除する機能を備えていること、又は③第三者が復号鍵を行使できないように設計されていることのいずれかの要件を満たすことが必要である（Q&A）。

　　☞　テンプレート保護技術（暗号化等の技術的措置を講じた生体情報を復号することなく本人認証に用いる技術）を施した個人識別符号が漏えいした場合は、高度な暗号化等の秘匿化がされており、かつ、当該個人識別符号が漏えいした場合に、漏えいの事実を直ちに認識し、テンプレート保護技術に用いる秘匿化のためのパラメータを直ちに変更するなど漏えいした個人識別符号を認証に用いることができないようにしている場合には、「高度な暗号化その他の個人の権利利益を保護するために必要な措置」を講じていることになる（Q&A）。

4　報告義務の主体

(1)　当該個人データを取り扱う個人情報取扱事業者

　法26条1項の報告義務を負う主体は、漏えい等が発生し、又は発生したおそれがある個人データを取り扱う個人情報取扱事業者である。

(2)　個人データの取扱いを委託している場合

①　原則

　個人データの取扱いを委託している場合は、委託先だけでなく委託元も個人データを取り扱っていることになるため、委託先において個人データの漏えい等事案が発生し報告対象事態に該当する場合には、原則として委託元と委託先の双方が報告する義務を負う。

　この場合は、委託元と委託先の連名で報告することができる（通則GL）。

　なお、委託元において報告対象事態が発生した場合は、委託先が取り扱う個人データの漏えい等が生じていないことから、委託先は報告義務を負わない（Q&A）。

図表23　委託先における報告対象事態の発生

[参考知識：クラウドサービスを利用している場合]

　クラウドサービス事業者が個人データを取り扱わないこととなっている場合は、「個人データの取扱いの委託」には該当しない（☞　後述する「第19章　第2節　2　個人データの取扱いの委託に該当しない場合」を参照）。

　この場合は、クラウドサービスを利用する事業者のみが個人データを取り扱っていることになる。したがって、クラウドサービスにおける漏えい等が報告対象事態に該当する場合は、クラウドサービスを利用する事業者のみが法26条1項の報告義務を負う。

　もっとも、クラウドサービスを利用する事業者が安全管理措置義務及び報告対象事態の報告義務を負っていることを踏まえて、クラウドサービス事業者は、契約等に基づいてクラウドサービスを利用する事業者に対して通知する等、適切な対応を行うことが求められる（Q&A）。

[参考知識：配送事業者を利用している場合]

　配送事業者を利用して個人データを含むものを送付する場合は、通常、配送事業者は配送を依頼された中身の詳細については関知しないことから、当該配送事業者との間で特に中身の個人データの取扱いについて合意があった場合等を除き、当該個人データに関しては取扱いの委託をしているものではないものと解される（☞　後述する「第19章　第2節　2　個人データの取扱いの委託に該当しない場合」を参照）。

　この場合に配送事業者の誤配送等によって報告対象事態が発生したときには、配送事業者を利用した個人情報取扱事業者が法26条1項の報告義務を負い、個人データを取り扱っていることにならない配送事業者は法26条1項の報告義務を負わない（Q&A）。

　もっとも、配送業者を利用する事業者が安全管理措置義務及び報告対象事態の報告義務を負っていることを踏まえて、配送業者は、契約等に基づいて配送事業者を利用する事業者に対して通知する等、適切な対応を行うことが求められる（Q&A）。

---

　②　委託元への通知による例外

　　　個人データの取扱いを委託している場合において、委託先が、個人情報保護委員会への報告義務を負っている委託元に対し、後述する報告事項のうち、その時点で把握している

もの（規則9条）を通知したときは、委託先は、個人情報保護委員会への報告義務を免除される（法26条1項但書）。

　　☞　報告事項については、「5　(1)　速報と報告事項（規則8条1項）」を参照されたい。

　なお、この場合は、委託先は、本人への通知義務も免除される（法26条2項かっこ書）。

図表24　委託元への通知による委託先の報告義務免除

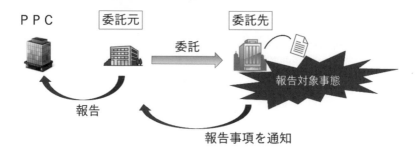

5　速報と確報（報告期限と報告事項）

(1)　速報と報告事項（規則8条1項）

①　速報

　個人情報取扱事業者は、「報告対象事態」を知った後、速やかに、施行規則（規則8条1項1号から9号）が定める報告事項を個人情報保護委員会に報告しなければならない。

　これを「速報」という。

　　☞　報告対象事態については、前述した「2　報告対象事態（規則7条各号）」を参照。

　　☞　報告期限の起算点となる「知った」時点については、個人情報取扱事業者が法人である場合には、いずれかの部署が当該事態を知った時点を基準とする（通則GL）。

　　☞　個別の事案ごとに判断されるが、いずれかの部署内のある従業員が報告対象事態を知った時点で「部署が知った」と考えられる（Q&A）。ただし、従業員等の不正持出しの事案においては、不正な持ち出しを行った従業員等を除いた上で判断する（同）。

　「速やか」の日数の目安については、個別の事案によるものの、個人情報取扱事業者が当該事態を知った時点から概ね3から5日以内である（通則GL）。

②　報告事項（規則8条1項各号）

　法26条1項による個人情報保護委員会への報告は、施行規則（8条1項1号から9号）が定める「報告事項」を、原則として、個人情報保護委員会のホームページの報告フォームに入力する方法により行う。

　速報の場合、報告をしようとする時点において把握している内容を報告すれば足りる（規則8条1項かっこ書）。

【報告事項】

　1号　概要

　　　当該事態の概要について、発生日、発覚日、発生事案、発見者、報告対象事態（規則7条各号）該当性、委託元及び委託先の有無、事実経過等を報告する。

　2号　漏えい等が発生し、又は発生したおそれがある個人データの項目

　　　漏えい等が発生し、又は発生したおそれがある個人データの項目について、媒体や種類（顧客情報、従業員情報の別等）とともに報告する。

　3号　漏えい等が発生し、又は発生したおそれがある個人データに係る本人の数

　　　漏えい等が発生し、又は発生したおそれがある個人データに係る本人の数について報告する。

　4号　原因

　　　当該事態が発生した原因について、当該事態が発生した主体（報告者又は委託先）とともに報告する。

　5号　二次被害又はそのおそれの有無及びその内容

　　　当該事態に起因して発生する被害又はそのおそれの有無及びその内容について報告する。

　　（例：Q&A）

　　　・クレジットカードの不正利用

　　　・ポイントサービスにおけるポイントの不正利用

　　　・漏えいしたメールアドレス宛てに第三者が不審なメール・詐欺メールを送信すること

　6号　本人への対応の実施状況

　　　当該事態を知った後、本人に対して行った措置（通知を含む。）の実施状況について報告する。

　7号　公表の実施状況

　　　当該事態に関する公表の実施状況について報告する。

　8号　再発防止のための措置

　　　漏えい等事案が再発することを防止するために講ずる措置について、実施済みの措置と今後実施予定の措置に分けて報告する。

　9号　その他参考となる事項

　　　1号から8号までの事項を補完するため、個人情報保護委員会が当該事態を把握する上で参考となる事項を報告する。

　　（例：Q&A）

　　　・他の行政機関等への報告状況（捜査機関への申告状況も含む。）

　　　・外国の行政機関等への報告状況

　　　・当該個人情報取扱事業者が上場会社である場合、適時開示の実施状況・実施予定

　　　　　・既に報告を行っている漏えい等事案がある中で、同時期に別の漏えい等事案が

　　　　　　発生した場合には、両者が別の事案である旨

(2)　確報（規則8条2項）

　個人情報取扱事業者は、「報告対象事態」を知ったときは、速報に加えて、次の報告期限内

に、前述した報告事項を個人情報保護委員会に報告しなければならない（規則8条2項）。

　これを「確報」という。

【確報の報告期限】

　　　・原則として、報告対象事態を知った日から30日以内

　　　・報告対象事態のうち、規則7条3号の事態（不正の目的をもって行われたおそれがある

　　　　個人データの漏えい等が発生し、又は発生したおそれがある事態）の場合は、当該報告

　　　　対象事態を知った日から60日以内

　　　　なお、規則7条3号の事態に加え、同条1号、2号又は4号の事態にも該当する場合も、

　　　　報告対象事態を知った日から60日以内でよい（通則GL）。

　　　　確報においては、報告事項の全てを報告しなければならない。

　　　☞　速報の時点で全ての事項を報告できる場合には、1回の報告で速報と確報を兼ねることができる。

　　　☞　確報を行う時点（報告対象事態を知った日から30日以内又は60日以内）において、合理的

　　　　　努力を尽くした上で、一部の事項が判明しておらず、全ての事項を報告することができない場

　　　　　合には、その時点で把握している内容を報告し、判明次第、報告を追完するものとする（通則

　　　　　GL）。

第3節　本人への通知（法26条2項）

> 法第26条（漏えい等の報告等）
>
> 2　前項に規定する場合には、個人情報取扱事業者（同項ただし書の規定による通知をした者を除く。）は、本人に対し、個人情報保護委員会規則で定めるところにより、当該事態が生じた旨を通知しなければならない。ただし、本人への通知が困難な場合であって、本人の権利利益を保護するため必要なこれに代わるべき措置をとるときは、この限りでない。

1　概要

　個人情報取扱事業者は、「報告対象事態」（☞　「第2節　2　報告対象事態（規則7条各号）」）

を知った後、当該事態の状況に応じて速やかに、当該本人の権利利益を保護するために必要な範

囲において、「通知事項」（後述）を本人に通知しなければならない（法26条2項、規則10条）。

　　　☞　法26条は、令和2年改正によって新設された規律である。

2　通知義務の主体

(1)　原則

　通知義務を負う主体は、漏えい等が発生し、又は発生したおそれがある個人データを取り扱う個人情報取扱事業者である。

(2)　委託元への通知による例外

　個人データの取扱いを委託している場合において、委託先が、個人情報保護委員会への報告義務を負っている委託元に対し、報告事項のうち、その時点で把握しているもの（規則9条）を通知したときは、委託先は、個人情報保護委員会への報告義務を免除されるとともに、本人への通知義務も免除される（法26条1項但書、法26条2項かっこ書）。

3　当該事態の状況に応じて速やかに

> [参考知識：その時点では通知を行う必要があるといえない場合の例]
> ・インターネット上の掲示板等に漏えいした複数の個人データがアップロードされており、個人情報取扱事業者において当該掲示板等の管理者に削除を求める等、必要な初期対応が完了しておらず、本人に通知することで、かえって被害が拡大するおそれがある場合
> ・漏えい等のおそれが生じたものの、事案がほとんど判明しておらず、その時点で本人に通知したとしても、本人がその権利利益を保護するための措置を講じられる見込みがなく、かえって混乱が生じるおそれがある場合

4　通知事項

　本人へ通知すべき「通知事項」は、個人情報保護委員会への報告事項（規則8条1項1号から9号）のうち、以下の事項である（規則10条）。

　【通知事項】

　　1号　概要

　　2号　漏えい等が発生し、又は発生したおそれがある個人データの項目

　　4号　原因

　　5号　二次被害又はそのおそれの有無及びその内容

　　9号　その他参考となる事項

　これらの事項が全て判明するまで本人への通知をする必要がないというものではなく、本人への通知は、「当該事態の状況に応じて速やかに」行う必要がある（通則GL）。

5　本人の権利利益を保護するために必要な範囲

本人への通知は、「本人の権利利益を保護するために必要な範囲において」行う（規則10条）。

[参考知識：本人の権利利益を保護するために必要な範囲の通知の例]

・不正アクセスにより個人データが漏えいした場合において、その原因を本人に通知するにあたり、個人情報保護委員会に報告した詳細な内容ではなく、必要な内容を選択して本人に通知する。

・漏えい等が発生した個人データの項目が本人ごとに異なる場合において、当該本人に関係する内容のみを本人に通知する。

6　本人への通知の方法

「本人への通知」とは、本人に直接知らしめることをいい、事業の性質及び個人データの取扱状況に応じ、通知すべき内容が本人に認識される合理的かつ適切な方法によらなければならない（通則GL）。

 ☞　法26条2項の「通知」の意味や解釈は、法21条1項（利用目的の本人への通知）の「通知」と基本的に同じである（「第11章　第2節　2　(2)　本人に通知」を参照）。

個人情報保護委員会への報告（法26条1項）と異なり、本人への通知の様式は法令上定められていないが、本人にとって分かりやすい形で通知を行うことが望ましい（通知GL）。

[参考知識：本人への通知の例]

・文書を郵便等で送付することにより知らせる。

・電子メールを送信することにより知らせる。

・口頭で知らせる。

 ☞　必要に応じて書面又は電子メール等による通知を併用することが望ましい（Q&A）。

7　本人への通知の例外

本人への通知を要する場合であっても、本人への通知が困難な場合であって、本人の権利利益を保護するため必要なこれに代わるべき措置をとるときは、本人への通知を要しない（法26条2項但書）。

[参考知識：本人への通知が困難な場合の例]

・保有する個人データの中に本人の連絡先が含まれていない。

・連絡先が古いために通知を行う時点で本人へ連絡できない。

※複数の連絡先を保有している場合に、1つの連絡先に連絡したが本人に連絡が取れなかったというだけで「本人への通知が困難」とはいえない（Q&A）。

[参考知識：本人への通知に代わるべき措置の例]

・事案を公表する。

　公表すべき内容は、個別の事案ごとに判断されるが、本人へ通知すべき内容を基本とする（通則GL）。

　☞　特定の個人が識別されるおそれがある事項については公表しなくてよい（Q&A同旨）。

・問合せ窓口を用意してその連絡先を公表し、本人が自らの個人データが対象となっているか否かを確認できるようにする。

第17章　第三者提供の制限（法27条）

第1節　本人同意（オプトイン）の原則（法27条1項）

法第27条（第三者提供の制限）

1　個人情報取扱事業者は、次に掲げる場合を除くほか、あらかじめ本人の同意を得ないで、個人データを第三者に提供してはならない。

　一　（以下略）

　個人情報取扱事業者は、原則として、あらかじめ本人の同意を得ないで、個人データを第三者に提供してはならない（法27条1項）。

　☞　無限定な個人データの提供を排除し、本人の権利利益侵害を防止するための規制であり、オプトイン（Opt-in）の原則ともいう。オプトインは、「参加する」という意味であり、個人データの第三者提供について本人に主導権を認める方法である。

1　対象情報（個人データ）

　法27条の対象となる情報は、「個人データ」（個人情報データベース等を構成している個人情報。法16条3項）である。

[参考知識：「個人情報」の第三者提供にとどまる例]

　・旅行代理店が旅館への宿泊申込書を顧客から取得して、その場で（＝データベースに入力する前に）、旅館へFAXする場合は、（個人情報の提供にとどまるので）本人の同意を得る必要はない。

　・学校行事で撮影された写真（特定の個人を識別できる）を広報誌に掲載したり関係者に配布したりする場合も、個人情報の提供にとどまるので、本人の同意を得る必要はない（Q&A）。

　☞　もっとも、写真の公表はプライバシー権や肖像権の侵害にあたる場合もあるため、展示期間を限定したり、不特定多数への提供に際しては本人の同意を得るようにする等の取組みが望ましい（Q&A）。

> ・外部から退職した従業員の在籍確認や勤務状況等の問い合わせがあった場合の回答は、当該個人情報が個人データに該当しなければ法 27 条 1 項の制限にかからない（Q&A）。

2 あらかじめ本人の同意を得る

(1) 同意

「同意」の解釈は、目的外利用を認める本人の「同意」（法 18 条 1 項）と基本的に同じである（「第 7 章 第 3 節 本人の同意」を参照）。

「同意」は意思表示であるが、明示されていなくても同意があると評価できる場合はある。

なお、「同意」は意思表示であるから、本人が同意により生じる結果につき判断能力を有していない場合は、法定代理人等（親権者，成年後見人等）の同意を得なければならない。

[参考知識：同意に関連する事例]

・デパートで、顧客データベースで確認した客の名前をアナウンスして呼び出す場合は、原則として個人データの第三者提供として本人の同意を得る必要があるが、状況から判断して本人の同意が得られていると評価できる場合がある（Q&A）。

☞ 同意が得られていると評価できない場合でも、落とし物や忘れ物の連絡等、客の生命、身体又は財産の保護のために必要がある場合であって、本人の同意を得ることが困難である場合は、本人の同意を得ずにアナウンスできる（法 27 条 1 項 2 号の適用除外事由に該当する）。

・公開されている個人情報を取得して個人データとして第三者提供する場合は、氏名のみ等であれば、本人の同意があると事実上推認してよい場合がある。

☞ ある企業の代表取締役の氏名等が当該会社のホームページで公開されていて、当該本人の役職及び氏名のみを第三者に伝える場合等、提供する個人データの項目や提供の態様によっては、本人の同意があると事実上推認してよい場合もある（Q&A）。

・黙示の同意（通常必要と考えられる個人情報の利用範囲を掲示しておき、本人から特段明確な反対・留保の意思表示がない場合）も認められる（医療・介護事業者ガイダンス）。

---

(2) 同意を得る方法

個人情報の取得前から、個人情報を第三者に提供することを想定している場合には、法 17 条 1 項による利用目的の特定において、第三者に提供する旨を特定しなければならない。

第三者提供の同意は、第三者提供の都度ではなく、本人が予測できる範囲において包括的に得ることもできる（通則 GL）。

☞ 第三者が特定されていないことに不安を抱く本人は、同意をしなければよいからである。

3　提供

　個人データを「第三者に提供」するとは、個人データを自己以外の者が利用可能な状態に置くことをいう（通則GL）。

　個人データが物理的に提供されていなくても、ネットワーク等を利用することにより、個人データを利用できる状態にあれば（利用する権限が与えられていれば）、「提供」に該当する（同上）。

　他方で、自己以外の者に個人データを含む情報を交付・送信する場合でも、その者が個人データを利用できる状態になければ、「提供」にあたらない。

[参考知識：第三者が利用可能な状態に置かれておらず、提供にあたらない例]
- 配送事業者や通信事業者を利用して、個人データを含むものを送付したが、配送事業者・通信事業者が依頼された中身の詳細には関知しない場合（配送事業者・通信事業者には「提供」していない）
- クラウドサービスを利用して個人データを含む情報を保存しているが、クラウドサービス事業者が個人データを取り扱うことになっていない（Q&A。クラウドサービス事業者には「提供」していない）。
- 個人データを含む情報を取り扱う情報システム・機器の保守サービス事業者を利用しているが、保守サービス事業者が個人データを取り扱うことになっていない（Q&A）。

4　第三者

　「第三者」は、提供者とは法人格が異なる者で、提供者や個人データの本人以外の者である。

> ☞　形式的には第三者への提供にみえても、法により「第三者」への提供ではないとされている場合（法27条5項各号）や、解釈により第三者への提供に当たらないとされる場合がある（☞　後述する「第19章　「第三者」に該当しない場合（法27条5項各号）」を参照）。

　個人データを「第三者」に提供したかどうかは、法人格ごとに形式的に判断する。従って、親子兄弟会社、グループ会社、提携会社、協力会社、フランチャイズ本部と加盟店という関係であっても、法人格が別である以上、親子会社間、グループ会社間、本部・加盟店間の個人データの移動は「第三者への提供」にあたる。

　これに対し、同一法人内で、他の部門（部署）と個人データのやりとりをすることは、同一法人内での個人データの「利用」に過ぎず、個人データを「第三者」に提供するわけではないので、あらかじめ本人の同意を得ておく必要はない。

> ☞　ただし、他の部署によって、当初特定した利用目的の達成に必要な範囲を超えて個人情報が利用される場合には、あらかじめ、目的外利用に関する本人の同意を得る必要がある（法18条1項）。

第2節　適用除外事由（法27条1項各号）

1　概要と趣旨

　法27条1項各号に掲げる適用除外事由に該当する場合は、第三者提供の制限は適用されず、本人の同意を得ずに個人データを第三者に提供できる。

　　☞　各号に該当する場合は、他の権利利益を優先する必要があり、又は第三者提供によって本人の権利利益が侵害される蓋然性がないこと等から、第三者提供の制限の適用除外事由とされている。

【適用除外事由（法27条）】

　1号　法令に基づく場合

　2号　人の生命、身体又は財産の保護のために必要がある場合であって、本人の同意を得ることが困難であるとき

　3号　公衆衛生の向上又は児童の健全な育成の推進のために必要がある場合であって、本人の同意を得ることが困難であるとき

　4号　国の機関等が法令の定める事務を遂行することに対して協力する場合

　5号　学術研究機関等が個人データを提供する場合（学術研究の成果の公表又は教授）

　6号　学術研究機関等が個人データを提供する場合（共同して学術研究を行う第三者への提供）

　7号　学術研究機関等が個人データの第三者提供を受ける場合

2　1号～4号の適用除外事由

　法27条1項1号から4号の規定は、法18条3項1号から4号（利用目的による制限の適用除外事由）の規定と同じである。

　そこで、法27条1項1号から4号の事由の意味や該当例については、法18条3項1号から4号の解説（「第7章　第4節　適用除外事由（法18条3項各号）」）を参照されたい。

　　☞　「法令に基づく場合」（1号）については、他の法令により個人情報を第三者へ提供することを義務付けられている場合には、当該法令に基づき個人データを提供しなければならないと解される（Q&A）。一方、他の法令に、個人情報を第三者に提供することについて具体的根拠が示されてはいるが、提供すること自体は義務付けられていない場合には、必ず個人情報を提供しなければならないわけではなく、当該法令の趣旨に照らし、第三者提供の必要性と合理性が認められることを確認した上で対応することが、個人情報保護法の趣旨に沿うと解される（Q&A）。

　　☞　介護施設の入居者の家族から、当該入居者に関する情報の提供の依頼があった場合でも、原則としてあらかじめ本人の同意を得る必要があるが「人の生命、身体又は財産の保護のために必要がある場合であって、本人の同意を得ることが困難」であると認められる場合（法27条1項2号）であれば、本人の同意を得ずに提供できる（Q&A）。

　　☞　幼少児の名前をアナウンスする場合は、幼少児の個人情報を第三者提供するために必要な同意を親権者から得る必要がある。ただし、迷子になった幼少時の保護者を探して当該幼少時の安全を確保する必要がある場合は、「人の生命、身体又は財産の保護のために必要がある場合であって、本人の同意を得ることが困難」と認められる場合（法27条1項2号）に該当し、その名前をアナウンスできる（Q&A）。

3　学術研究機関等に関連する適用除外事由（5号〜7号）

　学術研究機関等が個人データを第三者提供する場合や、学術研究機関が個人データの提供を受ける場合は、学術研究目的などの一定の要件をみたし、個人の権利利益を不当に侵害するおそれがない場合は、法27条1項は適用されず、あらかじめ本人の同意を得ることなく個人データの提供を行うことができる（法27条1項5号から7号）。

　　☞　「学術研究機関等」「学術研究目的」については、「第3章　第19節　学術研究機関等（法16条8項）」を参照されたい。

[参考知識：5号の事由]

　学術研究機関等が個人データを提供する場合であり、かつ、当該個人データの提供が学術研究の成果の公表又は教授のためやむを得ない場合であって、個人の権利利益を不当に侵害するおそれがない場合は、当該学術研究機関等は、法27条1項の適用を受けず、あらかじめ本人の同意を得ないで、個人データを第三者提供できる。

　「個人の権利利益を不当に侵害するおそれがある場合」には、個人データを第三者に提供することはできない。

[参考知識：6号の事由]

　学術研究機関等が個人データを提供する場合であり、かつ、当該学術研究機関等と共同して学術研究を行う第三者（学術研究機関等であるか否かを問わない。）に当該個人データを学術研究目的で提供する必要がある場合（当該個人データを提供する目的の一部が学術研究目的である場合を含む。）であって、個人の権利利益を不当に侵害するおそれがない場合は、当該学術研究機関等は、法27条1項の適用を受けず、あらかじめ本人の同意を得ないで、個人データを第三者提供できる。

　「個人の権利利益を不当に侵害するおそれがある場合」には、個人データを第三者に提供することはできない。

[参考知識：7号の事由]

　学術研究機関等が個人データの第三者提供を受ける場合であり、かつ、当該学術研究機関等が当該個人データを学術研究目的で取り扱う必要がある場合（当該個人データを取り扱う目的の一部が学術研究目的である場合を含む。）であって、個人の権利利益を不当に侵害するおそれがない場合は、当該学術研究機関等に個人データを提供する者は、法27条1項の適用を受けず、あらかじめ本人の同意を得ないで、個人データを提供できる。

　「個人の権利利益を不当に侵害するおそれがある場合」には、個人データを第三者に提供することはできない。

第18章　オプトアウトによる第三者提供（法27条2項～4項）

> 法第27条（第三者提供の制限）
>
> 2　個人情報取扱事業者は、第三者に提供される個人データについて、本人の求めに応じて当該本人が識別される個人データの第三者への提供を停止することとしている場合であって、次に掲げる事項について、個人情報保護委員会規則で定めるところにより、あらかじめ、本人に通知し、又は本人が容易に知り得る状態に置くとともに、個人情報保護委員会に届け出たときは、前項の規定にかかわらず、当該個人データを第三者に提供することができる。ただし、（略）
>
> 一　（略）

第1節　概要

　個人データについて、本人の求めに応じて当該本人が識別される個人データの第三者への提供を停止することとしている場合であって、法27条2項1号から8号に掲げるオプトアウト事項について、あらかじめ、本人に通知し、又は本人が容易に知り得る状態に置くとともに、個人情報保護委員会に届け出たときは、本人の同意を得ることなく、当該個人データを第三者に提供することができる（法27条2項）。

　このような個人データの提供方法を、オプトアウトによる第三者提供という。

　　☞　オプトアウト（Opt-out）は、「脱退する」という意味であり、個人情報の利用・提供等の停止を申し入れる場合に用いる。オプトアウトによる第三者提供は、個人データの第三者提供について、事業者に主導権を認めつつ、本人から第三者提供停止の申し入れがあれば第三者提供を停止することにして、それまでは事業者に第三者提供を認める方式である。

【オプトアウトによる第三者提供が想定される例】

　・データベース事業者がダイレクトメール用の名簿を作成・販売する。

　・住宅地図業者が表札や郵便受けを調べて住宅地図を作成し、販売する。

第2節　オプトアウトによる第三者提供が禁止される場合

　以下の場合には、オプトアウトによる個人データの第三者提供をすることはできない（法27条2項但書）。

　(1)　第三者提供される個人データが要配慮個人情報である場合

　(2)　第三者提供される個人データが法20条1項に違反して不正取得された個人データ（その全部又は一部を複製し、又は加工したものを含む。）である場合

　(3)　第三者提供する個人データがオプトアウトにより提供を受けた個人データ（その全部又は一部を複製し、又は加工したものを含む。）である場合（オプトアウトにより提供を受けた個人データのオプトアウトによる提供の禁止）

　　☞　(2)と(3)は令和2年改正により追加された事由である。

第3節　オプトアウトの要件等

1　オプトアウト事項（法27条2項各号）

　オプトアウトによる第三者提供を利用するためには、法27条2項1号から8号に掲げるオプトアウト事項を、あらかじめ本人に通知し、又は本人が容易に知りうる状態に置かなければならない。

[参考知識：法27条2項各号が定めるオプトアウト事項]

1号　個人情報取扱事業者の氏名又は名称及び住所並びに法人等の代表者の氏名

2号　第三者への提供を利用目的とすること

3号　第三者に提供される個人データの項目

4号　第三者に提供される個人データの取得の方法

5号　第三者への提供の方法

6号　本人の求めに応じて第三者への提供を停止すること

7号　本人の求めを受け付ける方法

8号　第三者に提供される個人データの更新の方法（規則11条4項1号）

2　本人に通知・本人が容易に知り得る状態（法27条2項）

　オプトアウト事項（法27条2項各号）は、本人に通知するか又は本人が容易に知り得る状態に置かなければならない（法27条2項）。

3　オプトアウト事項の届出と公表（法27条2項）

　オプトアウト事項は、個人情報保護委員会に届け出なければならない（法27条2項）。

　必要な事項を個人情報保護委員会に届け出たときは、その内容を自らもインターネットの利用その他の適切な方法により公表するものとする（規則14条）。

4　取得時の利用目的に第三者提供を含むこと

　法17条1項の規定により特定された当初の個人情報の利用目的に、個人情報の第三者提供に関する事項が含まれていない場合は、第三者提供を行うと目的外利用（法18条1項により、あらかじめ本人の同意が必要）となるため、オプトアウトによる第三者提供を行うことはできない（通則GL）。

第4節　届出事項の変更及び提供をやめた場合（法27条3項）

[参考知識：届出事項の変更及び提供をやめた場合]

　オプトアウトによる第三者提供を行っている個人情報取扱事業者は、次の（1）から（3）までのいずれかに該当する場合は、その旨について、本人に通知し、又は本人が容易に知り得る状態に置くとともに、個人情報保護委員会に届け出なければならない（法27条3項）。

　なお、個人情報取扱事業者が必要な事項を個人情報保護委員会に届け出たときは、その内容を自らも公表するものとする（規則14条）。

(1)　届出事項（第三者に提供される個人データの項目等）の変更があった場合

(2)　届出事項（氏名又は名称、住所、法人等の代表者の氏名）の変更があった場合

(3)　個人データの提供をやめた場合

第5節　個人情報保護委員会による公表（法27条4項）

　個人情報保護委員会は、オプトアウト事項の届出等を受けたときは、当該届出に係る事項を公表する（法27条4項）。

第6節　オプトアウト手続

　オプトアウトによる個人データの第三者提供が行われている場合、第三者提供を望まない本人は、個人情報取扱事業者に対し、当該本人が識別される個人データの第三者への提供を停止することを求めることができる（法27条2項）。

　　☞　オプトアウト方式により名簿販売をしている事業者は、本人の求めがあれば、その氏名等の個人データを次回印刷分から抹消するといった対応をしなければならない。

第19章　「第三者」に該当しない場合（法27条5項各号）

法第27条（第三者提供の制限）

5　次に掲げる場合において、当該個人データの提供を受ける者は、前各項の規定の適用については、第三者に該当しないものとする。

一　個人情報取扱事業者が利用目的の達成に必要な範囲内において個人データの取扱いの全部又は一部を委託することに伴って当該個人データが提供される場合

二　合併その他の事由による事業の承継に伴って個人データが提供される場合

三　特定の者との間で共同して利用される個人データが当該特定の者に提供される場合であって、その旨並びに共同して利用される個人データの項目、共同して利用する者の範囲、利用する者の利用目的並びに当該個人データの管理について責任を有する者の氏名又は名称及び住所並びに法人にあっては、その代表者の氏名について、あらかじめ、本人に通知し、又は本人が容易に知り得る状態に置いているとき。

6　（略）

第1節　概要・趣旨

　法27条5項1号から3号に掲げる場合において、個人データの提供を受ける者は、「第三者に該当しないものとする」（法27条5項）。

【法27条5項】

　　1号　委託に伴う提供

　　2号　事業承継に伴う提供

　　3号　共同利用の場合の提供

　これらの場合は個人データの「第三者」への提供ではないから、本人の同意（法27条1項）を得る必要はない。

　　☞　1号から3号の提供を受ける者（委託先、事業の譲渡先及び共同利用者）は形式的には「第三者」であるが、本人との関係において、個人データの提供を受ける者を提供者と一体のものとして扱うことに合理性があるため、法は、「第三者」には該当しないこととし、本人同意原則等とは異なる規律のもとで個人データを利活用できるようにした。

　　☞　委託に伴う提供（1号）の場合、委託者と委託先を一体のものとして扱うために、委託者には委託先の監督義務を課している（法25条）。

　　☞　事業承継に伴う提供（2号）の場合、譲渡人と譲受人を一体のものとして扱うために、事業の譲渡人が特定した利用目的を譲受人に引き継ぐことにしている（法18条2項）。

　　☞　共同利用の場合の提供（3号）は、本人から見て、個人データの共同利用者間の利用が同一の事業者内での個人データの利用と同視できる程度の実態がある場合（法27条5項）に、共同利用者の範囲内での個人データの利活用を認めるものである。

図表 25　第三者の不該当事由

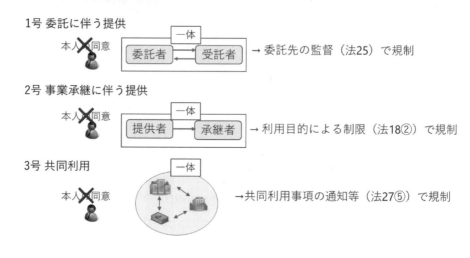

1号 委託に伴う提供

本人×同意　委託者 ← 受託者　一体　→ 委託先の監督（法25）で規制

2号 事業承継に伴う提供

本人×同意　提供者 → 承継者　一体　→ 利用目的による制限（法18②）で規制

3号 共同利用

本人×同意　一体　→ 共同利用事項の通知等（法27⑤）で規制

第2節　委託に伴う提供（法27条5項1号）

1　概要

　個人情報取扱事業者が利用目的の達成に必要な範囲内において個人データの取扱いの全部又は一部を委託することに伴って、個人データが提供される場合は、個人データの提供を受ける者は「第三者」に該当しない（法27条5項1号）。

　委託に伴う提供の場合は、委託に際して本人の同意を得る必要はないが、委託者は委託先の監督義務を負う（法25条）。

[参考知識：個人データの取扱いの委託に該当する例]

・データの打ち込み等、情報処理を委託した場合に、委託先に個人データを渡す場合や、委託元に個人データを含む成果物を納品する場合

・百貨店が注文を受けた商品の配送のために、宅配業者に個人データを渡す場合

・ダイレクトメールの発送業務を業者に委託することに伴い、ダイレクトメールの送付先である顧客の氏名や住所等をこの業者に伝える場合

2　個人データの取扱いの委託に該当しない場合

> [参考知識：個人データの取扱いの委託に該当しない例]
> ・配送事業者や通信事業者を利用して個人データを含むものを送付したが、配送事業者・通信事業者が依頼された中身の詳細には関知しない場合
> ・クラウドサービスを利用して個人データを含む情報を保存しているが、クラウドサービス事業者が個人データを取り扱うことになっていない場合。
> ☞　これらの場合は、個人データの交付・送信を受ける第三者（運送業者・通信事業者・クラウドサービス事業者）が個人データを利用できる状態に置かれていないから、個人データの第三者への「提供」にも該当せず、本人の同意を得る必要はない。

第3節　事業承継に伴う提供（法27条5項2号）

1　内容

　合併その他の事由による事業の承継に伴って個人データが提供される場合は、譲受人は「第三者」に該当しない（法27条5項2号）。

　　　　　☞　「事業の承継」が行われる事由としては、合併のほか、分社化、営業譲渡等が考えられる。

　なお、譲受人は、事業承継前における利用目的の達成に必要な範囲を超えて個人情報を取り扱ってはならない（法18条2項）。

2　デューディリジェンスにおける個人データの提供

> [参考知識：デューディリジェンスにおける個人データの提供]
> 　事業承継においては、事業承継の契約を締結する交渉段階で、デューディリジェンス（DD：Due diligence。対象企業や資産の調査）が行われるのが一般であり、その際に個人データを含む情報が交渉相手に提供されることもある。このような場合も「事業承継に伴って個人データが提供される場合」に該当し、本人同意やオプトアウト方式によることなく、個人データを交渉相手に提供できるものと解されている（通則GL）。
> 　もっとも、デューディリジェンスの結果、事業承継の契約締結に至らない場合もありうるから、提供者は、自ら果たすべき安全管理措置（法23条）の一環として、交渉中の情報漏えいや契約締結に至らない場合の手当をしておく必要があるから、当該データの利用目的及び取扱方法、漏えい等が発生した場合の措置、事業承継の交渉が不調となった場合の措置等、相手会社に安全管理措置を遵守させるために必要な契約を締結しなければならない（通則GL）。

第4節　共同利用の場合の提供（法27条5項3号、6項）

1　概要と趣旨

　「共同利用」の要件をみたす場合に、共同利用者間で個人データの提供を受ける者は、「第三者」に該当しない（法27条5項3号）。

> ☞　共同利用者は、本人同意原則（法27条1項）やオプトアウト方式（法27条2項）によることなく個人データを提供し合える。

> ☞　「共同利用」は、個人データを共同して利用している複数の事業者を、一定の要件を満たす場合に、全体として一体の当事者とみなし、共同利用者間の個人データの提供を一事業者の部門間の個人データのやりとりと同様に扱う制度である。

図表26　共同利用のイメージ

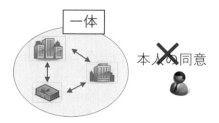

[参考知識：共同利用に該当しうる例]

・旅行業者や宿泊業者が顧客情報を交換する。

・親子兄弟会社間で顧客データを利用する。

・企業ポイントを通じた連携サービス提供のために提携企業間で顧客情報を利用する。

・グループ企業のイベント開催にあたり、子会社が保有している顧客情報を親会社に集めて案内を発送する。

・病院と訪問看護ステーションが共同で医療サービスを提供する（医療・介護関係事業者ガイダンス）。

2　要件（法27条5項3号）

　共同利用による提供の適用を受けるためには以下の要件をみたさなければならない（法27条5項3号）。

　　(1)　個人データを特定の者との間で共同して利用する場合であること

　　(2)　以下の共同利用事項を、あらかじめ本人に通知し，又は本人が容易に知りうる状態に置いていること

　　　　①　共同利用する旨

　　　　②　共同利用される個人データの項目

③　共同して利用する者の範囲

④　利用する者の利用目的

⑤　管理について責任を有する者の氏名又は名称

3　共同利用に関する事項の変更（法27条6項）

[参考知識：共同利用に関する事項の変更]

(1)　概要

　個人情報取扱事業者は、共同利用事項のうち、個人データの管理について責任を有する者の氏名、名称、住所等（⑤）に変更があったときは遅滞なく、利用する者の利用目的（④）又は⑤のうち当該責任を有する者を変更しようとするときはあらかじめ、その旨について、本人に通知し、又は本人が容易に知り得る状態に置かなければならない（法27条6項）。

　　☞　変更に際して本人の同意を得る必要はない。

(2)　「利用する者の利用目的」を変更できる範囲

　「利用する者の利用目的」（④）の変更は、法17条2項の制限の範囲内で行わなければならない。

　もっとも、(4)の変更が法17条2項の制限の範囲を超える場合であっても、目的外利用についての本人の同意（法18条1項）を得れば、(4)を変更して共同利用を続けることができる。

[参考知識：変更が認められない事項]

　共同利用に関する事項のうち、共同利用される個人データの項目（②）と共同して利用する者の範囲（③）については、変更は原則として認められない。

　もっとも、(2)又は(3)の変更であっても、本人の同意を得れば、(2)又は(3)を変更して共同利用を続けることができる（通則GL）。

第5節　解釈により第三者への提供にあたらないとされる場合

　ブログやその他のSNSに書き込まれた個人データを含む情報の提供は、形式的にみればインターネット回線への接続サービスを提供するプロバイダやブログその他のSNSの運営事業者等が第三者（閲覧者）に個人データを提供している。しかし、これを第三者提供として、これらの事業者があらかじめ個人データの本人の同意を得なければならないとするのは現実的ではない。そこで、次のように第三者提供にはあたらないと解釈されている。

　すなわち、ブログやその他のSNSに書き込まれた個人データを含む情報は、当該情報を書き込んだ者の明確な意思で不特定多数または限定された対象に対して公開されている情報であり、その内容を誰が閲覧できるかについて当該情報を書き込んだ者が指定しており、その公開範囲に

ついて、インターネット回線への接続サービスを提供するプロバイダやブログその他のSNSの運営事業者等に裁量の余地はない。そこで、このような場合は、当該事業者が個人データを「第三者に提供している」とは解されない（通則GL）。

- ☞ この場合は、実質的に、SNS運営事業者等による提供ではなく「本人による提供」であるということができる（確認・記録GL）。
- ☞ これに対し、不特定多数の者が取得できる公開情報を取得してデータベースを作成し、不特定多数の者が閲覧できるような状態に供する行為は、第三者提供に該当する（Q&A）。

第20章　外国にある第三者への提供の制限（法28条）

第1節　概要と趣旨

法第28条（外国にある第三者への提供の制限）

1　個人情報取扱事業者は、外国（本邦の域外にある国又は地域をいう。・・・）（個人の権利利益を保護する上で我が国と同等の水準にあると認められる個人情報の保護に関する制度を有している外国として個人情報保護委員会規則で定めるものを除く。・・・）にある第三者（個人データの取扱いについてこの節の規定により個人情報取扱事業者が講ずべきこととされている措置に相当する措置（第三項において「相当措置」という。）を継続的に講ずるために必要なものとして個人情報保護委員会規則で定める基準に適合する体制を整備している者を除く。・・・）に個人データを提供する場合には、前条第1項各号に掲げる場合を除くほか、あらかじめ外国にある第三者への提供を認める旨の本人の同意を得なければならない。この場合においては、同条の規定は、適用しない。

　外国にある第三者に個人データを提供する場合には、原則として、あらかじめ外国にある第三者への提供を認める旨の本人の同意を得なければならない（法28条1項）。

【外国にある第三者への提供に該当する例】

- ・国内の旅行会社が、国内にいる旅行予定者の個人データを外国のホテルに提供する場合、法28条の解釈においては、外国にある第三者への個人データの提供に関して特化して分かりやすく解釈指針を示す必要があることから、個人情報保護委員会は、「個人情報保護ガイドライン（外国にある第三者への提供編）」（本書では、「外国第三者提供ガイドライン」又は「外国第三者GL」と略称する。）を策定・公表している。

図表27　外国にある第三者への提供・原則

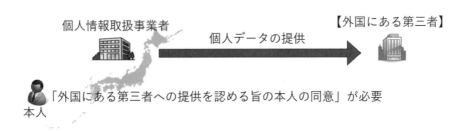

個人情報取扱事業者　　　　個人データの提供　　　　【外国にある第三者】

本人　「外国にある第三者への提供を認める旨の本人の同意」が必要

第2節　外国にある第三者への個人データの提供を認める旨の本人の同意（法28条1項）

1　外国にある第三者

「外国」とは、本邦の域外にある国又は地域をいう。

外国にある「第三者」とは、個人データの提供者又は本人以外の者であって、外国に所在するものであり、法人・自然人を問わない。

(1)　法人格ごとの形式的判断

「第三者」に該当するか否かは、法人格が異なるか否かで判断する。

[参考知識：外国にある第三者]

【「外国にある第三者」への提供に該当する例】

○　日本企業が、外国で法人格を取得している現地子会社に個人データを提供する場合

イメージ

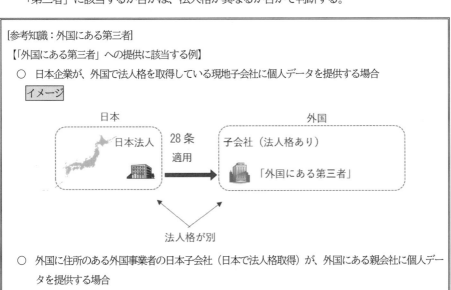

日本　　　　　　　　　　　　　外国

日本法人　　28条適用　　子会社（法人格あり）

「外国にある第三者」

法人格が別

○　外国に住所のある外国事業者の日本子会社（日本で法人格取得）が、外国にある親会社に個人データを提供する場合

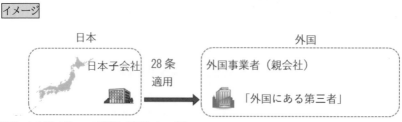

【「外国にある第三者」への提供に該当しない例】

× 日本企業の外国支店や現地駐在所等が外国で法人格を取得していない場合の、当該支店・駐在所への個人データの提供（同一事業者内での利用にすぎない）。

☞ 外国にある第三者への提供の同意を得る必要はないが、提供者である日本企業は、自ら果たすべき安全管理措置（法23条）の一環として、現地支店・駐在所から個人データが漏えいしないように、適切な措置を講じなければならない。

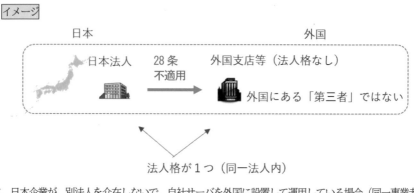

× 日本企業が、別法人を介在しないで、自社サーバを外国に設置して運用している場合（同一事業者内での利用）。

(2)　外国に住所を有する外国事業者への提供

[参考知識：外国に住所を有する外国事業者への提供]

　外国に住所を有する外国事業者であっても、日本国内で個人情報データベース等を事業の用に供している（法16条2項）と認められる場合は、その外国事業者が日本における「個人情報取扱事業者」に該当するから、当該外国事業者への個人データの提供は、「外国にある」第三者への提供にはあたらない（個人データの第三者提供にとどまる）。

【例】

　・外国に住所を有する外国事業者の日本子会社（日本で法人格を有する）に個人データを提供する場合は、当該日本子会社が個人情報取扱事業者に該当するのが通常だから、当該日本子会社への提供は「外

国にある」第三者への提供に該当しない。

・外国事業者が、日本国内に事業所・出張所を設置していたり、日本国内で事業活動をしている場合は、日本国内で個人情報データベース等を事業の用に供していると認められ、個人情報取扱事業者に該当するのが通常だから、このような外国事業者への個人データの提供は、「外国にある」第三者への提供に該当しない（通則GL）。

(3) 成果物の納品の場合

[参考知識：成果物の納品の場合]

　個人情報保護法の適用が及ばない域外の外国事業者から個人情報の編集・加工等の業務を受託して個人情報の提供を受けた国内の事業者が、委託の成果物を当該外国事業者に納品する行為については、法28条は適用されず（「外国にある第三者」への提供にはあたらない）、法27条5項1号（委託にともなう提供）が適用されると解されている（Q&A）。

2　提供

(1)　意味

　「提供」とは、個人データを自己以外の者が利用可能な状態に置くことである。

☞　「提供」に関する解釈や例は、個人データの第三者提供の制限（法27条）における「提供」と同じである（第17章　第1節　3　提供」を参照）。

(2)　外国事業者が運営するクラウドサービスの利用

　外国に住所のある事業者が運営するクラウドサービスを利用して、個人データをサーバに保存する場合は、そもそも「提供」に該当しないか、又は「外国にある第三者への提供」に該当しない場合が多いと考えられる。

[参考知識：「提供」にあたらない場合]

　「提供」とは、個人データを自己以外の者が利用可能な状態に置くことである。

　従って、クラウドサービス事業者がサーバに保存された個人データを取り扱わないことになっており、適切にアクセス制御を行っている場合には、クラウドサービスのサーバに個人データを保存しても、クラウドサービス事業者に個人データを「提供」したことにはならず、外国にある第三者への提供に該当しない（Q&A）。

☞　この場合は、法27条の第三者「提供」にも該当しないから、本人同意原則（法27条1項）も適用されない。

[参考知識：国内にある第三者への提供にあたる場合]

外国のクラウドサービス事業者が運営するサーバが国内にある場合は、その外国事業者が、国内で個人情報データベース等を事業の用に供していると認められ、個人情報取扱事業者に該当することが多いであろう。

また、外国のクラウドサービス事業者が日本に出張所を有している場合も、その外国事業者が国内で個人情報データベース等を事業の用に供していると認められ、個人情報取扱事業者に該当することが多いであろう。

これらの場合は、クラウドのサーバに個人データを保存する行為が個人データの「提供」に該当する場合であっても、「外国」にある第三者への提供にはあたらず（Q&A）、国内にある第三者への提供にあたるから、第三者への提供を認める旨の本人の同意（法27条1項）を得れば足りる。

(3)　委託・事業承継・共同利用による場合

委託・事業承継・共同利用により外国にある第三者へ個人データを提供する場合は、外国にある第三者への提供を認める旨の本人の同意が必要である。

☞　法28条には、委託・事業承継・共同利用による提供を「第三者」への提供に該当しないとする法27条5項に相当する規定がない。

3　本人の同意

(1)　同意

外国にある第三者への個人データの提供を認める旨の「本人の同意」とは、本人の個人データが、個人情報取扱事業者によって外国にある第三者に提供されることを承諾する旨の当該本人の意思表示をいう（外国第三者提供GL）。

☞　法28条の「同意」に関する解釈は、目的外利用を認める旨の本人の「同意」（法18条1項）や第三者提供を認める旨の本人の「同意」（法27条1項）と同様である（「第7章　第3節　本人の同意」を参照）。

外国にある第三者への提供を認める旨の本人の同意を得れば、第三者提供を認める旨の本人の同意（法27条1項）を得る必要はない（法28条1項）。

(2)　同意を得る方法

「本人の同意を得（る）」とは、本人の承諾する旨の意思表示を当該個人情報取扱事業者が認識することをいう。

☞　事業の性質及び個人情報の取扱状況に応じ、本人が同意にかかる判断を行うために必要と考えられる合理的かつ適切な方法によらなければならない（外国第三者提供GL）。

第3節　外国にある第三者への提供を認める旨の本人の同意を得なくてよい場合

　次のいずれかに該当する場合には、外国にある第三者への提供の制限の規定は適用されない（法28条1項）。

①　個人の権利利益を保護する上で我が国と同等の水準にあると認められる個人情報の保護に関する制度を有している外国にある第三者への提供の場合

②　個人情報取扱事業者が講ずべき措置に相当する措置を継続的に講ずるために必要な体制の基準に適合する体制（基準適合体制）を整備している第三者への提供の場合

③　法27条1項各号（第三者提供の制限の適用除外事由）に該当する場合

☞　①と②は、日本国内にある第三者への提供と同視できる場合である。

☞　③は、法27条1項各号の適用除外事由と同様の趣旨で、外国にある第三者への提供の適用除外事由となっている。

図表28　外国にある第三者への提供の制限が適用されない場合

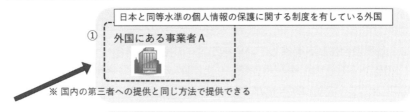

日本と同等水準の個人情報の保護に関する制度を有している外国

①　外国にある事業者A

※ 国内の第三者への提供と同じ方法で提供できる

国内事業者

②　外国にある事業者B

個人情報取扱事業者が講ずべき措置に相当する措置を継続的に講ずるために必要な体制の基準に適合する体制を整備している第三者

※ 国内の第三者への提供と同じ方法で提供できる

③　外国にある事業者C

法27条1項各号（第三者提供の制限の適用除外事由）に該当する場合

※ 法27条1項の第三者の提供を認める旨の本人の同意も不要

1　個人の権利利益を保護する上で我が国と同等の水準にあると認められる個人情報の保護に関する制度を有している外国にある第三者の場合

(1)　内容

　　個人の権利利益を保護する上で日本と同等の水準にあると認められる個人情報の保護に関する制度を有している外国として個人情報保護委員会が指定した国又は地域は、法 28 条の「外国」から除外され、法 28 条は適用されない（法 28 条 1 項）。

　　この場合は、国内にある第三者への提供と同じ方法（法 27 条 1 項から 6 項）によって個人データの第三者提供を行うことができる。

(2)　個人情報保護委員会規則で定める国又は地域の例

　　個人情報保護委員会規則で EU※ 及び英国に対する指定をしているため（通則 GL）、EU 又は英国にある第三者への個人データの提供については、法 28 条は適用されない。

　　※正確には 2019 年 1 月 23 日時点における欧州経済領域協定（EEA）に規定された国であり（平成 31 年個人情報保護委員会告示第 1 号）、EU 加盟国および EFTA 加盟国（アイスランド、リヒテンシュタイン、ノルウェー）である。

　　2023 年 12 月時点で、上記のほかに指定を受けた国・地域はない。

2　基準適合体制を整備している第三者への提供の場合

　　外国にある第三者が、個人情報保護法により個人情報取扱事業者が講ずべきこととされている措置に相当する措置を継続的に講ずるために必要なものとして施行規則 16 条で定める基準に適合する体制（基準適合体制）を整備している者である場合は、法 28 条は適用されない（法 28 条 1 項）。

　　この場合は、国内にある第三者への提供と同じ方法（法 27 条 1 項から 6 項）によって個人データの第三者提供を行うことができる。

[参考知識：規則 16 条で定める基準]	
必要な体制として規則 16 条が定める基準	
16 条	次の各号のいずれかに該当することとする。
1 号	個人情報取扱事業者（提供元）と個人データの提供を受ける者（提供先）との間で、提供先における当該個人データの取扱いについて、適切かつ合理的な方法により、法第 4 章第 2 節の規定の趣旨に沿った措置の実施が確保されていること
2 号	個人データの提供を受ける者（提供先）が、個人情報の取扱いに係る国際的な枠組みに基づく認定を受けていること

(1)　施行規則16条1号について

[参考知識：施行規則16条1号について]

① 適切かつ合理的な方法

　「適切かつ合理的な方法」は、個人データの提供先である外国にある第三者が、日本の個人情報取扱事業者が講ずべきこととされている措置に相当する措置を継続的に講ずることを担保することができる方法である必要がある（外国第三者提供GL）。

　　【例】

　　　・（外国にある事業者に個人データの取扱いを委託する場合）提供元及び提供先間の契約、確認書、覚書等を取り交わす。

　　　・提供元事業者がAPEC CBPRシステムの認証を取得しており、外国にある提供先が提供元に代わって個人情報を取り扱う者である場合

② 法第4章第2節の規定の趣旨に沿った措置

　「法第4章第2節の規定の趣旨に沿った措置」の具体例については、外国第三者提供ガイドラインにおいて詳細に記述されている。これは、法第4章第2節の規定の趣旨を、OECDプライバシーガイドラインやAPECプライバシーフレームワークといった国際的な枠組みの基準に整合するように解説したものである。

---

(2)　施行規則16条2号について

[参考知識：施行規則16条2号について]

　「個人情報の取扱いに係る国際的な枠組みに基づく認定」とは、国際機関等において合意された規律に基づき権限のある認証機関等が認定するものをいい、当該枠組みは、個人情報取扱事業者が講ずべきこととされている措置に相当する措置を継続的に講ずることのできるものである必要がある（外国第三者提供GL）。

　例えば、外国にある提供先が、APEC CBPRシステムの認証を取得している場合がこれに該当する（外国第三者提供GL）。

3　法27条1項各号に該当する場合

　法27条1項1号から7号（第三者提供の制限の適用除外事由）に該当する場合には、法28条は適用されない（法28条1項）。

　☞　この場合は、外国にある第三者への提供を認める旨の本人の同意だけでなく第三者提供を認める旨の本人の同意も得る必要がない。

第4節　同意取得時の情報提供（法28条2項）

> 法第28条（外国にある第三者への提供の制限）
> 2　個人情報取扱事業者は、前項の規定により本人の同意を得ようとする場合には、個人情報保護委員会規則で定めるところにより、あらかじめ、当該外国における個人情報の保護に関する制度、当該第三者が講ずる個人情報の保護のための措置その他当該本人に参考となるべき情報を当該本人に提供しなければならない。

　個人情報取扱事業者は、外国にある第三者への個人データの提供を認める旨の本人の同意を取得しようとする場合には、当該外国における個人情報の保護に関する制度、当該第三者が講ずる個人情報の保護のための措置その他当該本人に参考となるべき情報（規則17条2項から4項）を本人に提供しなければならない（法28条2項）。

- ☞ 情報を提供する方法は、電磁的記録の提供による方法、書面の交付による方法その他の適切な方法とする（規則17条1項）。
- ☞ 法28条2項及び3項は、令和2年改正で追加された規律である。

[参考知識：施行規則17条2項から4項が定める情報]
2項（原則）
　1号　当該外国の名称
　2号　適切かつ合理的な方法により得られた当該外国における個人情報の保護に関する制度に関する情報
　3号　当該第三者が講ずる個人情報の保護のための措置に関する情報
3項（当該外国の名称が特定できない場合は、2項1号・2号の事項に代えて、以下の事項）
　1号　当該外国の名称が特定できない旨及びその理由
　2号　当該外国の名に代わる本人に参考となるべき情報がある場合には、当該情報
4項　（当該第三者が講ずる個人情報の保護のための措置に関する情報が提供できない場合は、2項3号の事項に代えて、以下の事項）
　・当該第三者が講ずる個人情報の保護のための措置に関する情報が提供できない旨及びその理由

[参考知識：当該外国における個人情報の保護に関する制度に関する情報]
　施行規則17条2項2号の「適切かつ合理的な方法により得られた当該外国における個人情報の保護に関する制度に関する情報」に関しては、個人情報保護委員会がそのホームページの「諸外国・地域の法制度」のページに参考情報を公表している国・地域がある。
　当該ページには、アメリカ合衆国ほか約40か国・地域について、個人情報の保護に関する制度の有無・概要のほか、個人情報の保護に関する制度についての指標となり得る情報（EU の十分性認定の有無や APEC の CBPR システムの参加など）、その他本人の権利利益に重大な影響を及ぼす可能性のある制度などが掲載されている。

第5節　基準適合体制を整備している者に個人データを提供した場合に講ずべき措置等（法28条3項）

> 法第28条（外国にある第三者への提供の制限）
> 3　個人情報取扱事業者は、個人データを外国にある第三者（第1項に規定する体制を整備している者に限る。）に提供した場合には、個人情報保護委員会規則で定めるところにより、当該第三者による相当措置の継続的な実施を確保するために必要な措置を講ずるとともに、本人の求めに応じて当該必要な措置に関する情報を当該本人に提供しなければならない。

1　概要

　外国にある第三者が、個人情報保護法により個人情報取扱事業者が講ずべきこととされている措置に相当する措置を継続的に講ずるために必要なものとして施行規則16条で定める基準に適合する体制（基準適合体制）を整備している者である場合は、法28条は適用されない（法28条1項）。

　この方法で外国にある第三者に個人データを提供した場合には、当該第三者による相当措置の継続的な実施を確保するために必要な措置を講ずるとともに、本人の求めに応じて当該必要な措置に関する情報を当該本人に提供しなければならない（法28条3項）。

2　相当措置の継続的な実施を確保するために必要な措置

> [参考知識：相当措置の継続的な実施を確保するために必要な措置]
> 　相当措置の継続的な実施を確保するために必要な措置（法28条3項）の具体的内容は、規則18条1項に規定されている。
>
> 【規則18条1項に規定されている措置】
> 　1号　当該第三者による相当措置の実施状況並びに当該相当措置の実施に影響を及ぼすおそれのある当該外国の制度の有無及びその内容を、適切かつ合理的な方法により、定期的に確認すること。
> 　2号　当該第三者による相当措置の実施に支障が生じたときは、必要かつ適切な措置を講ずるとともに、当該相当措置の継続的な実施の確保が困難となったときは、個人データ（法第31条第2項において読み替えて準用する場合にあっては、個人関連情報）の当該第三者への提供を停止すること。

3　相当措置の継続的な実施を確保するために必要な措置に関する情報提供

> [参考知識：相当措置の継続的な実施を確保するために必要な措置に関する情報提供]
> 　本人の求めに応じて相当措置の継続的な実施を確保するために必要な措置に関する情報を提供する具体的な方法等は、規則18条2項・3項に規定されている。

【規則18条2項・3項に規定されている措置】

2項　情報を提供する方法は、電磁的記録の提供による方法、書面の交付による方法その他の適切な方法とする。

3項　個人情報取扱事業者は、法28条3項の規定による求めを受けたときは、本人に対し、遅滞なく、次に掲げる事項について情報提供しなければならない。ただし、情報提供することにより当該個人情報取扱事業者の業務の適正な実施に著しい支障を及ぼすおそれがある場合は、その全部又は一部を提供しないことができる。

1号　当該第三者による法第28条1項に規定する体制の整備の方法

2号　当該第三者が実施する相当措置の概要

3号　規則18条1項1号の規定による確認の頻度及び方法

4号　当該外国の名称

5号　当該第三者による相当措置の実施に影響を及ぼすおそれのある当該外国の制度の有無及びその概要

6号　当該第三者による相当措置の実施に関する支障の有無及びその概要

7号　前号の支障に関して規則18条1項2号の規定により当該個人情報取扱事業者が講ずる措置の概要

第21章　第三者提供時の確認・記録義務（法29条・30条）

第1節　総論

1　概要・趣旨

　個人情報取扱事業者が第三者に個人データを提供する場合は、提供者は、個人データの譲受や個人データに関する事項等の記録を作成・保存しなければならない（法29条。提供者の記録義務）。

　個人情報取扱事業者が第三者から個人データの提供を受ける場合には、受領者は、提供者が個人データを取得した経緯等の確認事項を確認するとともに、確認事項や個人データに関する事項等の記録を作成・保存しなければならない（法30条。受領者の確認・記録義務）。

[参考知識：法29条・30条の趣旨]

　第三者提供にかかる確認・記録義務の規定は、平成27年改正時に導入された。

　第三者提供に係る確認・記録義務は、名簿業者を介在として違法に入手された個人データが社会に流通する実態を受けて、違法な個人データの流通を防止するとともに、個人データが不正に流通した場合に個人情報保護委員会による報告徴収・立入検査（法146条）等により個人データの流通経路を事後的に追跡

できるようにすること（トレーサビリティの確保）を目的とするものである。

　2014 年 7 月に、大手通信教育事業者からの顧客情報の大量漏えい事件が発覚し、いわゆる名簿業者を介して、違法に入手された個人データが流通している実態が社会問題化した。顧客情報は最終的には 500 以上の業者に流出したとの報道もある。この事件が平成 27 年改正で法 29 条・30 条が新設される直接の要因となったといわれる。

　法 29 条及び 30 条の適用においては、規制の目的と実効性を確保しつつ、事業者に過度な負担とならないよう十分に配慮することが求められるため、第三者提供における確認・記録義務に関して特化した分かりやすい解釈指針を示す必要がある。そこで、個人情報保護委員会は、「個人情報保護ガイドライン（第三者提供時の確認・記録義務編）」（本書では「確認・記録ガイドライン」又は「確認・記録 GL」と略称する）を策定・公表している。

図表29　第三者提供に係る提供者・受領者の義務

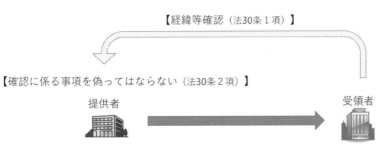

第 2 節　「個人データ」の「提供」

1　個人データ

　確認・記録義務の対象は「個人データ」の第三者提供だから、授受された情報が「個人データ」に該当しない場合は、法 29 条及び 30 条は適用されない。

2　提供

　法 29 条及び 30 条における「提供」の意味は、法 27 条（第三者提供の制限）における「提供」と同じである（第 17 章　第 1 節　3　提供」を参照）。

第3節 受領者の確認義務等（法30条1項・2項）

法第30条（第三者提供を受ける際の確認等）

1 個人情報取扱事業者は、第三者から個人データの提供を受けるに際しては、個人情報保護委員会規則で定めるところにより、次に掲げる事項の確認を行わなければならない。ただし、（略）

一 当該第三者の氏名又は名称及び住所並びに法人にあっては、その代表者の氏名

二 当該第三者による当該個人データの取得の経緯

2 前項の第三者は、個人情報取扱事業者が同項の規定による確認を行う場合において、当該個人情報取扱事業者に対して、当該確認に係る事項を偽ってはならない。

1 確認事項（法30条1項）

受領者は、第三者から個人データの提供を受けるに際しては、当該第三者（提供者）に対して、以下の確認事項の確認を行わなければならない（法30条1項）。

(1) 第三者の氏名・名称、住所等（法30条1項1号）

受領者は、第三者（提供者）の氏名又は名称及び住所のほか、提供者が法人である場合は、その代表者の氏名も確認しなければならない（法30条1項1号）。

確認を行う方法は、個人データを提供する第三者（提供者）から申告を受ける方法その他の適切な方法とする（規則22条1項）。

［参考知識：第三者（提供者）から申告を受ける方法に該当する例］

・口頭で申告を受ける。

・所定の申込書等に記載をさせた上で、当該申込書等の提出を受け入れる。

・本人確認書類の写しの送付を受け入れる。

［参考知識：その他の適切な方法に該当する例］

・登記されている事項を確認する（受領者が自ら登記事項証明書・登記情報提供サービスで当該第三者の名称・住所・代表者の氏名を確認する。

・法人番号の提示を受けて、当該法人の名称、住所を確認する。

・当該第三者が自社のホームページなどで名称、住所、代表者の氏名を公開している場合において、その内容を確認する。

・信頼性のおける民間のデータ業者のデータベースを確認する。

・上場会社等の有価証券報告書等を確認する。

(2)　第三者による個人データの取得の経緯（法30条1項2号）

　　第三者（提供者）による「個人データの取得の経緯」の具体的な内容は、個人データの内容や第三者提供の態様などにより異なり得るが、基本的には、取得先の別と、取得行為の態様などを確認しなければならない（確認・記録GL）。

　　☞　取得先：顧客としての本人，従業員としての本人，他の個人情報取扱事業者，家族・友人等の私人，公開情報など

　　☞　取得行為の態様：本人から直接取得した，有償で取得した，公開情報から取得した，紹介により取得した，私人として取得したなど

　　☞　なお、第三者による個人データの取得の経緯を確認した結果、適法に入手されたものではないと疑われるにもかかわらず、あえて個人データの提供を受けた場合には、法20条1項（適正な取得）の規定違反と判断される可能性がある。

　　「個人データの取得の経緯」の確認を行う方法は、個人データを提供する第三者（提供者）から当該第三者による当該個人データの取得の経緯を示す契約書その他の書面の提示を受ける方法その他の適切な方法とする（規則22条2項）。

[参考知識：その他の適切な方法に該当する例]

・提供者が別の者から個人データを買い取っている場合には売買契約書などを確認する。

・提供者が本人から書面等で当該個人データを直接取得している場合に当該書面等を確認する。

・提供者による取得の経緯が明示的又は黙示的に示されている、提供者と受領者間の契約書面を確認する。

・提供者が本人の同意を得ていることを誓約する書面を受け入れる。

・提供者のホームページで公表されている利用目的、規約等の中に、取得の経緯が記載されている場合において、その記載内容を確認する。

・本人による同意書面を確認する。

---

(3)　既に確認を行った第三者に対する確認方法（規則22条3項）

　　複数回にわたって同一本人の個人データの授受をする場合においては、既に受領者が確認事項を確認し、適法な方法で記録の作成・保存（後述）もしている場合は、当該事項の確認を省略することができる（規則22条3項）。

2　提供者の真実義務

　　受領者による確認義務の実効性を確保するため、第三者（提供者）は、受領者が法30条1項の確認を行う場合において、当該確認に係る事項を偽ってはならない（法30条2項）。

　　第三者（提供者）がこれに違反した場合は、10万円以下の過料に処せられる（法185条1号）。

第4節　提供者・受領者の記録義務等（法29条1項・2項，30条3項・4項）

> 法第29条（第三者提供に係る記録の作成等）
>
> 1　個人情報取扱事業者は，個人データを第三者・・（略）・・に提供したときは，個人情報保護委員会規則で定めるところにより，当該個人データを提供した年月日，当該第三者の氏名又は名称その他の個人情報保護委員会規則で定める事項に関する記録を作成しなければならない。ただし，（略）
>
> 2　個人情報取扱事業者は，前項の記録を，当該記録を作成した日から個人情報保護委員会規則で定める期間保存しなければならない。

> 法第30条（第三者提供を受ける際の確認等）
>
> 3　個人情報取扱事業者は，第1項の規定による確認を行ったときは，個人情報保護委員会規則で定めるところにより，当該個人データの提供を受けた年月日，当該確認に係る事項その他の個人情報保護委員会規則で定める事項に関する記録を作成しなければならない。
>
> 4　個人情報取扱事業者は，前項の記録を，当該記録を作成した日から個人情報保護委員会規則で定める期間保存しなければならない。

　個人データの提供者・受領者とも，法及び規則が定める事項に関する記録を作成し，一定期間保存しなければならない（法29条1項・2項，30条3項・4項）。
　提供者・受領者の記録事項は相違するが（後述），記録の作成方法と保存期間は同一である。

> [参考知識：「記録を作成した」といえる場合の例]
> ・特別に台帳を作成して記録していないが，契約書の記載が記録事項を充たしている場合に契約書を保存する。
> ・データ伝送日時・伝送先等のログやＩＰアドレス等を分析すれば記録事項が明らかになるような場合に，それらを保存する。

図表30　提供者の記録義務等

　提供者　　　　　　　　　　　　　　　受領者　

【記録作成・保存（法29条1項2項）】

> ① 当該個人データを提供した年月日
> ② 当該第三者の氏名又は名称
> ③ その他の個人情報保護委員会規則で定める事項

図表31　受領者の記録義務等

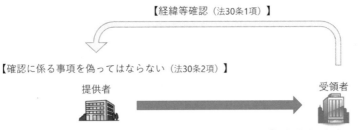

【経緯等確認（法30条1項）】

【確認に係る事項を偽ってはならない（法30条2項）】

提供者　　　　　　　　　　　　　　受領者

【記録作成・保存（法30条3項4項）】

① 当該個人データの提供を受けた年月日
② 当該確認に係る事項
③ その他の個人情報保護委員会規則で定める事項

1　記録を作成する媒体（規則19条1項・23条1項）

　提供者・受領者が記録を作成する方法は、文書、電磁的記録又はマイクロフィルムを用いて作成する方法とする（規則19条1項・23条1項）。

2　記録を作成する方法

(1)　原則的な作成方法（規則19条2項，23条2項）

　提供者・受領者は、原則として、個人データの授受の都度、速やかに記録を作成しなければならない（規則19条2項，23条2項）。

(2)　例外：一括して記録を作成する方法（規則19条2項，23条2項）

　一定の期間内に特定の事業者との間で継続的に又は反復して個人データを授受することが確実であると見込まれる場合は、個々の授受に係る記録を作成する代わりに、一括して記録を作成することができる（19条2項，23条2項）。

　☞　オプトアウトによる第三者提供については、一括して記録を作成する方法は認められない（規則19条2項かっこ書，23条2項かっこ書）。

[参考知識：一括して記録を作成する方法に該当する例]

・最初の提供の際に一旦記録を作成した上で、継続的に又は反復して個人データを提供する対象期間内に、随時、追加の記録事項を作成する。

・継続的に又は反復して個人データを提供する対象期間内に、月ごとに記録を作成する。

・継続的に又は反復して個人データを提供する対象期間の終了後、速やかに記録を作成する。

---

(3)　例外：契約書等の代替手段による方法（規則19条3項，23条3項）

①　概要

　本人に対する物品又は役務の提供に係る契約を締結し、かかる契約の履行に伴って、契約の締結の相手方を本人とする個人データを当該個人情報取扱事業者から第三者に提供する場合は、当該提供に関して作成された契約書その他の書面をもって記録に代えることができる（規則19条3項，23条3項）。

　☞　オプトアウトによる第三者提供については、契約書等の代替手段による方法は認められない（規則19条2項かっこ書，23条2項かっこ書）。

②　本人に対する物品又は役務の提供

> [参考知識：本人に対する物品又は役務の提供]
>
> 　「本人に対する物品又は役務の提供」の主体には、次の場合が含まれる（確認・記録 GL）。
>
> ①　提供者が「本人に対する物品又は役務の提供」をする。
>
> ②　受領者が「本人に対する物品又は役務の提供」をする。
>
> ③　提供者・受領者の双方が「本人に対する物品又は役務の提供」をする。
>
> 【③の例】
>
> ・親会社と子会社の共同で本人に役務を提供する場合に、親会社・子会社間で個人データを含む情報の連携をする場合
>
> 　☞　親会社・子会社間で情報連携を行うことについて承諾する旨の本人の同意書をもって、記録事項に関する記録に代えることができる。

> [参考知識：法令を根拠とした本人に対する物品・役務の提供]
>
> 　「本人に対する物品又は役務の提供」には、契約を根拠とする場合のほか、法令を根拠とする場合を含む（確認・記録 GL）。
>
> 【法令を根拠とした本人に対する物品・役務の提供の例】
>
> ・自賠責保険の直接請求制度（自動車損害賠償保障法）により、自動車の運行による事故の被害者が、加害者の自賠責保険の保険会社に直接請求（被害者請求）した場合は、当該保険会社（被害者本人に対する役務提供者）が、被害者が診療を受ける病院に診療費を支払う際に、病院との間で、被害者本人の個人データ（診断書等）を授受する。

③　当該提供に関して作成された契約書その他の書面

> [参考知識：「当該提供に関して作成された契約書その他の書面」]
>
> 　「契約書その他の書面」が1枚である必要はなく、複数の書面を合わせて一つの記録とすることは妨げられない（確認・記録 GL）。

　また、個人データを第三者提供する際に作成された契約書その他の書面のほか、当該個人データの内容を構成する契約書その他の書面も、「当該提供に関して作成された」ものに該当する（同）。

【個人データの内容を構成する契約書その他の書面の例】

　・事業者が本人を債務者とする金銭債権を第三者に債権譲渡する際の金銭債権に係る契約書

(4)　代行により記録を作成する方法

[参考知識：代行により記録を作成する方法]

　提供者（又は受領者）は、受領者（又は提供者）の記録義務の全部又は一部を代替して行うことができる（確認・記録義務GL）。

3　記録事項

　提供者・受領者のいずれも記録の作成方法・保存期間は同一であるが、提供者と受領者の記録事項は異なっている。

(1)　提供者の記録事項（法29条1項）

　提供者は、当該個人データを提供した年月日、当該第三者の氏名又は名称その他の規則20条で定める記録事項に関する記録を作成しなければならない（法29条1項）。

　①　オプトアウトによる第三者提供をする場合（規則20条1項1号）

[参考知識：オプトアウトによる第三者提供の提供者の記録事項]

　オプトアウトによる第三者提供（法27条2項）をする場合の提供者の記録事項は、原則として、イからニの事項である（規則20条1項1号）。

【オプトアウトによる第三者提供の提供者の記録事項】

　イ　個人データを提供した年月日

　ロ　受領者の氏名又は名称その他の受領者を特定するに足りる事項（不特定かつ多数の者に対して提供したときは、その旨）

　ハ　当該個人データによって識別される本人の氏名その他の当該本人を特定するに足りる事項

　ニ　提供する個人データの項目

　②　本人の同意による第三者提供をする場合（規則24条1項2号）

[参考知識：本人の同意による第三者提供の提供者の記録事項]

　法27条1項又は法28条1項の規定により個人データを第三者提供した場合（本人の同意による第三者提供の場合）の提供者の記録事項は、原則として、イからニの事項である（規則24条1項2号）。

【本人の同意による第三者提供の提供者の記録事項】

　イ　法第27条第1項又は法第28条1項の本人同意を得ている旨

　ロ　受領者の氏名又は名称その他の受領者を特定するに足りる事項（不特定かつ多数の者に対して提供したときは、その旨）

　ハ　当該個人データによって識別される本人の氏名その他の当該本人を特定するに足りる事項

　ニ　提供する個人データの項目

(2)　受領者の記録事項（法30条3項）

①　オプトアウトによる第三者提供を受ける場合（規則24条1項1号）

[参考知識：オプトアウトによる第三者提供の受領者の記録事項]

　オプトアウトによる第三者提供（法27条2項）を受ける場合の受領者の記録事項は、原則として、以下のイからホの事項である（規則24条1項1号）。

【オプトアウトによる第三者提供の受領者の記録事項】

　イ　個人データの提供を受けた年月日

　ロ　受領者の確認事項（法30条1項各号に掲げる事項）

　ハ　当該個人データによって識別される本人の氏名その他の当該本人を特定するに足りる事項

　ニ　当該個人データの項目

　ホ　法27条第4項の規定によりオプトアウトに関する事項が個人情報保護委員会により公表されている旨

②　本人の同意に基づく第三者提供を受ける場合

[参考知識：本人の同意による第三者提供の受領者の記録事項]

　個人情報取扱事業者から法27条1項又は法28条1項の規定による個人データの提供を受ける場合（第三者への提供又は外国にある第三者への提供の同意による提供を受ける場合）の受領者の記録事項は、原則として、以下のイからニの事項である（規則24条1項2号）。

【本人の同意による第三者提供の受領者の記録事項】

　イ　法27条1項又は法28条1項の本人の同意を得ている旨

　ロ　受領者の確認事項（法30条1項各号に掲げる事項）

　ハ　当該個人データによって識別される本人の氏名その他の当該本人を特定するに足りる事項

　ニ　当該個人データの項目

③　私人などから第三者提供を受ける場合

[参考知識：私人などから第三者提供を受ける場合の受領者の記録事項]

　私人など個人情報取扱事業者に該当しない第三者から個人データの提供を受ける場合の受領者の記録事項は、以下のロ、ハ、ニである（規則24条1項4号）。

【私人などからの第三者提供の受領者の記録事項】
ロ　受領者の確認事項（法30条1項各号に掲げる事項）
ハ　当該個人データによって識別される本人の氏名その他の当該本人を特定するに足りる事項
ニ　当該個人データの項目

(3)　記録事項の省略（規則20条2項、24条2項）

　複数回にわたって同一本人の個人データの授受をする場合に、既に記録・保存されている記録事項と内容が同一であるものについては、提供者・受領者とも、当該事項の記録を省略することができる（規則20条2項、24条2項）。

第5節　記録の保存期間

　個人情報取扱事業者は、提供者・受領者の記録義務により作成した記録を、当該記録を作成した日から規則で定める期間保存しなければならない（法29条2項、30条4項）。

　保存期間は記録の作成方法に応じて定められており、提供者・受領者とも同じ期間である（提供者は規則21条、受領者は規則25条）。

図表32　記録の保存期間（規則21条、25条）

区分		保存期間
1号	契約書等の代替手段による方法	最後に当該記録に係る個人データの提供を行った日から1年を経過する日までの間
2号	一括して記録を作成する方法	最後に当該記録に係る個人データの提供を行った日から起算して3年を経過する日までの間
3号	提供の都度作成する方法	当該記録を作成してから3年

第6節　明文により確認・記録義務が適用されない第三者提供

　以下の3類型に該当する第三者提供については、確認・記録義務は適用されない（法29条・30条）。
1　法27条1項各号に掲げる場合
2　法第27条5項各号に掲げる場合
3　第三者が法16条2項各号に掲げる者である場合

1　法27条1項各号に掲げる場合

　個人データの第三者提供が法27条1項1号から7号に掲げる事由（第三者提供の制限の適用除外事由）に該当する場合は、提供者の記録義務も受領者の確認・記録義務も適用されない（法29条1項但書・30条1項但書）。

- ☞　第三者提供の制限の適用除外事由に該当する場合は、個人データが転々流通することが想定されにくく、確認・記録義務を課す必要性がないからである。
- ☞　法27条1項各号の適用除外事由については、「第17章　第2節　適用除外事由（法27条1項各号）」を参照

[参考知識：法27条1項2号の適用除外事由に該当する例]

・訴訟追行のために、訴訟代理人の弁護士や裁判所に、訴訟の相手方に係る個人データを含む証拠等を提出する場合

- ☞　「財産の保護のために必要がある」に該当し、確認・記録義務が適用されない（Q&A）。

2　法第27条5項各号に掲げる場合

　個人データの第三者提供が法27条5項1号から3号に掲げる事由（委託に伴う提供、事業承継に伴う提供及び共同利用）に該当する場合は、提供者の記録義務も受領者の確認・記録義務も適用されない（法29条1項但書・30条1項但書）。

- ☞　法27条5項各号に掲げる事由に該当する場合は、第三者提供の制限においては「第三者に該当しないものとする」とされていることに鑑みて、確認・記録義務を課さないこととしたのである。

3　第三者が法16条2項各号に掲げる者である場合

　法16条2項1号から4号に掲げる者（国の機関、地方公共団体、独立行政法人等及び地方独立行政法人）が個人データの受領者又は提供者である場合は、提供者又は受領者の確認・記録義務は適用されない（法29条1項本文かっこ書き）。

- ☞　これらの者との間での個人データの授受については、個人データの不正流通対策としての確認・記録義務を課す必要性がないからである。

第7節　解釈により確認・記録義務が適用されない場合

1　提供者・受領者とも確認・記録義務が適用されない場合

　形式的には第三者提供の外形を有する場合でも、確認・記録義務の趣旨に鑑みて、実質的に確認・記録義務を課す必要性に乏しい第三者提供は、確認・記録義務の対象たる第三者提供には該当しないものと解釈されている（確認・記録GL）。

　第三者提供は、「提供者」から「受領者」に対する「提供」行為であるから、確認・記録ガイドラインは、確認・記録義務の趣旨に鑑みて、「提供者」「受領者」「提供」の各要素の該当性を判断して、確認・記録義務の対象たる第三者提供に該当しない場合（確認・記録義務が適用されない場合）を提示している。

> ☞　確認・記録ガイドラインが提示している「提供者」「受領者」「提供」の各要素の該当性の判断は、実質的に本人同意があることが前提であり、オプトアウトによる第三者提供（法27条2項）には、基本的には、当てはまらない（確認・記録GL）。

(1)　「提供者」による提供に該当しないといえる場合

　①「本人による提供」と評価できる場合と②「本人に代わって提供」と評価できる場合は、実質的に「提供者」による提供ではないものとして、確認・記録義務は適用されない（確認・記録GL）。

　①　「本人による提供」であると評価できる場合

　　本人による個人データの提供であると評価できる場合は、実質的に「提供者」による提供には該当せず、確認・記録義務が適用されない（確認・記録GL）。

[参考知識：本人による提供と評価できる例]

・事業者Aが運営するSNS等に本人が入力した内容（投稿者のプロフィールや投稿内容等）が個人データとして公開されており、事業者Bがこれを取得する場合。SNSは本人が入力した内容が自動的に（SNSの運営事業者に裁量の余地がなく）第三者Bが取得できる状態に置かれるため、実質的に、SNS運営事業者Aによる提供ではなく本人による提供といえる。

図表33　「本人による提供」と評価できる場合

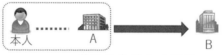

裁量の余地なく提供

　②　「本人に代わって提供」したと評価できる場合

　　事業者が本人からの委託等に基づいて個人データを第三者に提供する場合は、当該事業者は「本人に代わって」個人データの提供をしているものであり、実質的に「提供者」による提供には該当せず、確認・記録義務が適用されない（確認・記録GL）。

図表34　「本人に代わって提供」と評価できる場合

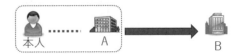

本人からの委託等に基づく提供

［参考知識：「本人に代わって提供」したと評価できる場合の例］

・本人から、別の者の口座への振込依頼を受けた仕向銀行Aが、振込先の口座を有する被仕向銀行Bに対して、当該振込依頼に係る本人の情報を提供する場合（通則GL）

・事業者Aのオペレーターが、顧客本人から販売商品の修理依頼の連絡を受けたため、提携先の修理業者Bにつなぐこととなり、当該顧客の同意を得た上で当該顧客に代わって、当該顧客の氏名、連絡先等を当該修理業者Bに伝える場合（同）

・事業者Aが、取引先Bから、製品サービス購入希望者の紹介を求められたため、顧客の中から希望者を募り、購入希望者リストを取引先Bに提供する場合（同）

・本人がアクセスするサイトの運営業者Bが、本人認証の目的で、既に当該本人を認証している他のサイトの運営業者のうち当該本人が選択した者Aとの間で、インターネットを経由して、当該本人に係る情報を授受する場合（同）

・保険会社Aが事故車の修理手配をする際に、本人が選択した提携修理工場Bに当該本人に係る情報を提供する場合（同上）

・事業者Aが、取引先や契約者（B）から、専門業者・弁護士等の紹介を求められ、専門業者・弁護士等のリストからBに紹介を行う場合（同）

・事業者Aが、顧客Bから電話で契約内容の照会を受けたため、A社内の担当者の氏名、連絡先等の情報を（担当者の同意を得て）当該顧客Bに案内する場合（同）

・本人から取引の媒介を委託された事業者Aが、相手先の候補となる他の事業者Bに、価格の妥当性等の検討に必要な範囲の当該本人の情報を提供する場合（同）

---

(2)　「受領者」に対する提供に該当しないといえる場合

本人側に対する提供とみなせる場合は、実質的に「受領者」に対する提供には該当せず、確認・記録義務は適用されない。

例えば、本人の代理人又は家族等、本人と一体と評価できる関係にある者に提供する場合は、本人側に対する提供とみなせる（確認・記録GL）。

図表35　本人と一体と評価できる関係にある者への提供

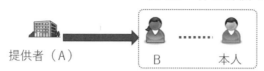

本人と一体と評価できる関係

提供者（A）　　　　　B　　　本人

[参考知識：本人と一体と評価できる関係にある者への提供の例]
・金融機関の営業員Aが、家族Bと共に来店した顧客（本人）に対して、保有金融商品の損益状況等を説明する場合
・顧客（本人）が事業者Aに対し、自分（顧客本人）に連絡する際は私が指定したBを通して連絡するようにと要請していたため、事業者Aが顧客の個人データを含む情報をBに伝えて連絡する場合（Q&A）

　また、提供者が、最終的に本人に提供することを意図した上で、受領者を介在して第三者提供を行い、本人がそれを明確に認識できる場合も、本人側に対する提供とみなせる（確認・記録GL）。

図表36　上記の例

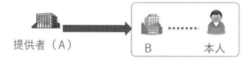

最終的に本人に提供することを意図した上で、受領者を介在して提供

提供者（A）　　　　　B　　　本人

[参考知識：提供者が、最終的に本人に提供することを意図した上で、受領者を介在して提供を行う事例の例]
・振込依頼人の法人Aが、受取人本人の口座に振り込むため、個人の氏名、口座番号などの個人データを仕向銀行を通じて被仕向銀行に提供する場合

(3)　「提供」行為に該当しないといえる場合
　例えば、不特定多数の者が取得できる公開情報を第三者に提供する場合は、本来であれば受領者も自ら取得できる情報であり、それをあえて提供者から受領者に提供する行為は、受領者による取得行為を提供者が代行しているものであることから、実質的に確認・記録義務を課すべき第三者「提供」には該当しない（確認・記録GL）。

[参考知識：公開情報の提供の例]

・　ホームページ等で公表されている個人情報や報道機関により報道されている個人情報を収集してデータベース化している事業者AからB社が情報提供を受ける場合（Q&A）

公開情報を提供する場合

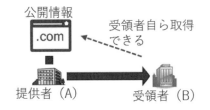

公開情報
.com

受領者自ら取得できる

提供者（A）　　　　　受領者（B）

[参考知識：公開情報についての注意]

○　公開に供する行為

　公開情報を取得して第三者に提供する行為は、上で説明したように、確認・記録義務の対象となる第三者提供とされない。

　しかし、最初に個人データを公開に供する行為については、個人データの第三者提供に該当するから、提供者は法27条により記録義務を負う（確認・記録GL）。

　この場合、記録すべき受領者に関する事項については、「不特定かつ多数の者」に提供した旨を記録すればよい。

○　確認・記録義務以外の義務は負う

　公開情報を取得して第三者に提供する事業者は、確認・記録義務は負わないが、当該事業者が扱う情報は個人情報（個人データ又は保有個人データ）であるから、個人情報取扱事業者の義務のうち、確認・記録義務以外の規定は適用される（通則GL）。

2　受領者の確認・記録義務が適用されない場合

(1)　受領者にとって個人情報といえる情報の提供を受けた場合

　法30条は、受領者が「個人データ」の提供を受ける際に適用される義務である。従って、受領者が、「個人データ」（個人情報データベース等を構成する個人情報）に該当しない情報の提供を受けたと評価できる場合は、法30条の確認・記録義務は適用されない。

　従って、提供者にとっては「個人データ」の提供であっても、受領者にとっては「個人情報」の提供を受けたにとどまるという場合には、受領者には確認・記録義務が適用されない。

　☞　一般に市販の電話帳は「個人情報データベース等」に該当しないため（第3章　12節　4　個人情報データベース等の除外事由」を参照）、市販の電話帳に含まれる情報は「個人データ」ではない。

従って、市販の電話帳の授受は、「個人情報」の提供・受領に過ぎず、確認・記録義務は適用されないのが一般である。

(2)　受領者が個人情報に該当しない情報の提供を受けた場合

　法 30 条は、受領者が「個人データ」の提供を受ける際に適用される義務である。従って、提供者にとっては「個人データ」の提供であっても、受領者が「個人情報」に該当しない情報の提供を受けたにとどまる場合は、受領者には確認・記録義務は適用されない。

[参考知識：個人情報に該当しない情報の提供を受けた場合の例]
・提供者が氏名を削除するなどして個人を特定できないようにしたデータの提供を受けた場合
・提供者で管理している ID 番号のみが付されたデータの提供を受けた場合

---

(3)　受領者にとって「提供を受ける」行為がない場合

　法 30 条の確認・記録義務は、受領者にとって、「第三者から個人データの提供を受ける」行為がある場合に適用される。

　従って、受領者にとって、「提供を受ける」行為があるとはいえない場合は、法 30 条の確認・記録義務は適用されない。

[参考知識：「提供を受ける」行為がない場合の例]
・提供者がインターネット等により第三者が利用可能な状態に置いた個人データを閲覧したが、転記等は行わなかった。
・口頭、FAX、メール、電話等で、受領者の意思とは関係なく、一方的に個人データを提供された。

第5編　個人関連情報に関する義務

第22章　個人関連情報の第三者提供の制限等

第1節　総論

　個人関連情報に関する法2条7項、16条7項及び31条等は、令和2年改正により新設された規律である。

☞　個人関連情報に関する規律は、Cookie 等の識別子に紐付く個人情報ではないユーザデータを、提供先において他の情報と照合することにより個人データとされることをあらかじめ知りながら他の事業者に提供する事業形態が出現したことに対する危惧を受けて導入された。

第2節　個人関連情報と個人関連情報取扱事業者

1　個人関連情報（法2条7項）

法2条（定義）
7　この法律において「個人関連情報」とは、生存する個人に関する情報であって、個人情報、仮名加工情報及び匿名加工情報のいずれにも該当しないものをいう。

　「個人関連情報」とは、生存する個人に関する情報であって、個人情報、仮名加工情報及び匿名加工情報のいずれにも該当しないものをいう（法2条7項）。

☞　「個人に関する情報」とは、ある個人の身体、財産、職種、肩書等の属性に関して、事実、判断、評価を表す全ての情報である（通則 GL）。

[参考知識：個人関連情報に該当しうる情報の例]
・Cookie 等の端末識別子を通じて収集された、ある個人のウェブサイトの閲覧履歴
・メールアドレスに結び付いた、ある個人の年齢・性別・家族構成等
・ある個人の商品購買履歴・サービス利用履歴
・ある個人の位置情報
・ある個人の興味・関心を示す情報

☞　これらの情報は、一般的に、それ単体では特定の個人を識別できず個人情報に該当しないものである。しかし、例えば、個人に関する位置情報が連続的に蓄積される等して特定の個人を識別することができる場合には、個人情報に該当するから、個人関連情報には該当しないことになる。

図表37　個人関連情報のイメージ

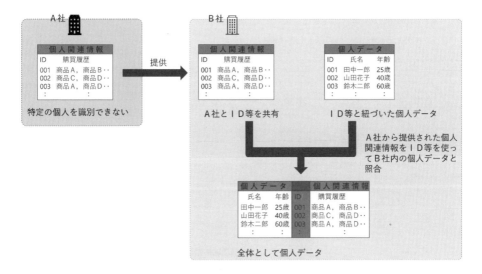

2　個人関連情報取扱事業者（法16条7項）

> **法第16条（定義）**
> 7　この章、第6章及び第7章において「個人関連情報取扱事業者」とは、個人関連情報を含む情報の集合物であって、特定の個人関連情報を電子計算機を用いて検索することができるように体系的に構成したものその他特定の個人関連情報を容易に検索することができるように体系的に構成したものとして政令で定めるもの（第31条第1項において「個人関連情報データベース等」という。）を事業の用に供している者をいう。ただし、第2項各号に掲げる者を除く。

　「個人関連情報取扱事業者」とは、個人関連情報データベース等を事業の用に供している者をいう（法16条7項）。

- ☞　法16条2項各号に掲げる者（国の機関等）は除外される（法16条7項但書）。
- ☞　「事業の用に供している」の意味や例は、個人情報取扱事業者の定義における「事業の用に供している」と同じである（「第3章　第13節　2　事業の用に供している」を参照）

　「個人関連情報データベース等」とは、個人関連情報を含む情報の集合物であって、特定の個人関連情報を電子計算機を用いて検索することができるように体系的に構成したものその他特定の個人関連情報を容易に検索することができるように体系的に構成したものとして政令で定めるものである。

- ☞　「電子計算機を用いて検索することができるように体系的に構成したものその他特定の個人関連情報を容易に検索することができるように体系的に構成したものとして政令で定めるもの」の意味等は、個人情報データベース等の定義におけるそれと同様である（「第3章　第12節　個人情報データベース等（法16条1項）」を参照）

3　個人関連情報に関する規律の概要

　個人関連情報（個人関連情報データベース等を構成するものに限る）の第三者提供の制限等として、以下の規律が規定されている。

　　☞　以下の本章の解説では、「個人関連情報」という場合は、個人関連情報データベース等を構成するものであることを前提とする。

　(1)　提供元による確認義務等（法31条1項・2項）

　(2)　提供元による記録義務等（法31条3項・30条3項・4項）

図表38　第三者提供の制限等のイメージ

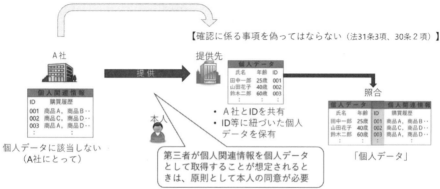

第3節　提供元による確認義務等（法31条1項・2項）

1　提供元による確認義務（法31条1項1号）

法第31条（個人関連情報の第三者提供の制限等）

1　個人関連情報取扱事業者は、第三者が個人関連情報（個人関連情報データベース等を構成するものに限る。以下この章及び第6章において同じ。）を個人データとして取得することが想定されるときは、第27条第1項各号に掲げる場合を除くほか、次に掲げる事項について、あらかじめ個人情報保護委員会規則で定めるところにより確認することをしないで、当該個人関連情報を当該第三者に提供してはならない。

　一　当該第三者が個人関連情報取扱事業者から個人関連情報の提供を受けて本人が識別される個人データとして取得することを認める旨の当該本人の同意が得られていること。

　二　(略)

　個人関連情報の提供元である個人関連情報取扱事業者は、提供先の第三者が個人関連情報を個人データとして取得することが想定されるときは、原則として、当該第三者が当該個人関連情報を個人データとして取得することを認める旨の本人の同意が得られていることを確認しないで、当該個人関連情報を提供してはならない（法31条1項1号）。

(1)　個人データとして取得することが想定されるとき

①　個人データとして取得する

　「個人データとして取得する」とは、個人関連情報の提供先である第三者が、個人データに個人関連情報を付加する等、個人データとして利用しようとする場合をいう（通則GL）。

[参考知識：「個人データとして取得する」]

【該当する例】

・提供先の第三者が、提供を受けた個人関連情報を、ID等を介して提供先が保有する他の個人データに付加する場合

【該当しない例】

・提供先の第三者が、提供を受けた個人関連情報を直接個人データに紐付けて利用しない場合

---

②　想定される

[参考知識：「想定される」]

　個人データとして取得することが「想定される」とは、(1)提供元の個人関連情報取扱事業者において、提供先の第三者が「個人データとして取得する」ことを現に想定している場合、又は(2)一般人の認識を基準として「個人データとして取得する」ことを通常想定できる場合をいう（通則GL）。

(1)　提供元が現に想定している場合

　提供元の個人関連情報取扱事業者において、提供先の第三者が個人データとして取得することを「現に想定している場合」とは、提供元の個人関連情報取扱事業者において、提供先の第三者が個人データとして取得することを現に認識している場合をいう（通則GL）。

(2)　通常想定できる場合

　提供先の第三者が個人データとして取得することについて、提供元の個人関連情報取扱事業者が現に想定していない場合であっても、提供先の第三者との取引状況等の客観的事情に照らし、一般人の認識を基準として「個人データとして取得する」ことを通常想定できる場合は、「想定される」に該当する。

---

(2)　個人データとして取得することを認める旨の本人の同意を得られていることを確認する（法31条1項1号）

　①　本人の同意

[参考知識：「本人の同意」]

　法31条1項1号の「本人の同意」とは、個人関連情報取扱事業者が第三者に個人関連情報を提供し、当該第三者が当該個人関連情報を個人データとして取得することを承諾する旨の当該本人の意思表示をいう（通則GL）。

① 同意を取得する主体

　法31条1項1号の「本人の同意」を取得する主体は、本人と接点を持ち、情報を利用する主体となる提供先の第三者である。

　もっとも、同等の本人の権利利益の保護が図られることを前提に、同意取得を提供元の個人関連情報取扱事業者が代行することも認められる。

　提供先の第三者自らによる同意取得の場合であっても、提供元の個人関連情報取扱事業者による同意取得の代行の場合であっても、個人関連情報の提供を受けて個人データとして取得する主体、対象となる個人関連情報の項目、個人関連情報の提供を受けて個人データとして取得した後の利用目的等について、本人が認識できるようにする必要がある（通説GL）。

② 提供先が自ら同意取得する場合の留意点

　提供先の第三者が自ら本人の同意を得る場合は、個人関連情報の提供を受けて個人データとして取得する主体として、本人に対して、対象となる個人関連情報を特定できるように示した上で同意を取得しなければならない（通則GL）。

③ 提供元が同意取得を代行する場合の留意点

　提供元の個人関連情報取扱事業者が同意取得を代行する場合、本人は利用の主体（提供先の第三者）を認識できないことから、提供元の個人関連情報取扱事業者において、個人関連情報の提供を受けて個人データとして取得する提供先の第三者を個別に明示し、また、対象となる個人関連情報を特定できるように示さなければならない（通説GL）。

　②　第三者が本人の同意を取得する方法

[参考知識：提供先の第三者による（代行含む）同意取得の方法]

【同意取得の方法の例】

・本人から同意する旨を示した書面や電子メールを受領する方法

・確認欄へのチェックを求める方法

・ウェブサイト上で同意を取得する場合は、単にウェブサイト上に本人に示すべき事項を記載するのみでは足りず、それらの事項を示した上でウェブサイト上のボタンのクリックを求める方法等によらなければならない。

③　提供元による本人同意の確認方法

[参考知識：本人同意の確認方法]

(1)　概要

　提供元である個人関連情報取扱事業者は、提供先である第三者から申告を受ける方法その他の適切な方法によって、個人データとして取得することを認める旨の本人同意が得られていることを確認する（規則26条1項）。

(2)　提供先である第三者から申告を受ける方法

【第三者から申告を受ける方法に該当する例】

・提供先の第三者から口頭で申告を受ける。

・提供先の第三者から、本人の同意を得ていることを誓約する書面を受け入れる。

(3)　その他の適切な方法

【その他の適切な方法に該当する例】

・提供先の第三者が取得した本人の同意を示す書面等を確認する。

・提供元の個人関連情報取扱事業者において、提供先である第三者による本人同意の取得を代行して、提供元が当該同意を自ら確認する。

2　外国にある第三者への提供の場合（法31条1項2号）

法第31条（個人関連情報の第三者提供の制限等）

1　個人関連情報取扱事業者は、第三者が個人関連情報（個人関連情報データベース等を構成するものに限る。以下この章及び第6章において同じ。）を個人データとして取得することが想定されるときは、第27条第1項各号に掲げる場合を除くほか、次に掲げる事項について、あらかじめ個人情報保護委員会規則で定めるところにより確認することをしないで、当該個人関連情報を当該第三者に提供してはならない。

一　（略）

二　外国にある第三者への提供にあっては、前号の本人の同意を得ようとする場合において、個人情報保護委員会規則で定めるところにより、あらかじめ、当該外国における個人情報の保護に関する制度、当該第三者が講ずる個人情報の保護のための措置その他当該本人に参考となるべき情報が当該本人に提供されていること。

(1)　原則

　個人関連情報取扱事業者は、個人関連情報の提供先が外国にある第三者である場合には、法31条1項1号の本人の同意が得られていることの確認に加えて、当該本人に参考となるべき情報（規則17条2項各号の情報）が当該本人に提供されていることも確認しなければならない（法31条1項2号）。

> [参考知識：施行規則17条2項各号が規定する本人に参考となるべき情報]
>
> 1号　当該外国の名称
>
> 2号　適切かつ合理的な方法により得られた当該外国における個人情報の保護に関する制度に関する情報
>
> 3号　当該第三者が講ずる個人情報の保護のための措置に関する情報

(2)　法31条1項2号が適用されない場合

> [参考知識：法31条1項2号が適用されない場合]
>
> 　提供元である個人関連情報取扱事業者は、個人関連情報の提供先である外国にある第三者が、次の①又は②のいずれかに該当する場合には、法31条1項1号の本人の同意が得られていることの確認に加えて、当該本人に参考となるべき情報（規則17条2項各号の情報）が当該本人に提供されていることまで確認する必要はない（通則GL）。
>
> 　①　当該第三者が個人の権利利益を保護する上で我が国と同等の水準にあると認められる個人情報保護制度を有している国にある場合
>
> 　②　当該第三者が個人情報取扱事業者が講ずべき措置に相当する措置を継続的に講ずるために必要な体制（規則16条で定める基準に適合する体制）を整備している場合

(3)　施行規則17条2項各号の情報を確認する方法

> [参考知識：施行規則17条2項各号の情報を確認する方法]
>
> 　提供元である個人関連情報取扱事業者が、外国にある第三者への提供の場合に確認すべき事項（規則17条2項1号から3号）の確認を行う方法は、書面の提示を受ける方法その他の適切な方法である（規則26条2項）。

3　既に確認を行った第三者に対する確認の方法（規則26条3項）

　既に、個人データとして取得することを認める旨の本人の同意を得られていることの確認（法31条1項1号）や、外国にある第三者への提供の場合に本人の参考となるべき情報が当該本人に提供されていることの確認（法31条1項2号）を行い、確認事項について記録の作成・保存（「第4節　提供元による記録義務（法31条3項）」を参照）をしている場合には、保存されている記録に記録された事項と確認事項の内容が「同一であることの確認」を行えばよく、確認事項の確認を省略することができる（規則26条3項）。

4　提供先の真実義務（法31条3項・30条2項）

　個人関連情報の提供先である第三者は、提供元が法31条1項の規定による確認を行う場合において、提供元に対して、当該確認に係る事項を偽ってはならない（法31条3項による法30条2項の準用）。

第 4 節　提供元による記録義務（法 31 条 3 項・30 条 3 項）

法第 31 条（個人関連情報の第三者提供の制限等）

3　前条第 2 項から第 4 項までの規定は、第 1 項の規定により個人関連情報取扱事業者が確認する場合について準用する。この場合において、同条第 3 項中「の提供を受けた」とあるのは、「を提供した」と読み替えるものとする。

　提供元である個人関連情報取扱事業者は、法 31 条 1 項の規定による確認を行った場合は、その記録を作成しなければならない（法 31 条 3 項において準用される法 30 条 3 項）。

　　　☞　「第三者」のうち、次の(1)から(4)までに掲げる者に個人関連情報の提供を行う場合は、記録義務は適用されない（法 31 条 3 項において読み替えて準用する法 30 条 3 項、29 条 1 項）。

　　(1)　国の機関

　　(2)　地方公共団体

　　(3)　独立行政法人等

　　(4)　地方独立行政法人

1　記録を作成する方法等（規則 27 条）

[参考知識：記録を作成する方法等]

1　記録を作成する媒体（規則 27 条 1 項）

　記録を作成する方法は、文書、電磁的記録又はマイクロフィルムを用いて作成する方法とする（規則 27 条 1 項）。

2　記録を作成する方法

(1)　原則（規則 27 条 2 項）

　個人関連情報取扱事業者は、記録を作成する場合、原則として、個人関連情報の提供の都度、速やかに、記録を作成しなければならない（規則 27 条 2 項）。

(2)　一括して記録を作成する方法（規則 27 条 2 項）

　一定の期間内に特定の事業者に対して継続的に又は反復して個人関連情報を提供したとき、又は当該第三者に対し個人関連情報を継続的にもしくは反復して提供することが確実であると見込まれる場合は、個々の提供に係る記録を作成する代わりに、一括して記録を作成することができる（規則 27 条 2 項）

(3)　契約書等の代替手段による方法（規則 27 条 3 項）

　本人に対する物品又は役務の提供に関連して当該本人に係る個人関連情報を第三者に提供した場合において、当該提供に関して作成された契約書その他の書面に施行規則 28 条 1 項各号に掲げる事項が記載されているときは、当該契約書その他の書面をもって記録とすることができる（規則 27 条 3 項）。

2　提供元における記録事項（規則 28 条）

(1)　原則（規則 28 条 1 項）

[参考知識：記録事項]

　提供元の個人関連情報取扱事業者は、法 31 条 1 項の規定による確認を行ったときは、次の項目を記録しなければならない（規則 28 条）。

　　1 号　法 31 条 1 項 1 号の本人の同意が得られていることを確認した旨及び外国にある第三者への提供にあっては、同項 2 号の規定による情報の提供が行われていることを確認した旨

　　2 号　個人関連情報を提供した年月日（規則 27 条 2 項ただし書の規定により、法 31 条 3 項において読み替えて準用する法 30 条 3 項の記録を一括して作成する場合にあっては、当該提供の期間の初日及び末日）

　　3 号　当該第三者の氏名又は名称及び住所並びに法人にあっては、その代表者の氏名

　　4 号　当該個人関連情報の項目

---

(2)　記録事項の省略（規則 28 条 2 項）

　既に提供元における記録義務（法 31 条 1 項）に規定する方法により作成した記録（現に保存している場合に限る。）に記録された事項と内容が同一であるものについては、当該事項の記録を省略することができる（規則 28 条 2 項）。

第 5 節　提供元による保存義務（法 31 条 3 項・30 条 4 項）

　個人関連情報の提供者である個人関連情報取扱事業者は、作成した記録を施行規則 29 条で定める期間保存しなければならない（法 31 条 3 項により準用される法 30 条 4 項）。

図表 39　記録の保存期間（規則 29 条）

区分		保存期間
1 号	契約書等の代替手段による方法	最後に当該記録に係る提供を受けて個人データとして取得した日から起算して 1 年を経過する日までの間
2 号	一括して記録を作成する方法	最後に当該記録に係る提供を受けて個人データとして取得した日から起算して 3 年を経過する日までの間
3 号	提供の都度作成する方法	当該記録を作成してから 3 年

第6編　保有個人データに関する義務（法32条〜39条）

　保有個人データは、個人情報取扱事業者が開示、内容の訂正、追加又は削除、利用の停止、消去及び第三者への提供の停止を行うことのできる権限を有する個人データである（法16条4項）。

　保有個人データについては、個人情報取扱事業者が開示等の権限を有していることに対応して、開示・内容の訂正・利用停止等の義務が課されている（法32条から39条）。

　なお、保有個人データは、個人情報・個人データでもあるから、保有個人データを有する個人情報取扱事業者は、個人情報に関する義務（法17条から20条）及び個人データに関する義務（法21条から30条）も負う。

図表40　個人情報取扱事業者の義務の関係

	個人情報 (2条1項)	個人データ (16条3項)	保有個人データ (16条4項)
17条　利用目的の特定・変更	○	○	○
18条　目的外利用の制限	○	○	○
19条　不適正な利用の禁止	○	○	○
20条　適正な取得・要配慮個人情報の取得制限	○	○	○
21条　取得に際しての利用目的の通知・公表等	○	○	○
22条　データ内容の正確性の確保		○	○
23条　安全管理措置		○	○
24条　従業者の監督		○	○
25条　委託先の監督		○	○
26条　漏えい等の報告等		○	○
27条　第三者提供の制限		○	○
28条　外国にある第三者への提供の制限		○	○
29条　第三者提供に係る記録の作成等		○	○
30条　第三者提供を受ける際の確認等		○	○
32条　保有個人データに関する事項の公表等			○
33条　開示			○
34条　訂正等			○
35条　利用停止等			○
36条　理由の説明			○
37条　開示等の請求等に応じる手続			○
38条　手数料			○
39条　事前の請求			○
40条　苦情の処理	○	○	○

　保有個人データの開示（法33条1項）、訂正・追加・削除（法34条1項）、利用停止・消去（法35条1項）、第三者提供停止（法35条3項）及び利用停止等又は第三者への提供の停止（法35条5項）の各請求は、本人が「請求することができる」と規定され、裁判所に訴えを提起することができる「具体的請求権」である（「裁判規範性」が認められる権利ともいう）。

　☞　これらの請求を合わせて「開示等の請求」という。

　☞　開示等の請求と利用目的の通知の求めをあわせて、法は「開示等の請求等」と呼んでいる。

第23章　保有個人データに関する事項の本人への周知（法32条１項）

法第32条（保有個人データに関する事項の公表等）
　１　個人情報取扱事業者は、保有個人データに関し、次に掲げる事項について、本人の知り得る状態（本人の求めに応じて遅滞なく回答する場合を含む。）に置かなければならない。
　一　（略）

第１節　概要等

　個人情報取扱事業者は、法32条１項各号に掲げる保有個人データに関する事項について、本人の知り得る状態（本人の求めに応じて遅滞なく回答する場合を含む。）に置かなければならない。

　「本人の知り得る状態（本人の求めに応じて遅滞なく回答する場合を含む。）」は「周知」とも表現され、法21条１項が定める個人情報の利用目的の「公表」（不特定多数の人々が知ることができるように発表すること）に至らない開示方法（本人の求めに応じて遅滞なく回答する）を含んでいる。

　このため、個人情報の利用目的はホームページなどで「公表」し、保有個人データに関する事項については「本人の求めに応じて遅滞なく回答する」（問い合わせ窓口を設けて問い合わせに対して回答する等）ことにすることができる。

　もっとも、法32条１項各号に掲げる保有個人データに関する事項を「プライバシーポリシー」（個人情報保護方針）としてホームページで「公表」する企業も多い（法21条１項が公表を求める個人情報の利用目的は、法32条１項２号の「全ての保有個人データの利用目的」に含まれていると考えることができる）。

第２節　本人への周知事項

　「本人の知りうる状態」に置かなければならない保有個人データに関する事項は、以下の事項である（法32条１項）。

　　　１号　当該個人情報取扱事業者の氏名・名称及び住所
　　　　　　法人にあっては、その代表者の氏名
　　　　　　☞　「法人にあっては、その代表者の氏名」は、令和２年改正で追加された。
　　　２号　全ての保有個人データの利用目的
　　　３号　開示請求等に応じる手続及び手数料の額を定めたときは手数料の額
　　　４号　保有個人データの適正な取扱いの確保に関し必要な事項として政令で定めるもの

1　氏名・名称及び住所等（法 32 条 1 項 1 号）

個人情報取扱事業者が外国に所在する場合は、当該外国の名称を含む（通則 GL）。

2　全ての保有個人データの利用目的（法 32 条 1 項 2 号）

（1）　内容

「全ての」保有個人データの利用目的とは、個人情報取扱事業者が取り扱う各種の保有個人データの利用目的が異なる場合は、その全ての利用目的という意味である。

利用目的に第三者提供が含まれる場合は、その旨も明らかにしなければならない（通則 GL）。

（2）　適用除外事由

法 21 条 4 項 1 号から 3 号に該当する場合は、「全ての保有個人データの利用目的」の周知義務が適用されない（法 32 条 1 項 2 号）。

☞　法 21 条 4 項 1 号から 3 号に該当する場合については、「第 11 章　第 5 節　適用除外事由（法 21 条 4 項各号）」を参照。

3　開示等の請求等に応じる手続・手数料額（法 32 条 1 項 3 号）

開示等の請求等に応じる手続と手数料を定めた場合は、本人の知りうる状態に置かなければならない（法 32 条 1 項 3 号）。

4　政令で定めるもの（法 32 条 1 項 4 号）

保有個人データの適正な取扱いの確保に関し必要な事項として政令（施行令 10 条）で定めるものは、次の事項である。

　　1 号　法 23 条の定めにより保有個人データの安全管理のために講じた措置
　　2 号　保有個人データの取扱いに関する苦情の申出先
　　3 号　認定個人情報保護団体の対象事業者である場合は、認定個人情報保護団体の名称及び苦情の申出先

（1）　保有個人データの安全管理のために講じた措置（令 10 条 1 号）

法 23 条の規定により講じた保有個人データの安全管理措置の内容を本人の知り得る状態に置かなければならないが、当該保有個人データの安全管理に支障を及ぼすおそれがあるものについては、その必要はない（令 10 条 1 号かっこ書）。

☞　令和 2 年改正により、新たに周知事項に追加された規律である。

（2）　苦情の申出先（令 10 条 2 号・3 号）

「苦情の申出先」（令 10 条 2 号）は、苦情を受け付ける担当窓口名・係名、郵送用住所、受付電話番号その他の苦情申出先などである（通則 GL）。

☞　個人情報取扱事業者が認定個人情報保護団体の対象事業者である場合は、上記に加えて、その団体の名称及び苦情解決の申出先を本人の知りうる状態に置く（令 10 条 3 号）。

第3節　本人の知りうる状態（周知）

1　本人の知りうる状態

　「本人の知り得る状態（本人の求めに応じて遅滞なく回答する場合を含む。）」（法32条1項）は、本人が知ろうとすれば知ることができる状態に置くことをいい、「本人への周知」と表現されることもある。

　ホームページへの掲載や窓口等での掲示が継続的に行われることまでは要しないが、事業の性質及び個人情報の取扱状況に応じ、内容が本人に認識される合理的かつ適切な方法によらなければならない（通則GL）。

> [参考知識：本人が知ろうとすれば知ることができる状態の例]
> ・　問合せ窓口を設け、問合せがあれば、口頭又は文書で回答できるよう体制を構築しておく。
> ・　店舗にパンフレットを備え置く。
> ・　電子商取引において、商品を紹介するホームページに問合せ先のメールアドレスを表示する。

2　本人の求めに応じて遅滞なく回答する場合

　本人への周知は「本人の求めに応じて遅滞なく回答する場合を含む」から、周知事項を店頭に掲示するなどして本人の知りうる状態に置くことまでしなくても、次の例のような状態に置いておくことも許容される。

> [参考知識：本人の求めに応じて遅滞なく回答する場合の例]
> ・問合わせ窓口を設け、問い合わせがあれば口頭・文章で回答できる体制を構築しておく。
> ・電子商取引において、商品を紹介するホームページに問い合わせ先のメールアドレスを明記する。

第24章　利用目的の通知の求め（法32条2項・3項）

> 法第32条（保有個人データに関する事項の公表等）
> 2　個人情報取扱事業者は、本人から、当該本人が識別される保有個人データの利用目的の通知を求められたときは、本人に対し、遅滞なく、これを通知しなければならない。ただし、次の各号のいずれかに該当する場合は、この限りでない。
> 　一　（略）
> 3　個人情報取扱事業者は、前項の規定に基づき求められた保有個人データの利用目的を通知しない旨の決定をしたときは、本人に対し、遅滞なく、その旨を通知しなければならない。

第1節　概要

本人から、当該本人が識別される保有個人データの利用目的の通知を求められたときは、原則として、本人に対し遅滞なくこれを通知しなければならない（法32条2項）。

第2節　本人からの通知の求め（法32条2項）

本人が通知を求めることができるのは、「当該本人が識別される保有個人データの利用目的」である。

☞　全ての保有個人データの利用目的の通知を求められても、「当該本人が識別される」保有個人データの利用目的のみを通知すればよい。

第3節　通知の求めへの対応（法32条2項本文）

1　本人に通知

本人に「通知」するとは、本人に直接知らしめることをいい、事業の性質及び個人情報の取扱状況に応じ、内容が本人に認識される合理的かつ適切な方法によらなければならない。

☞　「通知」の意味は、法21条1項の「通知」と同じである（「第11章　第2節　2　(2)　本人に通知」を参照）。

2　適用除外事由（法32条2項但書）

次の各号のいずれかに該当する場合は、保有個人データの利用目的の通知の規定は適用されない（法32条2項但書）。

1号　法32条1項の規定（保有個人データに関する事項の周知）により当該本人が識別される保有個人データの利用目的が明らかな場合

2号　法21条4項1号から3号までに該当する場合

第4節　通知しない場合の処置（法32条3項）

保有個人データの利用目的を本人に通知しない旨を決定したときは、遅滞なく、その旨を本人に通知しなければならない（法32条3項）。

この場合は、利用目的を通知しない理由を説明するよう努めなければならない（努力義務。法36条）。

第25章　保有個人データの開示請求（法33条）

第1節　概要・趣旨

　本人は、個人情報取扱事業者に対し、当該本人が識別される保有個人データの開示を請求することができ（法 33 条1項）、開示請求を受けた個人情報取扱事業者は、本人に対し、原則として、遅滞なく、当該保有個人データを開示しなければならない（法33条2項）。

第2節　本人の請求（法33条1項）

> 法第33条（開示）
> 1　本人は、個人情報取扱事業者に対し、当該本人が識別される保有個人データの電磁的記録の提供による方法その他の個人情報保護委員会規則で定める方法による開示を請求することができる。

　保有個人データの開示請求の対象事項は、「当該本人が識別される保有個人データ」である（法33条1項）。

- ☞　本人の家族などの他人が識別される保有個人データは開示の対象外である。
- ☞　個人情報や個人データではあるが「保有個人データ」とはいえない情報も、開示の対象外である。

第3節　開示請求への対応（法33条2項）

> 法第33条（開示）
> 2　個人情報取扱事業者は、前項の規定による請求を受けたときは、本人に対し、同項の規定により当該本人が請求した方法（当該方法による開示に多額の費用を要する場合その他の当該方法による開示が困難である場合にあっては、書面の交付による方法）により、遅滞なく、当該保有個人データを開示しなければならない。ただし、開示することにより次の各号のいずれかに該当する場合は、その全部又は一部を開示しないことができる。
> 一　（略）

1　個人データの開示の方法（法33条2項本文）

　個人情報取扱事業者は、保有個人データの開示請求に対し、原則として、電磁的記録の提供による方法その他の個人情報保護委員会規則で定める方法により本人が請求した方法により、遅滞なく、当該保有個人データを開示しなければならない（法33条2項本文）。

- ☞　令和2年改正の前は書面の交付による開示が原則であったが、改正により、「本人の請求した方法」による開示が原則となった。

　「個人情報保護委員会規則で定める方法」は、電磁的記録の提供による方法、書面の交付による方法その他当該個人情報取扱事業者の定める方法とする（規則30条）。

（1）　本人が請求した方法

　　開示の方法は、原則として本人が請求した方法によらなければならないが、開示の請求を行った者から開示の方法について特に指定がなく、個人情報取扱事業者が提示した方法に対して異議を述べなかった場合は、当該個人情報取扱事業者が提示した方法で開示することができる（通則GL）。

（2）　電磁的記録の提供による方法

　　「電磁的記録の提供による方法」については、個人情報取扱事業者が、ファイル形式や記録媒体などの具体的な方法を定めることができる。

［参考知識：電磁的記録の提供による方法の例］

・電磁的記録をCD-ROM等の媒体に保存して、当該媒体を郵送する方法

・電磁的記録を電子メールに添付して送信する方法

・会員専用サイト等のウェブサイト上で電磁的記録をダウンロードしてもらう方法

（3）　その他当該個人情報取扱事業者の定める方法

［参考知識：その他当該個人情報取扱事業者の定める方法の例］

・個人情報取扱事業者が指定した場所における音声データの視聴

・個人情報取扱事業者が指定した場所における文書の閲覧

（4）　本人が請求した方法による開示に多額の費用を要する場合その他の当該方法による開示が困難である場合

　　本人が請求した方法による開示に多額の費用を要する場合その他の当該方法による開示が困難である場合にあっては、書面の交付による方法で開示することができる（法33条2項本文かっこ書）。

　　この場合は、その旨を本人に通知した上で（法33条3項）、書面の交付による方法により開示を行わなければならない。

［参考知識：当該方法による開示が困難である場合の例］

・本人が電磁的記録の提供による開示を請求した場合であって、個人情報取扱事業者が当該開示請求に応じるために、大規模なシステム改修を行わなければならないような場合

・本人が電磁的記録の提供による開示を請求した場合であって、書面で個人情報や帳簿等の管理を行っている小規模事業者が、電磁的記録の提供に対応することが困難な場合

2　不開示事由（法33条2項但書）

　保有個人データの開示請求に対しては、以下の不開示事由のいずれかに該当する場合は、その全部又は一部を開示しないことができる（法32条2項但書）。

　　　1号　本人又は第三者の生命、身体、財産その他の権利利益を害するおそれがある場合
　　　2号　当該個人情報取扱事業者の業務の適正な実施に著しい支障を及ぼすおそれがある場合
　　　3号　他の法令に違反することとなる場合

（1）　本人又は第三者の生命、身体、財産その他の権利利益を害するおそれがある場合（1号）

[参考知識：該当する例]
　・医療機関等で、病名を開示することにより本人の心身状況を悪化させるおそれがある場合

（2）　当該個人情報取扱事業者の業務の適正な実施に著しい支障を及ぼすおそれがある場合（2号）

　「著しい支障を及ぼすおそれ」に該当する場合とは、個人情報取扱事業者の業務の実施に単なる支障ではなく、より重い支障を及ぼすおそれが存在するような例外的なときに限定され、単に開示すべき保有個人データの量が多いという理由のみでは、一般には、これに該当しない（通則GL）。

[参考知識：該当する例]
　・試験実施機関において、採点情報の全てを開示することによって、試験制度の維持に著しい支障を及ぼすおそれがある場合
　・同一の本人から複雑な対応を要する同一内容について繰り返し開示の請求があり，事実上問合せ窓口が占有されることによって他の問合せ対応業務が立ち行かなくなるなど，業務上著しい支障を及ぼすおそれがある場合
　・電磁的記録の提供にふさわしい音声・動画ファイル等のデータを、あえて書面で請求することにより、業務上著しい支障を及ぼすおそれがある場合

（3）　他の法令に違反することとなる場合

[参考知識：該当する例]
　・刑法134条（秘密漏示罪）や電気通信事業法4条（通信の秘密の保護）に違反することとなる場合

第4節　開示しない場合等の通知（法33条3項）

> 法第33条（開示）
> 3　個人情報取扱事業者は、第1項の規定による請求に係る保有個人データの全部若しくは一部について開示しない旨の決定をしたとき、当該保有個人データが存在しないとき、又は同項の規定により本人が請求した方法による開示が困難であるときは、本人に対し、遅滞なく、その旨を通知しなければならない。

1　概要

　保有個人データの開示請求に対し、保有個人データの全部もしくは一部について開示しない旨の決定をしたとき、又は当該保有個人データが存在しないときは、本人に対し、遅滞なく、その旨を通知しなければならない（法33条3項）。

　　☞　「通知」の意味は、法21条1項（個人情報の利用目的の通知等）における「通知」と同じである（「第11章　第2節　利用目的の通知・公表（法21条1項）」を参照）。

　なお、開示の措置をとらない旨を通知する場合は、その理由を説明するよう努めなければならない（努力義務。法36条）。

2　不開示を決定した場合

　前述した不開示事由（法33条2項但書）に該当する場合には、保有個人データの全部もしくは一部について開示しない旨の決定をし、開示しない旨を本人に通知しなければならない（法33条3項）。

3　存在しない場合

　当該個人データが保有個人データの除外事由（法16条4項・5条1号から4号）に該当する場合や、当該データが個人情報もしくは個人データにとどまり保有個人データとはいえない場合、又は本人が識別される保有個人データがない場合は、当該保有個人データが存在しない旨を本人に通知しなければならない（法33条3項）。

4　本人が請求した方法による開示が困難であるとき

　保有個人データの開示は原則として本人が請求した方法によらなければならないが（法33条1項）、本人が請求した方法による開示が困難であるときは、本人に対し、遅滞なく、その旨を本人に通知しなければならない（法33条3項）。

第5節　他の法令の規定が適用される場合（法33条4項）

> 法第33条（開示）
>
> 4　他の法令の規定により、本人に対し第2項本文に規定する方法に相当する方法により当該本人が識別される保有個人データの全部又は一部を開示することとされている場合には、当該全部又は一部の保有個人データについては、第1項及び第2項の規定は、適用しない。

第26章　第三者提供記録の開示請求（法33条第5項）

> 法第33条（開示）
>
> 5　第1項から第3項までの規定は、当該本人が識別される個人データに係る第29条第1項及び第30条第3項の記録（その存否が明らかになることにより公益その他の利益が害されるものとして政令で定めるものを除く。第37条第2項において「第三者提供記録」という。）について準用する。

第1節　概要

　個人情報取扱事業者は、本人から、当該本人が識別される個人データに係る第三者提供記録の開示の請求を受けたときは、原則として、本人に対し、電磁的記録の提供による方法、書面の交付による方法その他当該個人情報取扱事業者の定める方法のうち本人が請求した方法により、遅滞なく、当該第三者提供記録を開示しなければならない（法33条5項において準用する同条1項から3項）。

　　☞　令和2年改正で新設された制度である。

第2節　第三者提供記録と除外事由

　「第三者提供記録」とは、法29条1項及び30条3項の記録（第三者提供における提供者及び受領者の記録義務に基づいて作成された記録）のうち、次の1号から4号の除外事由に該当するものを除いたものをいう（令11条）。

　　　1号　当該記録の存否が明らかになることにより、本人又は第三者の生命、身体又は財産に危害が及ぶおそれがあるもの

　　　2号　当該記録の存否が明らかになることにより、違法又は不当な行為を助長し、又は誘発するおそれがあるもの

　　3号　当該記録の存否が明らかになることにより、国の安全が害されるおそれ、他国若しく
　　　　は国際機関との信頼関係が損なわれるおそれ又は他国若しくは国際機関との交渉上不
　　　　利益を被るおそれがあるもの
　　4号　当該記録の存否が明らかになることにより、犯罪の予防、鎮圧又は捜査その他の公共
　　　　の安全と秩序の維持に支障が及ぶおそれがあるもの

　なお、明文又は解釈により法29条1項又は30条3項の規定が適用されない場合において、
これらの規定に基づくことなく作成された記録は第三者提供記録に含まれない（通則GL。明文
又は解釈により法29条1項又は30条3項の規定が適用されない場合については、「第21章　第
6節　明文により確認・記録義務が適用されない第三者提供」及び「第21章　第7節　解釈に
より確認・記録義務が適用されない場合」を参照）。

第3節　開示請求への対応

1　開示の方法（法33条5項において準用する法33条2項本文）

　当該本人が識別される個人データに係る第三者提供記録の開示請求に対し、原則として、電磁
的記録の提供による方法その他の個人情報保護委員会規則で定める方法により本人が請求した
方法により、遅滞なく、当該第三者提供記録を開示しなければならない（法33条5項において
準用する法33条2項本文）。

　「個人情報保護委員会規則で定める方法」は、電磁的記録の提供による方法、書面の交付によ
る方法その他当該個人情報取扱事業者の定める方法とする（規則30条）。

　　☞　「電磁的記録の提供による方法、書面の交付による方法その他当該個人情報取扱事業者の定める方法」
　　　　の解釈は、基本的に、保有個人データの開示の方法の場合と同じである（「第25章 第3節　1　個人
　　　　データの開示の方法」を参照）。

[参考知識：記録事項以外の事項の開示]
　第三者提供記録を本人に開示するにあたっては、法において記録事項とされている事項を、本人が求め
る方法により開示すれば足り、それ以外の事項を開示する必要はない（通則GL）。
　　☞　法において記録事項とされている事項については、「第21章 第4節　3　記録事項」を参照
【例】
・契約書の代替手段による方法で記録を作成した場合には、当該契約書中、記録事項となっている事項
　を抽出した上で、本人が求める方法により開示すれば足り、契約書そのものを開示する必要はない。

2　不開示事由（法33条5項において準用する法33条2項但書）

　第三者提供記録の開示請求に対しては、以下の不開示事由のいずれかに該当する場合は、その全部又は一部を開示しないことができる（法35条5項において準用する法32条2項但書）。

　　　1号　本人又は第三者の生命、身体、財産その他の権利利益を害するおそれがある場合
　　　2号　当該個人情報取扱事業者の業務の適正な実施に著しい支障を及ぼすおそれがある場合
　　　3号　他の法令に違反することとなる場合

（1）　本人又は第三者の生命、身体、財産その他の権利利益を害するおそれがある場合（1号）

[参考知識：該当する例]

・第三者提供記録に個人データの項目として本人が難病であることを示す内容が記載されている場合において、当該第三者提供記録を開示することにより、患者本人の心身状況を悪化させるおそれがある場合

・企業の与信判断等に用いられる企業情報の一部として代表者の氏名等が提供され、第三者提供記録が作成された場合において、当該第三者提供記録を開示することにより、提供を受けた第三者が与信判断、出資の検討、提携先・取引先の選定等を行っていることを含む秘密情報が漏えいするおそれがある場合

（2）　当該個人情報取扱事業者の業務の適正な実施に著しい支障を及ぼすおそれがある場合（2号）

[参考知識：該当する例]

・同一の本人から複雑な対応を要する同一内容について繰り返し開示の請求があり、事実上問合せ窓口が占有されることによって他の問合せ対応業務が立ち行かなくなる等、業務上著しい支障を及ぼすおそれがある場合

　他の事業者と取引関係にあることが契約上秘密情報とされている場合であっても、記録事項そのものを開示することについては、直ちに「当該個人情報取扱事業者の業務の適正な実施に著しい支障を及ぼすおそれがある場合」に該当するものではなく、個別具体的に判断する必要がある（通則GL）。

（3）　他の法令に違反することとなる場合

[参考知識：該当する例]

・刑法134条（秘密漏示罪）に違反することとなる場合

第4節　開示しない場合の通知（法33条5項において準用する法33条3項）

　第三者提供記録の開示請求に対し、第三者提供記録の全部もしくは一部について開示しない旨の決定をしたとき、当該第三者提供記録が存在しないとき、又は本人が請求した方法による開示が困難であるときは、本人に対し、遅滞なく、その旨を通知しなければならない（法33条5項において準用する法33条3項）。

> ☞　「通知」の意味は、法21条1項（個人情報の利用目的の通知等）における「通知」と同じである（「第11章　第2節　利用目的の通知・公表（法21条1項」を参照）。

　なお、開示の措置をとらない旨を通知する場合は、その理由を説明するよう努めなければならない（努力義務。法36条）。

第27章　保有個人データの訂正等の請求（法34条）

第1節　概要

　個人情報取扱事業者は、本人から、当該本人が識別される保有個人データの内容が事実でないという理由によって、内容の訂正、追加又は削除（以下「訂正等」という。）の請求を受けた場合は、利用目的の達成に必要な範囲で遅滞なく必要な調査を行い、その結果に基づき、原則として、訂正等を行い（法34条1項・2項）、本人に通知しなければならない（法34条3項）。

第2節　本人の請求（法34条1項）

> 法第34条（訂正等）
> 1　本人は、個人情報取扱事業者に対し、当該本人が識別される保有個人データの内容が事実でないときは、当該保有個人データの内容の訂正、追加又は削除（以下この条において「訂正等」という。）を請求することができる。

1　当該本人が識別される保有個人データ

　保有個人データの開示請求の対象事項は、「当該本人が識別される保有個人データ」である（法33条1項）。

2　保有個人データの内容が事実でない

　本人が保有個人データの訂正等の請求をすることができるのは、「当該本人が識別される保有個人データの内容が事実でないとき」である（法34条1項）。

> [参考知識：「事実でないとき」に該当しない例]
> ・勤務評価が納得いかないと訂正を求められても、評価の内容自体を訂正する必要はない。

第3節　訂正等の請求への対応（法34条2項）

> 法第34条（訂正等）
> 2　個人情報取扱事業者は、前項の規定による請求を受けた場合には、その内容の訂正等に関して他の法令の規定により特別の手続が定められている場合を除き、利用目的の達成に必要な範囲内において、遅滞なく必要な調査を行い、その結果に基づき、当該保有個人データの内容の訂正等を行わなければならない。

1　利用目的の達成に必要な範囲内における調査と訂正等

　保有個人データの内容の訂正、追加又は削除（訂正等）の請求がなされた場合に、個人情報取扱事業者は、「利用目的の達成に必要な範囲内において」、遅滞なく調査を行わなければならない（法34条2項）。

　調査の結果、保有個人データの内容が事実でないと判断される場合は、利用目的の達成に必要な範囲内で、当該保有個人データの訂正等を行わなければならない（同）。

2　訂正等

　保有個人データの訂正等の請求に対して調査を行った結果、当該「保有個人データの内容が事実でない」と判断される場合は、内容の訂正、追加又は削除をしなければならない（法34条2項）。

　「削除」とは、不要な情報を除くことをいう（通則GL）。

3　本人への通知（法34条3項）

> 法第34条（訂正等）
> 3　個人情報取扱事業者は、第1項の規定による請求に係る保有個人データの内容の全部若しくは一部について訂正等を行ったとき、又は訂正等を行わない旨の決定をしたときは、本人に対し、遅滞なく、その旨（訂正等を行ったときは、その内容を含む。）を通知しなければならない。

(1)　訂正等を行った場合

　保有個人データの全部又は一部について訂正等を行ったときは、本人に対し、遅滞なく、訂正等を行った旨及び訂正等の内容を通知しなければならない（法34条3項）。

(2)　訂正等を行わない旨の決定をした場合

　　保有個人データの訂正等を行わない旨の決定をしたときは、本人に対し、遅滞なく、訂正等をしない旨を決定した旨を通知しなければならない（法34条3項）。

　　訂正等をしない旨を通知する場合は、その理由を説明するよう努めなければならない（努力義務。法36条）。

第28章　保有個人データの利用停止等の請求（法35条1項・2項）

第1節　概要

　個人情報取扱事業者は、本人から、当該本人が識別される保有個人データが、法18条から20条の規定に違反して取り扱われ、又は取得されたものであるとして、当該保有個人データの利用の停止又は消去（利用停止等）の請求を受けた場合であって、その請求に理由があることが判明したときは、原則として、遅滞なく、当該保有個人データの利用停止等をし（法35条1項・2項）、本人に通知しなければならない（法35条7項）。

第2節　本人の請求（法35条1項）

法第35条（利用停止等）
1　本人は、個人情報取扱事業者に対し、当該本人が識別される保有個人データが第18条若しくは第19条の規定に違反して取り扱われているとき、又は第20条の規定に違反して取得されたものであるときは、当該保有個人データの利用の停止又は消去（以下この条において「利用停止等」という。）を請求することができる。

1　当該本人が識別される保有個人データ

　利用停止等の請求の対象となるのは、「当該本人が識別される保有個人データ」である（法35条1項）。

2　法18条、19条又は20条違反の利用

　本人は、当該本人が識別される保有個人データが、次の法違反による利用又は取得がなされたものであるという理由によって、当該保有個人データの利用停止等を請求することができる（法35条1項）。

・法18条の規定に違反して、本人の同意なく目的外利用がされている。

・法19条の規定に違反して、不適正な利用が行われている。

　　　・法20条1項の規定に違反して、偽りその他不正の手段により個人情報が取得されている。
　　　・法20条2項の規定に違反して、本人の同意なく要配慮個人情報が取得されたものである。

第3節　利用停止等の請求への対応（法35条2項）

法第35条（利用停止等）

2　個人情報取扱事業者は、前項の規定による請求を受けた場合であって、その請求に理由があることが判明したときは、違反を是正するために必要な限度で、遅滞なく、当該保有個人データの利用停止等を行わなければならない。ただし、当該保有個人データの利用停止等に多額の費用を要する場合その他の利用停止等を行うことが困難な場合であって、本人の権利利益を保護するため必要なこれに代わるべき措置をとるときは、この限りでない。

1　利用停止等

　保有個人データの利用停止等の請求に理由があることが判明したときは、違反を是正するために必要な限度で、遅滞なく、当該保有個人データの利用の停止又は消去（利用停止等）を行わなければならない（法35条2項）。

　「消去」は、当該保有個人データを保有個人データとして使えなくすることであり、当該データを「削除」することのほか、当該データから特定の個人を識別できないようにすること（＝個人データを加工し本人を特定できないようにすること）等を含む（通則GL）。

2　多額の費用を要する場合等

　保有個人データの利用停止等の請求に理由があることが判明した場合であっても、当該保有個人データの利用停止等に多額の費用を要する場合その他の利用停止等を行うことが困難な場合であって、本人の権利利益を保護するため必要なこれに代わるべき措置をとるときは、利用停止等を行わないことができる（法35条2項但書）。

[参考知識：「困難な場合」と代替措置]

　「困難な場合」については、利用停止等に多額の費用を要する場合のほか、個人情報取扱事業者が正当な事業活動において保有個人データを必要とする場合についても該当し得る（通則GL）。

【困難な場合と代替措置の例】

　　・既に市販されている名簿の刷り直し及び回収作業に多額の費用を要するとして、名簿の増刷時の訂正を約束する場合や必要に応じて金銭の支払いをする。

　　・他の法令の規定により保存が義務付けられている保有個人データを遅滞なく消去する代わりに、当該法令の規定による保存期間の終了後に消去することを約束する。

3　本人への通知（法35条7項）

法第35条（利用停止等）
7　個人情報取扱事業者は、第1項若しくは第5項の規定による請求に係る保有個人データの全部若しく
は一部について利用停止等を行ったとき若しくは利用停止等を行わない旨の決定をしたとき、又は第3
項若しくは第5項の規定による請求に係る保有個人データの全部若しくは一部について第三者への提供
を停止したとき若しくは第三者への提供を停止しない旨の決定をしたときは、本人に対し、遅滞なく、
その旨を通知しなければならない。

(1)　利用停止等を行った場合

　　利用停止等の請求にかかる保有個人データの全部又は一部について利用停止等を行ったと
きは、本人に対し、遅滞なく、その旨を通知しなければならない（法35条7項）。

(2)　利用停止等を行わない旨の決定をした場合

　　利用停止等の請求にかかる保有個人データの全部又は一部について利用停止等を行わない
旨の決定をしたときは、本人に対し、遅滞なく、その旨を通知しなければならない（法35条
7項）。

　　本人に通知する際には、利用停止等を行わない理由を説明するよう努めなければならない
（努力義務。法36条）。

第29章　保有個人データの第三者提供停止の請求（法35条3項・4項）

第1節　概要

　個人情報取扱事業者は、本人から、当該本人が識別される保有個人データが、法27条1項又
は28条の規定に違反して本人の同意なく第三者に提供されているとして、当該保有個人データ
の第三者提供の停止の請求を受けた場合であって、その請求に理由があることが判明したときは、
原則として、遅滞なく、当該保有個人データの第三者への提供を停止し（法35条3項・4項）、
本人に通知しなければならない（法35条7項）。

第2節　本人の請求（法35条3項）

> 法第35条（利用停止等）
>
> 3　本人は、個人情報取扱事業者に対し、当該本人が識別される保有個人データが第27条第1項又は第28条の規定に違反して第三者に提供されているときは、当該保有個人データの第三者への提供の停止を請求することができる。

1　当該本人が識別される保有個人データ

第三者提供停止請求の対象となるのは、「当該本人が識別される保有個人データ」である（法35条1項）。

2　法27条1項又は法28条違反の第三者提供

保有個人データの第三者提供の停止を請求することができるのは、以下の場合である。

① 当該保有個人データが本人の同意を得ないで第三者提供されている場合（法27条1項条違反。適用除外事由等に該当する場合を除く）

② 当該保有人データが外国にある第三者への提供についての本人の同意を得ないで外国にある第三者に提供されている場合（法28条違反。適用除外事由等に該当する場合を除く）

第3節　第三者提供停止請求への対応（法35条4項）

> 法第35条（利用停止等）
>
> 4　個人情報取扱事業者は、前項の規定による請求を受けた場合であって、その請求に理由があることが判明したときは、遅滞なく、当該保有個人データの第三者への提供を停止しなければならない。ただし、当該保有個人データの第三者への提供の停止に多額の費用を要する場合その他の第三者への提供を停止することが困難な場合であって、本人の権利利益を保護するため必要なこれに代わるべき措置をとるときは、この限りでない。

1　第三者提供の停止

保有個人データの第三者提供停止の請求に理由があることが判明したときは、遅滞なく、当該保有個人データの第三者への提供を停止しなければならない（法35条4項）。

2　多額の費用を要する場合等

保有個人データの第三者提供停止の請求に理由があることが判明した場合であっても、当該保有個人データの第三者提供停止に多額の費用を要する場合その他の利用停止等を行うことが困難な場合であって、本人の権利利益を保護するため必要なこれに代わるべき措置をとるときは、第三者提供の停止を行わないことができる（法35条4項但書）。

☞　「困難な場合」及び代替措置の意味は、利用停止等の請求の場合と同様である。

3　本人への通知（法35条7項）

(1)　第三者への提供を停止した場合

　第三者提供停止の請求にかかる保有個人データの全部又は一部について第三者への提供を停止したときは、本人に対し、遅滞なく、その旨を通知しなければならない（法35条7項）。

(2)　第三者提供の停止を行わない旨の決定をした場合

　第三者提供停止の請求にかかる保有個人データの全部又は一部について第三者への提供の停止を行わない旨の決定をしたときは、本人に対し、遅滞なく、その旨を通知しなければならない（法35条7項）。

　本人に通知する際には、第三者への提供の停止を行わない理由を説明するよう努めなければならない（努力義務。法36条）。

第30章　法35条5項の要件を満たす場合の利用停止等又は第三者提供の停止

第1節　概要・趣旨

　個人情報取扱事業者は、本人から、法35条5項の要件を満たす場合として、当該保有個人データの利用停止等又は第三者への提供の停止の請求を受けた場合であって、その請求に理由があることが判明したときは、原則として、本人の権利利益の侵害を防止するために必要な限度で、遅滞なく、当該保有個人データの利用停止等又は第三者への提供の停止を行い（法35条5項・6項）、本人に通知しなければならない（法35条7項）。

　☞　令和2年改正の際に、保有個人データに関する本人の関与を強化する観点から、法35条5項から7項が新設されて、保有個人データの利用停止等の請求及び第三者提供の停止の請求ができる範囲が拡大された。

第2節　本人の請求（法35条5項）

> 法第35条（利用停止等）
> 5　本人は、個人情報取扱事業者に対し、当該本人が識別される保有個人データを当該個人情報取扱事業者が利用する必要がなくなった場合、当該本人が識別される保有個人データに係る第26条第1項本文に規定する事態が生じた場合その他当該本人が識別される保有個人データの取扱いにより当該本人の権利又は正当な利益が害されるおそれがある場合には、当該保有個人データの利用停止等又は第三者への提供の停止を請求することができる。

1　当該本人が識別される保有個人データ

利用停止等の請求又は第三者提供停止請求の対象となるのは、「当該本人が識別される保有個人データ」である（法35条5項）。

2　法35条5項の要件を満たす場合

保有個人データの利用停止等又は第三者提供停止を請求することができるのは、以下の場合である。

(1)　保有個人データを利用する必要がなくなった場合

「保有個人データを当該個人情報取扱事業者が利用する必要がなくなった」とは、法22条後段（不要な個人データの消去）と同様に、利用目的が達成され当該目的との関係では当該保有個人データを保有する合理的な理由が存在しなくなった場合や利用目的が達成されなかったものの当該目的の前提となる事業自体が中止となった場合等をいう（通則GL）。

> [参考知識：利用する必要がなくなった場合の例]
> ・ダイレクトメールを送付するために個人情報取扱事業者が保有していた情報について、当該個人情報取扱事業者がダイレクトメールの送付を停止している場合
> ・電話勧誘のために個人情報取扱事業者が保有していた情報について、当該個人情報取扱事業者が電話勧誘を停止している場合
> ・キャンペーンの懸賞品送付のために個人情報取扱事業者が保有していた当該キャンペーンの応募者の情報について、懸賞品の発送が終わり、不着対応等のための合理的な期間が経過した後
> ・採用応募者のうち、採用に至らなかった応募者の情報について、再応募への対応等のための合理的な期間が経過した後

(2)　当該本人が識別される保有個人データに係る法26条1項本文に規定する事態が生じた場合

「当該本人が識別される保有個人データに係る法第26条第1項本文に規定する事態が生じた」とは、法26条1項本文に定める漏えい等事案が生じたことをいう（「第16章 第1節 1 漏えい等と漏えい等事案（法26条1項本文）」を参照）。

(3)　当該本人の権利又は正当な利益が害されるおそれがある場合

「本人の権利又は正当な利益が害されるおそれがある場合」とは、法目的に照らして保護に値する正当な利益が存在し、それが侵害されるおそれがある場合をいう。

[参考知識：本人の権利又は正当な利益が害されるおそれがある場合の例]
- ダイレクトメールの送付を受けた本人が、送付の停止を求める意思を表示したにもかかわらず、個人情報取扱事業者がダイレクトメールを繰り返し送付している場合
- 電話勧誘を受けた本人が、電話勧誘の停止を求める意思を表示したにもかかわらず、個人情報取扱事業者が本人に対する電話勧誘を繰り返し行っている場合
- 個人情報取扱事業者が、安全管理措置を十分に講じておらず、本人を識別する保有個人データが漏えい等するおそれがある場合
- 個人情報取扱事業者が、法27条1項に違反して第三者提供を行っており、本人を識別する保有個人データについても本人の同意なく提供されるおそれがある場合
- 個人情報取扱事業者が、退職した従業員の情報を現在も自社の従業員であるようにホームページ等に掲載し、これによって本人に不利益が生じるおそれがある場合

[参考知識：本人の権利又は正当な利益が害されるおそれがない場合の例]
- 電話の加入者が、電話料金の支払いを免れるため、電話会社に対して課金に必要な情報の利用停止等を請求する場合
- インターネット上で匿名の投稿を行った者が、発信者情報開示請求による発信者の特定やその後の損害賠償請求を免れるため、プロバイダに対してその保有する接続認証ログ等の利用停止等を請求する場合
- 過去に利用規約に違反したことを理由としてサービスの強制退会処分を受けた者が、再度当該サービスを利用するため、当該サービスを提供する個人情報取扱事業者に対して強制退会処分を受けたことを含むユーザ情報の利用停止等を請求する場合
- 過去の信用情報に基づく融資審査により新たな融資を受けることが困難になった者が、新規の借入れを受けるため、当該信用情報を保有している個人情報取扱事業者に対して現に審査に必要な信用情報の利用停止等又は第三者提供の停止を請求する場合

第3節　利用停止等又は第三者提供停止の請求への対応（法35条6項）

法第35条（利用停止等）
6　個人情報取扱事業者は、前項の規定による請求を受けた場合であって、その請求に理由があることが判明したときは、本人の権利利益の侵害を防止するために必要な限度で、遅滞なく、当該保有個人データの利用停止等又は第三者への提供の停止を行わなければならない。ただし、当該保有個人データの利用停止等又は第三者への提供の停止に多額の費用を要する場合その他の利用停止等又は第三者への提供の停止を行うことが困難な場合であって、本人の権利利益を保護するため必要なこれに代わるべき措置をとるときは、この限りでない。

1　利用停止等又は第三者提供の停止

　保有個人データの利用停止等又は第三者提供停止の請求に理由があることが判明したときは、本人の権利利益の侵害を防止するために必要な限度で、遅滞なく、当該保有個人データの利用停止等又は第三者への提供の停止を行わなければならない（法35条6項）。

[参考知識：本人の権利利益の侵害を防止するために必要な限度での対応の例]
- 本人から、保有個人データの全てについて利用停止等が請求された場合に、一部の保有個人データの利用停止等によって、生じている本人の権利利益の侵害のおそれを防止できるものとして、一部の保有個人データに限定して対応を行う場合
- 法27条1項に違反して第三者提供が行われているとして保有個人データの消去を請求された場合に、利用停止又は第三者提供の停止による対応によって、生じている本人の権利利益の侵害のおそれを防止できるものとして、利用停止又は第三者提供の停止による対応を行う場合

2　多額の費用を要する場合等

　保有個人データの利用停止等又は第三者提供停止の請求に理由があることが判明した場合であっても、当該保有個人データの第三者提供停止に多額の費用を要する場合その他の利用停止等を行うことが困難な場合であって、本人の権利利益を保護するため必要なこれに代わるべき措置をとるときは、第三者提供の停止を行わないことができる（法35条6項但書）。

[参考知識：困難な場合と代替措置の例]
- 他の法令の規定により保存が義務付けられている保有個人データを遅滞なく消去する代わりに、当該法令の規定による保存期間の終了後に消去することを約束する。
- 個人情報保護委員会への報告の対象となる重大な漏えい等が発生した場合において、当該本人との契約が存続しているため、利用停止等が困難であるとして、以後漏えい等の事態が生じることがないよう、必要かつ適切な再発防止策を講じる。

3　本人への通知（法35条7項）

(1)　第三者への提供を停止した場合

　利用停止等又は第三者提供停止の請求にかかる保有個人データの全部又は一部について利用停止等を行い、又は第三者への提供を停止したときは、本人に対し、遅滞なく、その旨を通知しなければならない（法35条7項）。

(2)　第三者提供の停止を行わない旨の決定をした場合

　利用停止等又は第三者提供停止の請求にかかる保有個人データの全部又は一部について利用停止等又は第三者の提供の停止を行わない旨の決定をしたときは、本人に対し、遅滞なく、その旨を通知しなければならない（法35条7項）。

　本人に通知する際には、利用停止等又は第三者提供の停止を行わない理由を説明するよう努めなければならない（努力義務。法36条）。

第31章　開示等の請求等に応じる手続・手数料（法37条・38条）

第1節　概要・趣旨

個人情報取扱事業者は、「開示等の請求等」において、これを受け付ける方法として施行令12条で定める事項を定めることができる（法37条）。

> ☞ 「開示等の請求等」とは、保有個人データの利用目的の通知の求め（法32条2項）、保有個人データの開示請求（法33条1項）、保有個人データの訂正等の請求（法34条1項）、保有個人データの利用停止等もしくは第三者提供の停止（法35条1項・5項）、又は第三者提供記録の開示請求（法33条5項）をいう（法37条）。

また、個人情報取扱事業者は、保有個人データの利用目的の通知の求め（法32条2項）又は保有個人データの開示請求（法33条1項）もしくは第三者提供記録の開示請求（法33条5項において準用する同条1項）については、その実施に関し、合理的範囲内の額の手数料を徴収することができる（法38条）。

図表41　開示等の請求等の比較

開示等の請求等の類型	手数料徴収	裁判上の請求
利用目的の通知の求め（法32条2項）	○	×
開示請求（法33条1項）	○	○
訂正等の請求（法34条1項）	×	○
利用停止等又は第三者提供の停止の請求（法35条1項・5項）	×	○
第三者提供記録の開示請求（法33条5項）	○	○

第2節　開示等の請求等に応じる手続の定め（法37条）

1　開示等の請求等を受け付ける方法の定め（法37条1項）

法第37条（開示等の請求等に応じる手続）
1　個人情報取扱事業者は、第32条第2項の規定による求め又は第33条第1項（同条第5項において準用する場合を含む。次条第1項及び第39条において同じ。）、第34条第1項若しくは第35条第1項、第3項若しくは第5項の規定による請求（以下この条及び第54条第1項において「開示等の請求等」という。）に関し、政令で定めるところにより、その求め又は請求を受け付ける方法を定めることができる。この場合において、本人は、当該方法に従って、開示等の請求等を行わなければならない。

　個人情報取扱事業者は、「開示等の請求等」に関し、政令（令12条）で定めるところにより、その求め又は請求を受け付ける方法を定めることができる（法37条1項）。

【施行令12条で定める事項】

　　1号　開示等の請求等の申出先

　　2号　開示等の請求等に際して提出すべき書面（電磁的記録を含む。）の様式、その他の開示等の請求等の受付方法

　　3号　開示等の請求等をする者が本人又はその代理人であることの確認の方法

　　4号　保有個人データの利用目的の通知又は保有個人データの開示をする際に徴収する手数料の徴収方法

　個人情報取扱事業者が開示等の請求等を受け付ける方法を定めた場合は、本人は、当該方法に従って開示等の請求等を行わなければならない（法37条1項）。本人が当該方法に従わなかった場合は、個人情報取扱事業者は当該開示等の請求等を拒否することができる（通則GL）。

　開示等の請求等を受け付ける方法を定めない場合には、本人は、自由な方法で開示等の請求等をすることが認められる。

　開示等の請求等を受け付ける方法を定めた場合には、本人の知り得る状態（本人の求めに応じて遅滞なく回答する場合を含む。）に置かなければならない（法32条1項3号）。

　　☞　「本人の知りうる状態」については、「第23章　第3節　本人の知りうる状態（周知）」を参照

第3節　保有個人データを特定するに足りる事項の提示（法37条2項）

法第37条（開示等の請求等に応じる手続）

2　個人情報取扱事業者は、本人に対し、開示等の請求等に関し、その対象となる保有個人データ又は第三者提供記録を特定するに足りる事項の提示を求めることができる。この場合において、個人情報取扱事業者は、本人が容易かつ的確に開示等の請求等をすることができるよう、当該保有個人データ又は当該第三者提供記録の特定に資する情報の提供その他本人の利便を考慮した適切な措置をとらなければならない。

　個人情報取扱事業者は、本人に対し、開示等の請求等に関し、その対象となる保有個人データ又は第三者提供記録を特定するに足りる事項の提示を求めることができる（法37条2項前段）。

［参考知識：特定に必要な事項の例］

　・住所、ID、パスワード、会員番号等

　開示等の請求等の対象となる保有個人データ又は第三者提供記録を特定するに足りる事項の提示を求める際には、本人が容易かつ的確に開示等の請求等をすることができるよう、当該保有個人データ又は第三者提供記録の特定に資する情報を提供するなど、本人の利便性を考慮しなければならない（法37条2項後段）。

> [参考知識：本人の利便性に考慮しつつ特定するに足りる事項の提示を求める場合の例]
> ・「私の情報全てを開示せよ」との請求に対して、取得時期や取引店舗、個人情報が保有されているデータベースの種類等を記載したチェックリストを本人に示して、保有個人データの範囲を特定してもらう。

第4節　代理人の利用（法37条3項）

> 法第37条（開示等の請求等に応じる手続）
> 3　開示等の請求等は、政令で定めるところにより、代理人によってすることができる。

【政令（施行令13条）が定める代理人】
　　1号　未成年者又は成年被後見人の法定代理人
　　2号　本人が委任した代理人（任意代理人）

第5節　本人の負担への配慮（法37条4項）

> 法第37条（開示等の請求等に応じる手続）
> 4　個人情報取扱事業者は、前3項の規定に基づき開示等の請求等に応じる手続を定めるに当たっては、本人に過重な負担を課するものとならないよう配慮しなければならない。

【過重な負担の例】
　・必要以上に煩雑な書類を書かせたり、請求等を受け付ける窓口をいたずらに不便な場所に限定したりする。

第6節　手数料の徴収（法38条）

法第38条（手数料）
1　個人情報取扱事業者は、第32条第2項の規定による利用目的の通知を求められたとき又は第33条第1項の規定による開示の請求を受けたときは、当該措置の実施に関し、手数料を徴収することができる。
2　個人情報取扱事業者は、前項の規定により手数料を徴収する場合は、実費を勘案して合理的であると認められる範囲内において、その手数料の額を定めなければならない。

1　概要

　個人情報取扱事業者は、保有個人データの利用目的の通知の求め（法32条2項）又は保有個人データの開示請求（法33条1項）もしくは第三者提供記録の開示請求（法33条5項において準用する同条1項）については、その実施に関し、合理的範囲内の額の手数料を徴収することができる（法38条）。

2　手数料の額

　個人情報取扱事業者は、手数料を徴収する場合は、実費を勘案して合理的であると認められる範囲内において、その手数料の額を定めなければならない（法38条2項）。

- ☞　手数料の額は、実費を予測して平均的単価を算出して定めることが望ましいが（Q&A）、統一的な相場を示すことは困難である（同）。
    例えば、郵便で開示の請求に応じる場合、配達証明付の書留料金を勘案するなど適切な金額を検討することが考えられる（同）。
- ☞　手数料の額は実費を勘案して合理的であると認められる範囲内でなければならないから、合理的範囲を超えた利潤を得ることはできない（Q&A同旨）。
- ☞　法38条は、現に開示を行ったか否かにより特に区別していないため、結果的に開示等しなかった場合でも徴収した手数料を返還する義務はない（Q&A）。

　手数料額を定めた場合は、「本人の知りうる状態（本人の求めに応じて遅滞なく回答する場合を含む。）」に置かなければならない（法32条1項3号）。

第 32 章　裁判上の訴えの事前請求（法 39 条）

第 1 節　原則（法 39 条 1 項本文）

法第 39 条（事前の請求）
1　本人は、第 33 条第 1 項、第 34 条第 1 項又は第 35 条第 1 項、第 3 項若しくは第 5 項の規定による請求に係る訴えを提起しようとするときは、その訴えの被告となるべき者に対し、あらかじめ、当該請求を行い、かつ、その到達した日から 2 週間を経過した後でなければ、その訴えを提起することができない。ただし、当該訴えの被告となるべき者がその請求を拒んだときは、この限りでない。
2　前項の請求は、その請求が通常到達すべきであった時に、到達したものとみなす。
3　前 2 項の規定は、第 33 条第 1 項、第 34 条第 1 項又は第 35 条第 1 項、第 3 項若しくは第 5 項の規定による請求に係る仮処分命令の申立てについて準用する。

　本人は、開示等の請求に係る訴えを提起しようとするときは、原則として、その訴えの被告となるべき者に対し、あらかじめ、当該請求を行い、かつ、その到達した日から 2 週間を経過した後でなければ、その訴えを提起することができない（法 39 条 1 項本文）。仮処分命令を申し立てるときも同様である（法 39 条 3 項）。

　これを「事前の請求」という。

　事前の請求は、当該請求が通常到達すべきであった時に到達したものとみなされる（法 39 条 2 項）。

第 2 節　事前の請求を拒んだとき（法 39 条 1 項但書）

　請求の到達から 2 週間の経過前であっても、「被告となるべき者がその請求を拒んだとき」は、訴えの提起が可能である（法 39 条 1 項但書）。仮処分命令申立の場合についても同様である（同項 3 項）。

第7編　仮名加工情報取扱事業者等の義務

第33章　仮名加工情報取扱事業者等の義務（法41条・42条）

第1節　総論

　仮名加工情報に関する規律（法2条5項、16条5項、41条及び42条等）は、令和2年改正で新設された規定である。

> ☞　平成27年改正時に、個人情報を特定の個人を識別できないように加工したものを「匿名加工情報」と位置づけ、個人情報の規制よりも緩やかな一定の条件のもとで匿名加工情報を利活用できる環境が整備された。しかし、匿名加工情報については、匿名加工の基準が厳格で利用が容易でないことや、データとしての有用性が加工前の個人情報に劣り、データ利活用によるイノベーションの促進にとって不十分であるという指摘がなされていた。
> 　そこで、令和2年改正により、個人情報と匿名加工情報の中間的な制度として、「仮名加工情報」が創設された。

　法41条・42条は、仮名加工情報を作成する個人情報取扱事業者の義務のほか、仮名加工情報取扱事業者が仮名加工情報を取り扱う場合等に遵守すべき義務などを規定している。

　これらの規定は、仮名加工情報を取り扱う事業者が、その事業者内部で、本人と紐づくことなく、仮名加工情報を利用することにするための規制である。このような規制をすることで、個人の権利利益が侵害されるリスクを個人情報の取扱いよりも低減し、そのかわり、個人情報の取扱いよりも規制を緩やかにしている。

　個人情報保護委員会は、個人情報保護法が定める事業者の義務のうち、仮名加工情報及び匿名加工情報の取扱いに関する部分に特化して分かりやすく一体的に示す観点から、通則ガイドラインとは別に、「個人情報の保護に関する法律についてのガイドライン（仮名加工情報・匿名加工情報編）」（本書では「仮名・匿名ガイドライン」又は「仮名・匿名GL」と略称する。）を策定・公表している。

[参考知識：仮名加工情報の利活用事例]

　以下のいずれの場合も、個人情報を保有する者（医療機関や金融機関）が仮名加工情報の作成やAIの開発を外部（ベンダ）に委託することができる。

・医療機関が診療目的で取得した患者のMRI画像を加工して作成した仮名加工情報について、利用目的をAI開発目的に変更した上で、医用画像処理AIの研究用データとして用いる。

・金融機関が個人向けローンの審査等の目的で取得した顧客の取引履歴等の個人情報を加工して作成した仮名加工情報について、利用目的を与信審査AI開発目的に変更した上で、与信審査AIの学習データとして用いる。

第2節　仮名加工情報と仮名加工情報取扱事業者

1　仮名加工情報（法2条5項）

法2条（定義）

5　この法律において「仮名加工情報」とは、次の各号に掲げる個人情報の区分に応じて当該各号に定める措置を講じて他の情報と照合しない限り特定の個人を識別することができないように個人情報を加工して得られる個人に関する情報をいう。

一　（法2条）第1項第1号に該当する個人情報　当該個人情報に含まれる記述等の一部を削除すること（当該一部の記述等を復元することのできる規則性を有しない方法により他の記述等に置き換えること

> を含む。)。
> 二　(法2条) 第1項第2号に該当する個人情報　当該個人情報に含まれる個人識別符号の全部を削除すること (当該個人識別符号を復元することのできる規則性を有しない方法により他の記述等に置き換えることを含む。)。

(1)　定義

「仮名加工情報」とは、以下のいずれかの措置を講じて、他の情報と照合しない限り特定の個人を識別することができないように個人情報を加工して得られる個人に関する情報をいう (法2条5項)。

　　1号　一般の個人情報の場合

　　　　当該個人情報に含まれる記述等の一部を削除すること (当該一部の記述等を復元することのできる規則性を有しない方法により他の記述等に置き換えることを含む。)

　　2号　個人識別符号を含む個人情報の場合

　　　　当該個人情報に含まれる個人識別符号の全部を削除すること (当該個人識別符号を復元することのできる規則性を有しない方法により他の記述等に置き換えることを含む。)

仮名加工情報を作成するときは、施行規則31条各号で定める加工基準に従って加工する必要がある (法41条1項)。

　①　復元することのできる規則性を有しない方法

　　　「復元することのできる規則性を有しない方法」(法2条5項1号) とは、置き換えた記述等から、置き換える前の特定の個人を識別することとなる記述等又は個人識別符号の内容を復元することができない方法である (仮名・匿名GL)。

　②　他の情報と照合しない限り特定の個人を識別することができない

　　　仮名加工情報に求められる「他の情報と照合しない限り特定の個人を識別することができない」という要件は、加工後の情報それ自体により特定の個人を識別することができないような状態にすることを求めるものであり、当該加工後の情報とそれ以外の他の情報を組み合わせることによって特定の個人を識別することができる状態にあることを否定するものではない。(仮名・匿名GL)。

(2)　個人情報である仮名加工情報と個人情報でない仮名加工情報

仮名加工情報は、「当該個人情報を復元することができないようにしたもの」に加工することまでは要求されていない。

すなわち、仮名加工情報は、当該情報単体では特定の個人を識別することができないように加工されているが、他の情報と照合することで特定の個人が識別できる可能性のある情報である。

従って、例えば、仮名加工情報取扱事業者において、仮名加工情報の作成の元となった個人

情報や当該仮名加工情報にかかる「削除情報等」を保有している等により、当該仮名加工情報が「他の情報と容易に照合することができ、それにより特定の個人を識別することができる」（法2条1項）状態にある場合には、当該仮名加工情報は、「個人情報」に該当する（個人情報である仮名加工情報）。

☞　「削除情報等」とは、仮名加工情報の作成に用いられた個人情報から削除された記述等及び個人識別符号ならびに法41条1項により行われた加工の方法に関する情報をいう（法41条2項）。

　これに対し、例えば、仮名加工情報の提供を受けた「仮名加工情報取扱事業者」において、当該仮名加工情報の作成の元となった個人情報や当該仮名加工情報に係る削除情報等を保有していない等により、当該仮名加工情報が「他の情報と容易に照合することができ、それにより特定の個人を識別することができる」状態にない場合には、当該仮名加工情報は、「個人情報」に該当しない（個人情報でない仮名加工情報）。

図表42　仮名加工情報のイメージ

① 一般の個人情報の場合

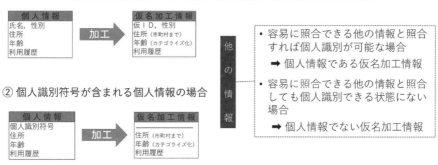

② 含まれる個人識別符号の全部を削除（他の記述等に置き換えることを含む）

(3)　仮名加工情報と匿名加工情報

　仮名加工情報も匿名加工情報も、個人情報を加工して特定の個人を識別することができないようにした個人に関する情報である。

　匿名加工情報は、「当該個人情報を復元することができないように」することまで要求されるが（法2条6項）、仮名加工情報は、そこまでの加工は求められていない。このため、仮名加工情報の取扱いに関する規制は、匿名加工情報の取扱いに関する規制よりも厳しい。

☞　仮名加工情報と匿名加工情報の比較については、「第34章 第2節 1 (5)　当該個人情報を復元することができないようにしたもの」の図表45「仮名加工情報と匿名加工情報の比較」及び図表46「仮名加工情報と匿名加工情報の主な規律の比較」を参照

2　仮名加工情報取扱事業者（法16条5項）

法第16条（定義）

5　この章、第6章及び第7章において「仮名加工情報取扱事業者」とは、仮名加工情報を含む情報の集合物であって、特定の仮名加工情報を電子計算機を用いて検索することができるように体系的に構成したものその他特定の仮名加工情報を容易に検索することができるように体系的に構成したものとして政令で定めるもの（第41条第1項において「仮名加工情報データベース等」という。）を事業の用に供している者をいう。ただし、第2項各号に掲げる者を除く。

「仮名加工情報取扱事業者」とは、仮名加工情報データベース等を事業の用に供している者をいう（法16条5項）。

☞　「事業の用に供している」の意味や例は、個人情報取扱事業者の定義における「事業の用に供している」と同じである（「第3章　第13節　2　事業の用に供している」を参照）

「仮名加工情報データベース等」とは、仮名加工情報を含む情報の集合物であって、特定の仮名加工情報を電子計算機（コンピュータ）を用いて検索することができるように体系的に構成したものその他特定の仮名加工情報を容易に検索することができるように体系的に構成したものとして政令で定めるものである（法16条5項）。

☞　「電子計算機を用いて検索することができるように体系的に構成したものその他特定の仮名加工情報を容易に検索することができるように体系的に構成したものとして政令で定めるもの」の意味等は、個人情報データベース等の定義におけるそれと同様である（第3章　第12節　個人情報データベース等（法16条1項）」を参照）

3　仮名加工情報取扱事業者等の義務の類型

　法41条及び42条が規定する仮名加工情報（仮名加工情報データベースを構成するものに限る）に関連する仮名加工情報取扱事業者等の義務は、次のように分類できる。

☞　以下の本章の解説では、「仮名加工情報」という場合は、仮名加工情報データベース等を構成するものであることを前提とする。

① 仮名加工情報を作成する個人情報取扱事業者の義務等（法41条1項・2項）
② 仮名加工情報の取扱いに関する義務等（法41条6項から8項、42条1項・2項）
③ 個人情報である仮名加工情報の取扱いに関する義務等（法41条3項から5項及び9項）
④ 個人情報でない仮名加工情報の取扱いに関する義務等（法42条3項）

第3節　仮名加工情報を作成する個人情報取扱事業者の義務等（法 41 条 1 項・2項）

仮名加工情報を作成する個人情報取扱事業者は、以下の義務を遵守しなければならない。

　　1　仮名加工情報の適正な加工（法第 41 条 1 項）

　　2　削除情報等の安全管理措置（法 41 条 2 項）

1　仮名加工情報の適正な加工（法 41 条 1 項）

法第 41 条（仮名加工情報の作成等）

1　個人情報取扱事業者は、仮名加工情報（仮名加工情報データベース等を構成するものに限る。以下この章及び第 6 章において同じ。）を作成するときは、他の情報と照合しない限り特定の個人を識別することができないようにするために必要なものとして個人情報保護委員会規則で定める基準に従い、個人情報を加工しなければならない。

---

(1)　概要

　　個人情報取扱事業者は、仮名加工情報を作成するときは、他の情報と照合しない限り特定の個人を識別することができないようにするために、施行規則 31 条各号に定める加工基準に従って、個人情報を加工しなければならない（法 41 条 1 項）。

　☞　仮名加工情報を「作成するとき」は、仮名加工情報として取り扱うために、当該仮名加工情報を作成するときのことを指す（仮名・匿名 GL）。

　　　従って、例えば、安全管理措置の一環として個人情報に含まれる記述等の一部を削除（又は他の記述等に置き換え）した上で引き続き個人情報として取り扱う場合、あるいは匿名加工情報又は統計情報を作成するために個人情報を加工する場合等については、仮名加工情報を「作成するとき」には該当しない。

(2)　加工基準（規則 31 条各号）

　　施行規則 31 条各号に定める加工基準は、以下のとおりである。

　　1 号　個人情報に含まれる特定の個人を識別することができる記述等の全部又は一部を削除すること（当該全部又は一部の記述等を復元することのできる規則性を有しない方法により他の記述等に置き換えることを含む。）。

　　2 号　個人情報に含まれる個人識別符号の全部を削除すること（当該個人識別符号を復元することのできる規則性を有しない方法により他の記述等に置き換えることを含む。）。

　　3 号　個人情報に含まれる不正に利用されることにより財産的被害が生じるおそれがある記述等を削除すること（当該記述等を復元することのできる規則性を有しない方法により他の記述等に置き換えることを含む。）。

　①　特定の個人を識別することができる記述等の削除（1 号）

　　　個人情報に含まれる個人に関する記述等の全部又は一部を削除することには、「他の記述

等に置き換える」場合も含まれる。

　　個人情報に含まれる個人に関する記述等を他の記述等に置き換える場合は、元の記述等を復元できる規則性を有しない方法による必要がある。

［参考知識：加工の例］

　・会員 ID、氏名、年齢、性別、サービス利用履歴が含まれる個人情報を加工する場合に氏名を削除する。

　　☞　氏名の削除後、当該個人情報に含まれる他の記述等により、なお特定の個人を識別することができる場合には、当該記述等によって特定の個人を識別することができなくなるよう加工する必要がある（通則 GL）。

　・氏名、住所、生年月日が含まれる個人情報を加工する場合に次の 1）から 3）までの措置を講ずる。

　　1）氏名を削除する。

　　2）住所を削除する。又は、○○県△△市に置き換える。

　　3）生年月日を削除する。又は、日を削除し、生年月に置き換える。

---

②　個人識別符号の削除（2 号）

　　個人識別符号は、それ単体で特定の個人を識別できるため、加工対象となる個人情報が、個人識別符号を含む情報であるときは、当該個人識別符号の全部を削除又は他の記述等へ置き換えて、特定の個人を識別できないようにしなければならない。

　　個人識別符号を他の記述等に置き換える場合は、元の記述等を復元できる規則性を有しない方法による必要がある。

③　不正に利用されることにより財産的被害が生じるおそれのある記述等の削除（3 号）

　　仮名加工情報を作成するにあたっては、個人情報に含まれる不正に利用されることにより財産的被害が生じるおそれがある記述について削除又は他の記述等への置き換えを行わなければならない。

　　☞　不正に利用されることにより個人の財産的被害が生じるおそれが類型的に高い記述等については、それが漏えいした場合に個人の権利利益の侵害が生じる蓋然性が相対的に高いと考えられるからである。

　　不正に利用されることにより財産的被害が生じるおそれがある記述を他の記述等に置き換える場合は、元の記述等を復元できる規則性を有しない方法による必要がある。

2　削除情報等の安全管理措置（法41条2項）

> 法第41条（仮名加工情報の作成等）
>
> 2　個人情報取扱事業者は、仮名加工情報を作成したとき、又は仮名加工情報及び当該仮名加工情報に係る削除情報等（仮名加工情報の作成に用いられた個人情報から削除された記述等及び個人識別符号並びに前項の規定により行われた加工の方法に関する情報をいう。以下この条及び次条第3項において読み替えて準用する第7項において同じ。）を取得したときは、削除情報等の漏えいを防止するために必要なものとして個人情報保護委員会規則で定める基準に従い、削除情報等の安全管理のための措置を講じなければならない。

　個人情報取扱事業者は、仮名加工情報を作成したとき、又は仮名加工情報及び当該仮名加工情報に係る「削除情報等」を取得したときは、削除情報等の漏えいを防止するために必要なものとして施行規則32条で定める基準に従い、削除情報等の安全管理のための措置を講じなければならない（法41条2項）。

　「削除情報」とは、仮名加工情報の作成に用いられた個人情報から削除された記述等及び個人識別符号ならびに法41条の規定により行われた加工の方法に関する情報をいう。

☟　削除情報は、法41条1項の規定により行われた加工の方法に関する情報にあっては、「その情報を用いて仮名加工情報の作成に用いられた個人情報を復元することができるもの」に限る（規則32条1号）。

[参考知識：「その情報を用いて仮名加工情報の作成に用いられた個人情報を復元することができるもの」]
【該当する例】
・氏名等を仮IDに置き換えた場合における置き換えアルゴリズムに用いられる乱数等のパラメータ又は氏名と仮IDの対応表等のような加工の方法に関する情報
【該当しない例】
・「氏名を削除した」というような復元につながらない情報

図表43　安全管理措置の項目・具体例（仮名・匿名GL）

講じなければならない措置	具体例
①　削除情報等を取り扱う者の権限及び責任の明確化（規則32条1号）	削除情報等の安全管理措置を講ずるための組織体制の整備
②　削除情報等の取扱いに関する規程類の整備及び当該規程類に従った削除情報等の適切な取扱い 並びに削除情報等の取扱状況の評価及びその結果に基づき改善を図るために必要な措置の実施（規則32条2号）	削除情報等の取扱いに係る規程等の整備とこれに従った運用 従業者の教育 削除情報等の取扱状況を確認する手段の整備 削除情報等の取扱状況の把握、安全管理措置の評価、見直し及び改善

③　削除情報等を取り扱う正当な権限を有しない者による削除情報等の取扱いを防止するために必要かつ適切な措置の実施（規則32条3号）	削除情報等を取り扱う権限を有しない者による閲覧等の防止
	機器、電子媒体等の盗難等の防止
	電子媒体等を持ち運ぶ場合の漏えいの防止
	削除情報等の削除並びに機器、電子媒体等の廃棄
	削除情報等へのアクセス制御
	削除情報等へのアクセス者の識別と認証
	外部からの不正アクセス等の防止
	情報システムの使用に伴う削除情報等の漏えいの防止

第4節　仮名加工情報の取扱いに関する義務等

1　第三者提供の禁止等（法41条6項，42条1項・2項）

法第41条（仮名加工情報の作成等）

6　仮名加工情報取扱事業者は、第27条第1項及び第2項並びに第28条第1項の規定にかかわらず、法令に基づく場合を除くほか、仮名加工情報である個人データを第三者に提供してはならない。この場合において、第27条第5項中「前各項」とあるのは「第41条第6項」と、同項第3号中「、本人に通知し、又は本人が容易に知り得る状態に置いて」とあるのは「公表して」と、同条第6項中「、本人に通知し、又は本人が容易に知り得る状態に置かなければ」とあるのは「公表しなければ」と、第29条第1項ただし書中「第27条第1項各号又は第5項各号のいずれか（前条第1項の規定による個人データの提供にあっては、第27条第1項各号のいずれか）」とあり、及び第30条第1項ただし書中「第27条第1項各号又は第5項各号のいずれか」とあるのは「法令に基づく場合又は第27条第5項各号のいずれか」とする。

法第42条（仮名加工情報の第三者提供の制限等）

1　仮名加工情報取扱事業者は、法令に基づく場合を除くほか、仮名加工情報（個人情報であるものを除く。次項及び第3項において同じ。）を第三者に提供してはならない。

2　第27条第5項及び第6項の規定は、仮名加工情報の提供を受ける者について準用する。この場合において、同条第5項中「前各項」とあるのは「第42条第1項」と、同項第1号中「個人情報取扱事業者」とあるのは「仮名加工情報取扱事業者」と、同項第3号中「、本人に通知し、又は本人が容易に知り得る状態に置いて」とあるのは「公表して」と、同条第6項中「個人情報取扱事業者」とあるのは「仮名加工情報取扱事業者」と、「、本人に通知し、又は本人が容易に知り得る状態に置かなければ」とあるのは「公表しなければ」と読み替えるものとする。

(1)　概要

　　仮名加工情報取扱事業者は、原則として、仮名加工情報を第三者・外国にある第三者に提供してはならない（法41条6項，42条1項）。

(2)　適用除外

　　「法令に基づく場合」は、仮名加工情報を第三者提供できる（「法令に基づく場合」は、法41条6項及び法42条1項が適用されない）。

- ☞　「法令に基づく場合」の意味や例は、法18条3項1号の「法令に基づく場合」と同様である（「第7章 第4節 1　法令に基づく場合（1号）」を参照）
- ☞　法令に基づく場合における仮名加工情報である個人データの提供については、確認・記録義務は課されない（法41条6項により読み替えて適用される法29条1項但書及び30条1項但書）。

(3)　委託、事業の承継又は共同利用の場合

　　法27条5項1号から3号に該当する委託、事業の承継又は共同利用の場合は、仮名加工情報の提供先は「第三者」には該当しないから（法41条6項及び法42条2項により読み替えて適用・準用される法27条5項）、仮名加工情報取扱事業者は、委託先、事業譲渡先又は共同利用者に対し、仮名加工情報を提供することができる。

- ☞　「第三者」に該当しない趣旨や適用要件等については、法27条5項の場合と同様である（「第19章「第三者」に該当しない場合（法27条5項各号）」を参照）。
- ☞　「第三者」に該当しない場合における仮名加工情報である個人データの提供については、確認・記録義務は課されない（法41条6項により読み替えて適用される法29条1項但書及び30条1項但書）。

　　なお、委託により仮名加工情報を提供する場合は、提供主体（委託元）の仮名加工情報取扱事業者には、委託先に対する監督義務が課される（法25条及び法42条3項により読み替えて準用される法25条）。

　　また、提供主体（委託元）の仮名加工情報取扱事業者は、上述した委託先に対する監督義務、及び仮名加工情報である個人データの安全管理措置を講ずる義務（法23条及び法42条3項により準用される法23条）の履行の観点から、委託先が提供を受けた仮名加工情報を取り扱うにあたり、法41条又は法42条に違反する事態が生じることのないよう、委託先に対して、提供する情報が仮名加工情報である旨を明示しなければならない（通則GL）。

2　識別行為の禁止（法41条7項，42条3項）

> 法第41条（仮名加工情報の作成等）
> 7　仮名加工情報取扱事業者は、仮名加工情報を取り扱うに当たって、当該仮名加工情報の作成に用いられた個人情報に係る本人を識別するために、当該仮名加工情報を他の情報と照合してはならない。

　　仮名加工情報取扱事業者は、仮名加工情報を取り扱う場合には、当該仮名加工情報の作成の元となった個人情報の本人を識別する目的で、当該仮名加工情報を他の情報と照合してはならない（法41条7項、42条3項）。

[参考知識：本人を識別する行為]

【本人の識別行為にあたらない事例】

・複数の仮名加工情報を組み合わせて統計情報を作成する。

・仮名加工情報を個人と関係のない情報（例：気象情報、交通情報、金融商品等の取引高）とともに傾向を統計的に分析する。

【本人の識別行為にあたる例】

・保有する個人情報と仮名加工情報について、共通する記述等を選別してこれらを照合する。

・仮名加工情報を、当該仮名加工情報の作成の元となった個人情報と照合する。

3　本人への連絡等の禁止（法41条8項、42条3項）

法第41条（仮名加工情報の作成等）

8　仮名加工情報取扱事業者は、仮名加工情報を取り扱うに当たっては、電話をかけ、郵便若しくは民間事業者による信書の送達に関する法律（平成14年法律第99号）第2条第6項に規定する一般信書便事業者若しくは同条第9項に規定する特定信書便事業者による同条第2項に規定する信書便により送付し、電報を送達し、ファクシミリ装置若しくは電磁的方法（電子情報処理組織を使用する方法その他の情報通信の技術を利用する方法であって個人情報保護委員会規則で定めるものをいう。）を用いて送信し、又は住居を訪問するために、当該仮名加工情報に含まれる連絡先その他の情報を利用してはならない。

　仮名加工情報取扱事業者は、仮名加工情報を取り扱う場合には、電話をかけ、郵便もしくは信書便により送付し、電報を送達し、ファクシミリ装置もしくは電磁的方法を用いて送信し、又は住居を訪問するために、当該仮名加工情報に含まれる連絡先その他の情報を利用してはならない（法41条8項、42条3項）。

[参考知識：電磁的方法]

　「電磁的方法」とは、次の1号から3号までのいずれかの方法をいう（規則33条）。

　1号　電話番号を送受信のために用いて電磁的記録を相手方の使用に係る携帯して使用する通信端末機器に送信する方法（他人に委託して行う場合を含む。）

　　☞　いわゆるショートメールを送信する方法である。

　2号　電子メールを送信する方法（他人に委託して行う場合を含む。）

　3号　前号に定めるもののほか、その受信をする者を特定して情報を伝達するために用いられる電気通信を送信する方法（他人に委託して行う場合を含む。）

第5節　個人情報である仮名加工情報の取扱いに関する義務等

個人情報である仮名加工情報は、「個人情報」であるから、個人情報及び個人データに関する義務が適用される。

ただし、個人情報である仮名加工情報には、以下の特則が適用される（もっとも、その内容は、個人情報の利用目的による制限（法17条）、個人情報の利用目的の通知・公表（法18条）及び不要な個人データの消去（法22条後段）と実質的に同じである）。

- ・　利用目的による制限（法41条3項）
- ・　利用目的の公表（法41条4項）
- ・　利用する必要がなくなった場合の消去（法41条5項）

1　利用目的による制限（法41条3項）

> 法第41条（仮名加工情報の作成等）
>
> 3　仮名加工情報取扱事業者（個人情報取扱事業者である者に限る。以下この条において同じ。）は、第18条の規定にかかわらず、法令に基づく場合を除くほか、第17条第1項の規定により特定された利用目的の達成に必要な範囲を超えて、仮名加工情報（個人情報であるものに限る。以下この条において同じ。）を取り扱ってはならない。

(1)　作成元の個人情報の利用目的による制限

仮名加工情報取扱事業者は、原則として、法17条1項の規定により特定された個人情報の利用目的の達成に必要な範囲を超えて、個人情報である仮名加工情報を取り扱ってはならない（法41条3項）。

☞　個人情報取扱事業者が仮名加工情報を作成したときは、作成の元となった個人情報に関して法17条1項の規定により特定された利用目的が、当該仮名加工情報の利用目的として引き継がれる。

☞　法17条1項の規定により特定された利用目的の達成に必要な範囲を超えて、個人情報である仮名加工情報を取り扱う場合には、あらかじめ利用目的を変更する必要がある。

ここで、仮名加工情報については、利用目的の変更の制限に関する法17条2項の規定は適用されないため（法41条9項。次の「(3)　利用目的の変更と公表」を参照）、変更前の利用目的と関連性を有すると合理的に認められる範囲を超える利用目的の変更も認められる。そして、利用目的を変更した場合には、原則として変更後の利用目的を公表しなければならない（法41条4項）。

(2)　適用除外

個人情報である仮名加工情報を「法令に基づ」いて取り扱う場合は、法41条3項は適用されず、利用目的の制限は課されない（同項）。

☞　「法令に基づく場合」の意味や例は、法18条3項1号の「法令に基づく場合」と同様である（「第9章　第4節　1　法令に基づく場合（法18条3項各号）」を参照）

2　利用目的の公表（法41条4項）

法第41条（仮名加工情報の作成等）
4　仮名加工情報についての第21条の規定の適用については、同条第1項及び第3項中「、本人に通知し、又は公表し」とあるのは「公表し」と、同条第4項第1号から第3号までの規定中「本人に通知し、又は公表する」とあるのは「公表する」とする。

①　概要

　　個人情報である仮名加工情報を取得した場合には、原則として、あらかじめその利用目的を公表している場合を除き、速やかに、その利用目的を公表しなければならない（法41条4項により読み替えて適用される法21条1項）。

　　また、利用目的の変更を行った場合には、変更後の利用目的を公表しなければならない（法41条4項により読み替えて適用される法21条3項）。

②　取得した場合

[参考知識：個人情報である仮名加工情報を取得した場合の利用目的の公表は、匿名加工情報を作成する個人情報取扱事業者には適用されない]
　　法41条4項のうち、個人情報である仮名加工情報を取得した場合の利用目的の公表（法41条4項により準用される法21条1項）は、仮名加工情報を「作成」する個人情報取扱事業者には適用されない（仮名加工情報を作成する個人情報取扱事業者は、当該仮名加情報を「取得」するわけではないため）。

[参考知識：個人情報である仮名加工情報を取得した場合の利用目的の公表が適用される場合]
　　仮名加工情報を作成した個人情報取扱事業者が、当該仮名加工情報とともに当該仮名加工情報に係る削除情報等を、委託、事業承継又は共同利用に伴って他の事業者に提供した場合は、当該他の事業者にとって、当該仮名加工情報は、通常、当該削除情報等と「容易に照合でき、それにより特定の個人を識別することができることとなる情報」（法2条1項かっこ書）に該当するため、個人情報に該当する。

　　この場合には、当該他の事業者が個人情報である仮名加工情報の提供を受けて「取得した場合」に該当するから、法41条4項が適用され、当該他の事業者は、利用目的を公表しなければならない。

　　☞　仮名加工情報である個人データの第三者提供や個人情報ではない仮名加工情報の第三者提供は原則禁止されるが（法41条6項及び42条1項）、法令に基づく場合又は委託、事業承継もしくは共同利用による場合には、例外的に提供できる（法41条6項及び42条1項）。

③　適用除外

　　法21条4項1号から4号の事由（個人情報の利用目的の通知等の適用除外事由）に該当する場合は、個人情報である仮名加工情報の取得時及び個人情報である仮名加工情報の利用目的の変更時における利用目的の公表は不要である（法41条により準用される法21条4項）。

　　☞　法21条4項各号の事由については、「第11章　第5節　適用除外事由（法21条4項各号）」を参照

3　利用する必要がなくなった場合の消去（法41条5項）

> 法第41条（仮名加工情報の作成等）
> 5　仮名加工情報取扱事業者は、仮名加工情報である個人データ及び削除情報等を利用する必要がなくなったときは、当該個人データ及び削除情報等を遅滞なく消去するよう努めなければならない。この場合においては、第22条の規定は、適用しない。

　　仮名加工情報である個人データ及び削除情報等を利用する必要がなくなったときは、当該仮名加工情報である個人データ及び削除情報等を遅滞なく消去するよう努めなければならない（法41条5項）。

> [参考知識：利用する必要がなくなったとき]
> 【仮名加工情報である個人データを利用する必要がなくなったときの例】
> ・新商品の開発のため、仮名加工情報である個人データを保有していたところ、当該新商品の開発に関する事業が中止となり、当該事業の再開の見込みもない場合
> 【削除情報等について利用する必要がなくなったときの例】
> ・仮名加工情報についての取扱いを終了し、新たな仮名加工情報を作成する見込みもない場合

4　適用除外（法41条9項）

> 法第41条（仮名加工情報の作成等）
> 9　仮名加工情報、仮名加工情報である個人データ及び仮名加工情報である保有個人データについては、第17条第2項、第26条及び第32条から第39条までの規定は、適用しない。

　　個人情報である仮名加工情報、仮名加工情報である個人データ及び仮名加工情報である保有個人データの取扱いについては、以下の各規定が適用されない（法41条9項）。

【個人情報である仮名加工情報等に適用されない規定】

(1)　個人情報の利用目的の変更の制約（法17条2項）

(2)　個人データの漏えい等の報告等（法26条）

(3)　保有個人データの本人からの開示等の請求等（法32条～39条）

　法は、仮名加工情報について、第三者提供の禁止（法41条6項、42条1項）、識別行為の禁止（法41条7項、42条3項）及び本人への連絡等の禁止（法41条8項、42条3項）という規制により、仮名加工情報取扱事業者の内部に限定して、本人と紐づくことなく利用するように規制するという条件のもとで、仮名加工情報が個人情報に該当する場合であっても、上述した(1)～(3)の規定を適用しないことにして、個人情報よりも規制を緩やかにしている。

5　個人情報・個人データに関する義務の適用

　個人情報である仮名加工情報及び仮名加工情報である個人データの取扱いについては、1から3で述べた特則（利用目的による制限（法41条3項）、利用目的の公表（法41条4項）及び利用する必要がなくなった場合の消去（法41条5項）が適用され、4で述べた規定（(1) 個人情報の利用目的の変更の制約（法17条2項）、(2) 個人データの漏えい等の報告等（法26条）及び(3) 保有個人データの本人からの開示等の請求等（法32条～39条））が適用されないが、このほかの個人情報または個人データに関する法の規定は適用される。

【個人情報である仮名加工情報等に適用される規定】

(1)　不適正利用の禁止（法19条）

(2)　適正取得（法20条1項）

(3)　安全管理措置（法23条）

(4)　従業者の監督（法24条）

(5)　委託先の監督（法25条）

(6)　苦情処理（法40条）

第6節　個人情報でない仮名加工情報の取扱いに関する義務等

1　準用される規定

法第42条（仮名加工情報の第三者提供の制限等）

3　第23条から第25条まで、第40条並びに前条第7項及び第8項の規定は、仮名加工情報取扱事業者による仮名加工情報の取扱いについて準用する。この場合において、第23条中「漏えい、滅失又は毀損」とあるのは「漏えい」と、前条第7項中「ために、」とあるのは「ために、削除情報等を取得し、又は」と読み替えるものとする。

　個人情報でない仮名加工情報には、本来は個人情報（個人データ）に関する規律は適用されないが、その適正な取扱いを確保するために、法42条3項により、次の(1)から(4)までの規定が準用されている。

(1)　安全管理措置（法42条3項・23条）

　　仮名加工情報取扱事業者は、仮名加工情報の漏えいの防止その他の仮名加工情報の安全管理のために必要かつ適切な措置を講じなければならない。

(2)　従業者の監督（法42条3項・24条）

　　仮名加工情報取扱事業者が、従業者に仮名加工情報を取り扱わせるにあたっては、当該仮名加工情報の安全管理が図られるよう、当該従業者に対する必要かつ適切な監督を行わなければならない。

(3)　委託先の監督（法42条3項・25条）

　　仮名加工情報取扱事業者が、仮名加工情報の取扱いの全部又は一部を委託する場合は、その取扱いを委託された仮名加工情報の安全管理が図られるよう、委託を受けた者に対する必要かつ適切な監督を行わなければならない。

　　☞　仮名加工情報の取扱いの委託は、「第三者」への提供にあたらない（☞　前述した「第4節　1　(3)委託、事業の承継又は共同利用の場合」を参照）。

(4)　苦情処理（法42条3項・40条）

　　仮名加工情報取扱事業者は、仮名加工情報の取扱いに関する苦情の適切かつ迅速な処理に努めなければならない（努力義務）。

　　また、仮名加工情報取扱事業者は、苦情の適切かつ迅速な処理を行うにあたり、苦情処理窓口の設置や苦情処理の手順を定める等必要な体制の整備に努めなければならない（努力義務）。

第8編　匿名加工情報に関する義務等

第34章　匿名加工情報に関する義務等（法43条〜46条）

第1節　総論

匿名加工情報と匿名加工情報の規律（法2条6項、16条6項、43条から46条等）は、平成27年改正時に導入された規定である。

　☞　平成27年改正により、個人情報を特定の個人を識別できないように加工して当該個人情報を復元することができないようにしたものを「匿名加工情報」と位置づけ、「匿名加工情報」については個人情報の規制よりも緩やかな一定の条件のもとで利活用できる環境が整備された。

法43条から46条は、匿名加工情報を作成する個人情報取扱事業者が遵守する義務等のほか、匿名加工情報データベース等を事業の用に供している匿名加工情報取扱事業者が遵守する義務等を規定している。

個人情報保護委員会は、個人情報保護法が定める事業者の義務のうち、仮名加工情報及び匿名加工情報の取扱いに関する部分に特化して分かりやすく一体的に示す観点から、通則ガイドラインとは別に、「個人情報の保護に関する法律についてのガイドライン（仮名加工情報・匿名加工情報編）」（本書では「仮名・匿名ガイドライン」又は「仮名・匿名GL」と略称する。）を策定・公表している。

[参考知識：匿名加工情報の利活用例]

　法の定める加工基準を遵守して作成した匿名加工情報については、個人情報の規制よりも緩やかな一定の条件（法43条2項以下）のもとで利活用できる。そこで、以下の利活用例が考えられる。

① 乗降データの利用

　鉄道のICカード乗降データを匿名加工して、イベント時期多客時の旅客流動分析用データ（短期・長期）や、観光活性化施策検討用データ（長期）として提供する。

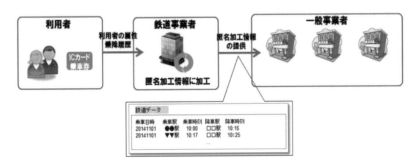

[出典：匿名加工情報作成マニュアル Ver1.0」（経産省）の図表24 より]

② 電力利用データの利用

　電力利用データ（契約者ID・氏名・電話番号、性別・生年・職業・住所・住居情報・家族情報、家電情報、電力利用履歴等）を匿名加工したデータを提供する。

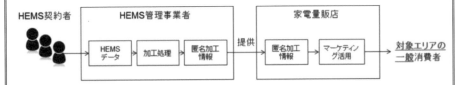

[出典：「匿名加工情報作成マニュアル Ver1.0」（経産省）の図表17 より]

③ クレジットカード情報の利用

　クレジットカード事業者が顧客に提供する Web 家計簿サービスにより取得する情報（①顧客属性データ、②カード利用明細データ、③加盟店 POS データ）を匿名加工した消費者動向（顧客属性を踏まえた嗜好やニーズ）を提供する。

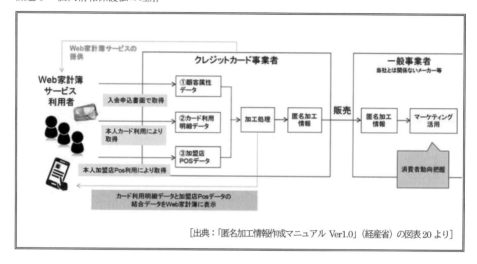

[出典：「匿名加工情報作成マニュアル Ver1.0」（経産省）の図表 20 より]

第2節　匿名加工情報と匿名加工情報取扱事業者

1　匿名加工情報（法2条6項）

> 法2条（定義）
>
> 6　この法律において「匿名加工情報」とは、次の各号に掲げる個人情報の区分に応じて当該各号に定める措置を講じて特定の個人を識別することができないように個人情報を加工して得られる個人に関する情報であって、当該個人情報を復元することができないようにしたものをいう。
>
> 一　（法2条）第1項第1号に該当する個人情報　当該個人情報に含まれる記述等の一部を削除すること（当該一部の記述等を復元することのできる規則性を有しない方法により他の記述等に置き換えることを含む。）。
>
> 二　（法2条）第1項第2号に該当する個人情報　当該個人情報に含まれる個人識別符号の全部を削除すること（当該個人識別符号を復元することのできる規則性を有しない方法により他の記述等に置き換えることを含む。）。

(1)　定義

　　「匿名加工情報」とは、以下のいずれかの措置を講じて、特定の個人を識別することができないように個人情報を加工して得られる個人に関する情報であって、当該個人情報を復元することができないようにしたものをいう。

　　1号　一般の個人情報の場合

　　　　当該個人情報に含まれる記述等の一部を削除すること（当該一部の記述等を復元することのできる規則性を有しない方法により他の記述等に置き換えることを含む。）

　　2号　個人識別符号を含む個人情報の場合

当該個人情報に含まれる個人識別符号の全部を削除すること（当該個人識別符号を復元することのできる規則性を有しない方法により他の記述等に置き換えることを含む。）

匿名加工情報と仮名加工情報は、前者が個人情報を復元することができないようにする程度の加工を要求しているのに対し、後者はそこまでの加工は要求していない点に違いがある。

なお、匿名加工情報を作成するときは、施行規則（規則34条）で定める基準に従って加工する必要がある（法43条1項）。法2条6項に定める「措置」を含む必要な措置は、当該規則で定めている（仮名・匿名GL）。

図表44　匿名加工情報のイメージ

① 一般の個人情報の場合

① 含まれる記述等の一部を削除（他の記述等に置き換えることを含む）

※ 復元できない

② 個人識別符号が含まれる個人情報の場合

② 含まれる個人識別符号の全部を削除（他の記述等に置き換えることを含む）

※ 復元できない

(2)　復元することのできる規則性を有しない方法

「復元することのできる規則性を有しない方法」とは、置き換えた記述から、置き換える前の特定の個人を識別することとなる記述等又は個人識別符号の内容を復元することができない方法である（仮名・匿名GL）。

(3)　特定の個人を識別することができない

> [参考知識：「特定の個人を識別することができない」の判断]
>
> 　「特定の個人を識別することができる」とは、情報単体又は複数の情報を組み合わせて保存されているものから社会通念上そのように判断できるものをいい、一般人の判断力又は理解力をもって生存する具体的な人物と情報の間に同一性を認めるに至ることができるかどうかによるものである（仮名・匿名 GL）。
>
> 　従って、匿名加工情報に求められる「特定の個人を識別することができない」という要件は、あらゆる手法によって特定することができないよう技術的側面から全ての可能性を排除することまでを求めるものではなく、少なくとも、一般人及び一般的な事業者の能力、手法等を基準として当該情報を個人情報取扱事業者又は匿名加工情報取扱事業者が通常の方法により特定できないような状態にすることを求めるものである（同）。

(4)　個人に関する情報

> [参考知識：統計情報・統計データの扱い]
>
> 　「統計情報」（複数人の情報から共通要素に係る項目を抽出して同じ分類ごとに集計して得られる情報）は、個人情報から作成されたものでも、個人との対応関係が排斥されている限りにおいて「個人に関する情報」に該当せず、匿名加工情報、仮名加工情報又は個人情報には該当しない。
>
> 　☞　個人情報を統計データに加工することも利用目的（法17条1項）とする必要はない（Q&A）。

(5)　当該個人情報を復元することができないようにしたもの

　　「当該個人情報を復元することができないようにしたもの」とは、通常の方法では、匿名加工情報から匿名加工情報の作成の元となった個人情報に含まれていた特定の個人を識別することとなる記述等又は個人識別符号の内容を特定すること等により、匿名加工情報を個人情報に戻すことができない状態にすることをいう（仮名・匿名 GL）。

　　これに対し、「仮名加工情報」の場合は、「当該個人情報を復元することができないように」することまでは求められていない。これに対応して、仮名加工情報の取扱いに関する規律は、匿名加工情報の取扱いに関する規律よりも厳格である。

図表45　仮名加工情報と匿名加工情報の比較

	仮名加工情報	匿名加工情報
定義	他の情報と照合しない限り特定の個人を識別することができないように個人情報を加工して得られる個人に関する情報	特定の個人を識別することができないように個人情報を加工して得られる個人に関する情報であって、当該個人情報を復元することができないようにしたもの

特定の個人を識別することができる記述等の全部又は一部の削除	特定の個人を識別することができる記述等の全部又は一部の削除
個人識別符号の全部の削除	個人識別符号の全部の削除
−	個人情報と当該個人情報に措置を講じて得られる情報を連結する符号（現に個人情報取扱事業者において取り扱う情報を相互に連結する符号に限る。）を削除
−	特異な記述等の削除
−	上記各措置のほか、個人情報に含まれる記述等と当該個人情報を含む個人情報データベース等を構成する他の個人情報に含まれる記述等との差異その他の当該個人情報データベース等の性質を勘案し、その結果を踏まえて適切な措置を講ずる
不正に利用されることにより財産的被害が生じるおそれのある記述等の削除	−

（左端に縦書きで「加工基準」）

図表46　仮名加工情報と匿名加工情報の主な規律の比較

	仮名加工情報	匿名加工情報
加工に関する規律	規則31条に定める加工基準に従った加工	規則34条に定める加工基準に従った加工
安全管理に関する規律	削除情報等の安全管理措置 仮名加工情報の安全管理措置	加工方法等情報の安全管理措置 匿名加工情報の安全管理措置（努力義務）
作成時の公表に関する規律	利用目的の公表 ※ 利用目的を変更した場合には、変更後の利用目的について公表義務あり	匿名加工情報に含まれる個人に関する情報の項目の公表
提供に関する規律	第三者提供の原則禁止 ※ 法令に基づく場合又は委託、事業承継若しくは共同利用による例外あり	本人同意なく第三者提供可能 提供時に、匿名加工情報に含まれる個人に関する情報の項目及びその提供の方法の公表、並びに匿名加工情報である旨の提供先に対する明示
利用に関する規律	識別行為の禁止 本人への連絡等の禁止 利用目的による制限 ※ 利用目的の変更は可能 　利用目的達成時の消去（努力義務） 　苦情処理（努力義務）	識別行為の禁止 苦情処理（努力義務）

(6)　安全管理措置の一環としての加工

［参考知識：匿名加工情報の作成に該当しない場合］

　法43条の各義務は、「匿名加工情報を作成するとき」、すなわち、匿名加工情報として取り扱うために、個人情報を加工して匿名加工情報を作成するときに適用される。

　従って、例えば、安全管理措置の一環として、個人情報に含まれる記述等の一部を削除（又は他の記述等に置き換え）し、あるいは分割して保存・管理する等の加工をして、引き続き個人情報として取り扱う場合は、「匿名加工情報」を作成するときには該当せず、法43条の各義務は適用されない（仮名・匿名GL）。

　この場合は、個人情報を加工するときに加工基準（法43条1項）に従う必要もないし、加工の方法等に関する安全管理措置を講ずる義務（同条2項）も負わず、個人情報を加工しても公表義務（同条3項）はない。

　また、当該情報を第三者に提供する場合の公表義務や第三者への明示義務（同条4項）も適用されない。

　ただし、加工した情報を個人情報として取り扱うことが前提であるから、個人情報に関する規制に従うことに注意が必要である。

2　匿名加工情報取扱事業者（法16条6項）

法第16条（定義）

6　この章、第6章及び第7章において「匿名加工情報取扱事業者」とは、匿名加工情報を含む情報の集合物であって、特定の匿名加工情報を電子計算機を用いて検索することができるように体系的に構成したものその他特定の匿名加工情報を容易に検索することができるように体系的に構成したものとして政令で定めるもの（第43条第1項において「匿名加工情報データベース等」という。）を事業の用に供している者をいう。ただし、第2項各号に掲げる者を除く。

　「匿名加工情報取扱事業者」とは、匿名加工情報データベース等を事業の用に供している者をいう（法16条6項）。

　☞　「事業の用に供している」の意味や例は、個人情報取扱事業者の定義における「事業の用に供している」と同じである（「第3章　第13節　2　事業の用に供している」を参照）

　「匿名加工情報データベース等」とは、匿名加工情報を含む情報の集合物であって、特定の匿名加工情報を電子計算機（コンピュータ）を用いて検索することができるように体系的に構成したものその他特定の匿名加工情報を容易に検索することができるように体系的に構成したものとして政令で定めるものである（法16条6項）。

　☞　「電子計算機を用いて検索することができるように体系的に構成したものその他特定の匿名加工情報を容易に検索することができるように体系的に構成したものとして政令で定めるもの」の意味等は、個人情報データベース等の定義におけるそれと同様である（第3章　第12節　個人情報データベース等（法16条1項）」を参照）

3　匿名加工情報の取扱いに係る義務の類型

　匿名加工情報の取扱いに係る規律は、個人データの取扱いに係る規律よりも緩やかであり、利用目的による制限や第三者提供の制限の規定はなく、法43条から46条において、主に匿名加工情報から本人が識別されることのないようにするための規律が定められている。

　匿名加工情報（匿名加工情報データベース等を構成するものに限る）の取扱いに関して法43条から46条が規定する匿名加工情報取扱事業者等の義務は、次のように分類できる。

　　①　匿名加工情報を作成する個人情報取扱事業者が遵守する義務等（法43条1項〜6項）
　　②　匿名加工情報取扱事業者が遵守する義務等（法44条から46条）

　☞　以下の本章の解説では、「匿名加工情報」という場合は、匿名加工情報データベース等を構成するものであることを前提とする。

第3節　匿名加工情報を作成する個人情報取扱事業者が遵守する義務等（法43条）

　匿名加工情報を作成する個人情報取扱事業者は、匿名加工情報の作成・取扱いに関し、以下各項の義務を遵守しなければならない（法43条）。

　1項　匿名加工情報の適正な加工
　2項　匿名加工情報等の安全管理措置等
　3項　匿名加工情報の作成時の公表
　4項　匿名加工情報の第三者提供
　5項　識別行為の禁止
　6項　匿名加工情報等の安全管理措置等

図表 47 　個人情報取扱事業者が自ら匿名加工情報を作成する場合の義務のまとめ

個人情報取扱事業者

① 匿名加工情報適正な加工（法43①）

個 人 情 報		匿名加工情報
氏名 住所 生年月日 収入	**加工** → ← **復元**	住所(市町村まで) 生年月 収入

② 匿名加工情報等の安全管理措置等（法43②）
③ 作成時の個人に関する情報の項目の公表（法43③）

④ 識別行為の禁止（法43⑤）
・識別目的で、匿名加工情報を他の情報と照合してはならない

⑤ 匿名加工情報等の安全管理措置等（法43⑥）

提供

本人の同意

第三者

（第三者提供する場合）
⑥ 提供する匿名加工情報に含まれる項目と提供の方法の公表（法43④）
⑦ 匿名加工情報である旨の第三者への明示（同）

1　匿名加工情報の適正な加工（法 43 条 1 項）

> [法第 43 条（匿名加工情報の作成等）]
> 1　個人情報取扱事業者は、匿名加工情報（匿名加工情報データベース等を構成するものに限る。以下この章及び第 6 章において同じ。）を作成するときは、特定の個人を識別すること及びその作成に用いる個人情報を復元することができないようにするために必要なものとして個人情報保護委員会規則で定める基準に従い、当該個人情報を加工しなければならない。

(1)　概要

　匿名加工情報を作成するときは、特定の個人を識別すること及びその作成に用いる個人情報を復元することができないようにするために必要なものとして施行規則（規則 34 条）で定める基準に従い、当該個人情報を加工しなければならない（法 43 条 1 項）。

(2)　加工基準（規則 34 条各号）

　施行規則 34 条各号に定める加工基準は、以下のとおりである。

図表 48　施行規則 34 条に定める加工基準と例

加工基準と例	
1号	個人情報に含まれる特定の個人を識別することができる記述等の全部又は一部を削除すること（当該全部又は一部の記述等を復元することのできる規則性を有しない方法により他の記述等に置き換えることを含む。）
例	・氏名、住所、生年月日が含まれる個人情報 氏名を削除する 住所を削除する（又は○○県△△市に置き換える） 生年月日を削除する（又は生年月に置き換える） ・会員 ID、氏名、住所、電話番号が含まれる個人情報 会員 ID、氏名、電話番号を削除する 住所を削除する（又は○○県△△市に置き換える）
2号	個人情報に含まれる個人識別符号の全部を削除すること（当該個人識別符号を復元することのできる規則性を有しない方法により他の記述等に置き換えることを含む。）
3号	個人情報と当該個人情報に措置を講じて得られる情報とを連結する符号（現に個人情報取扱事業者において取り扱う情報を相互に連結する符号に限る。）を削除すること（当該符号を復元することのできる規則性を有しない方法により当該個人情報と当該個人情報に措置を講じて得られる情報を連結することができない符号に置き換えることを含む。）
例	・サービス会員の情報について、氏名等の基本的な情報と購買履歴（単体では特定の個人を識別できない）を分散管理し、それらを管理用 ID で連結している場合に、管理用 ID を削除する ・委託先へ個人情報の一部（単体では特定の個人を識別できない）を提供する際に管理用 ID を付して元の個人情報と提供用に作成した情報を連結している場合に、管理用 ID を不可逆的に変換して生成した仮 ID に置き換える
4号	特異な記述等を削除すること（当該特異な記述等を復元することのできる規則性を有しない方法により他の記述等に置き換えることを含む。）
例	・症例数の極めて少ない病歴を削除する ・年齢が「116 歳」という情報を「90 歳以上」に置き換える（トップコーティング） ・非常に高額な商品や稀少な商品を購入した場合の購入履歴を削除する

5号	前各号に掲げる措置のほか、個人情報に含まれる記述等と当該個人情報を含む個人情報データベース等を構成する他の個人情報に含まれる記述等との差異その他の当該個人情報データベース等の性質を勘案し、その結果を踏まえて適切な措置を講ずること
例	・移動履歴を含む個人情報データベース等を加工する場合に、自宅や職場などの所在が推定できる位置情報が含まれており、特定の個人の識別又は元の個人情報の復元につながるおそれがある場合に、推定につながり得る所定範囲の位置情報を削除する（項目削除／レコード削除／セル削除） ・ある小売店の購買履歴を含む個人情報データベース等を加工する場合に、当該小売店での購入者が極めて限定されている商品の購買履歴が含まれている場合に、具体的な商品情報（品番・色）を一般的な商品カテゴリーに置き換える（一般化） ・小学校の身体検査の情報を含む個人情報データベース等を加工する場合に、ある児童の身長が 170cm という他の児童と比べて差異が大きい情報がある場合に、身長が 150cm 以上の情報を「150cm 以上」という情報に置き換える（トップコーティング）

2　加工方法等情報の安全管理措置（法 43 条 2 項）

法第 43 条（匿名加工情報の作成等）
2　個人情報取扱事業者は、匿名加工情報を作成したときは、その作成に用いた個人情報から削除した記述等及び個人識別符号並びに前項の規定により行った加工の方法に関する情報の漏えいを防止するために必要なものとして個人情報保護委員会規則で定める基準に従い、これらの情報の安全管理のための措置を講じなければならない。

(1)　概要

　匿名加工情報を作成したときは、加工方法等情報の漏えいを防止するために、施行規則（規則 35 条）で定める基準に従い、必要な措置を講じなければならない（法 43 条 2 項）。

　「加工方法等情報」とは、匿名加工情報の作成に用いた個人情報から削除した記述等及び個人識別符号ならびに法 43 条 1 項の規定により行った加工の方法（加工基準）に関する情報である（規則 35 条 1 項 1 号）。

(2)　施行規則 35 条が定める安全管理措置の基準

[参考知識：施行規則 35 条で定める安全管理措置と例]

　安全管理措置の内容は、対象となる加工方法等情報が漏えいした場合における復元リスクの大きさを考慮し、当該加工方法等情報の量、性質等に応じた内容としなければならない。具体的に講じなければならない項目及び具体例は、下表を参照（仮名・匿名 GL 別表 3）。

	規則 35 条が定める基準（項目）	具体例
1号	加工方法等情報を取り扱う者の権限及び責任の明確化	加工方法等情報の安全管理措置を講ずるための組織体制の整備
2号	加工方法等情報の取扱いに関する規程類の整備 及び当該規程類に従った加工方法等情報の適切な取扱い 並びに加工方法等情報の取扱状況の評価及びその結果に基づき改善を図るために必要な措置の実施	加工方法等情報の取扱いに係る規程等の整備とこれに従った運用 従業者の教育 加工方法等情報の取扱状況を確認する手段の整備 加工方法等情報の取扱状況の把握、安全管理措置の評価、見直し及び改善
3号	加工方法等情報を取り扱う正当な権限を有しない者による加工方法等情報の取扱いを防止するために必要かつ適切な措置の実施	加工方法等情報を取り扱う権限を有しない者による閲覧等の防止 機器、電子媒体等の盗難等の防止 電子媒体等を持ち運ぶ場合の漏えいの防止 加工方法等情報の削除並びに機器、電子媒体等の廃棄 加工方法等情報へのアクセス制御 加工方法等情報へのアクセス者の識別と認証 外部からの不正アクセス等の防止 情報システムの使用に伴う加工方法等情報の漏えいの防止

3　匿名加工情報の作成時の公表（法 43 条 3 項）

法第 43 条（匿名加工情報の作成等）

3　個人情報取扱事業者は、匿名加工情報を作成したときは、個人情報保護委員会規則で定めるところにより、当該匿名加工情報に含まれる個人に関する情報の項目を公表しなければならない。

(1)　概要・趣旨

　匿名加工情報を作成したときは、施行規則（規則 36 条）で定めるところにより、当該匿名加工情報に含まれる個人に関する情報の項目を公表しなければならない（法 43 条 3 項）。

> ［参考知識：施行規則 36 条で定める公表の方法］
> 　施行規則 36 条で定める公表の方法は、以下のとおりである。
> 　1項　公表は、匿名加工情報を作成した後、遅滞なく、インターネットの利用その他の適切な方法により行うものとする。
> 　2項　委託先が委託元の委託を受けて匿名加工情報を作成した場合は、委託元が当該匿名加工情報に含まれる個人に関する情報の項目を 1 項に規定する方法により公表するものとする。この場合においては、当該公表をもって委託先も当該項目を公表したものとみなす。

(2)　匿名加工情報を作成したとき

　「匿名加工情報を作成したとき」とは、匿名加工情報として取り扱うために個人情報を加工する作業が完了した場合を意味する（仮名・匿名 GL）。

> ［参考知識：匿名加工情報の作成が未完了の場合］
> 　匿名加工情報を作成するために個人情報の加工をする作業を行っている途上で作業が完了していない場合には、加工が不十分であること等から匿名加工情報として取り扱うことが適切ではない可能性もあるため「匿名加工情報を作成したとき」とは位置付けられない（仮名・匿名 GL）。
> 　このような加工が不十分な情報は、特定の個人を識別することができる（又は元の個人情報が復元できる状態にある可能性がある）から、原則として個人情報として取り扱うことが妥当である（Q&A）。

(3)　公表事項：個人に関する情報の項目

> ［参考知識：公表する「個人に関する情報の項目」］
> 【当該匿名加工情報に含まれる個人に関する情報の項目の例】
> 　・「氏名・性別・生年月日・購買履歴」のうち、氏名の削除、生年月日の一般化、購買履歴から特異値等を削除する加工をして「性別、生年、購買履歴」に関する匿名加工情報として作成した場合の公表項目は、「性別」「生年」「購買履歴」。

(4)　公表

　「公表」の意味は、利用目的の通知・公表における「公表」と同様である（「第 11 章 第 2 節　2　(1) 公表」を参照）。

4　匿名加工情報の第三者提供（法43条4項）

法第43条（匿名加工情報の作成等）

4　個人情報取扱事業者は、匿名加工情報を作成して当該匿名加工情報を第三者に提供するときは、個人情報保護委員会規則で定めるところにより、あらかじめ、第三者に提供される匿名加工情報に含まれる個人に関する情報の項目及びその提供の方法について公表するとともに、当該第三者に対して、当該提供に係る情報が匿名加工情報である旨を明示しなければならない。

---

(1)　概要

　匿名加工情報を作成した個人情報取扱事業者が、当該匿名加工情報を第三者に提供するときは、施行規則（規則37条）で定めるところにより、以下の措置をとらなければならない（法43条4項）。

　　①　あらかじめ、第三者に提供される匿名加工情報に含まれる個人に関する情報の項目及びその提供の方法について公表する。

　　②　当該第三者に対して、当該提供に係る情報が匿名加工情報である旨を明示する。

(2)　提供

　「提供」の意味は、法27条（第三者提供の制限）における「提供」と同じである（第17章第1節 3　提供」を参照）。

　☞　匿名加工情報をインターネット等で公開する行為についても不特定多数への第三者提供にあたり、法43条4項が適用される（仮名・匿名GL）。

(3)　あらかじめ公表

　「公表」の意味は、利用目的の通知・公表における「公表」と同様である（「第13章 第2節 2 (1) 公表」を参照）。

　☞　「公表」の方法については、施行規則37条1項が、「インターネットの利用その他の適切な方法により行うものとする」と定めている。

　　①　公表事項：提供される匿名加工情報に含まれる情報の項目

［参考知識：提供される匿名加工情報に含まれる情報の項目の例］

　・「氏名・性別・生年月日・購買履歴」のうち、氏名の削除、生年月日の一般化、購買履歴から特異値等を削除する加工をして「性別、生年、購買履歴」に関する匿名加工情報を作成して、第三者提供する場合の公表項目は、「性別」「生年」「購買履歴」である。

---

② 公表事項：匿名加工情報の提供方法

> [参考知識：匿名加工情報の提供方法の例]
> ・ハードコピーを郵送する。
> ・第三者が匿名加工情報を利用できるようサーバにアップロードする。

(4) 第三者への明示

「明示」とは、第三者に対し、提供する情報が匿名加工情報であることを明確に示すことをいう（仮名・匿名 GL）。

> ☞ 施行規則 37 条 2 項は、「明示」の方法について、「電子メールを送信する方法又は書面を交付する方法その他の適切な方法により行うものとする」と定めている。

5　識別行為の禁止（法 43 条 5 項）

> 法第 43 条（匿名加工情報の作成等）
> 5　個人情報取扱事業者は、匿名加工情報を作成して自ら当該匿名加工情報を取り扱うに当たっては、当該匿名加工情報の作成に用いられた個人情報に係る本人を識別するために、当該匿名加工情報を他の情報と照合してはならない。

(1) 概要

匿名加工情報を作成した個人情報取扱事業者は、自ら作成した匿名加工情報を取り扱うにあたっては、当該匿名加工情報の作成に用いられた個人情報にかかる本人を識別するために、当該匿名加工情報を他の情報と照合してはならない（法 43 条 5 項）。

> [参考知識：識別行為]
> 【識別行為に該当する例】
> ・保有する個人情報と匿名加工情報について、共通する記述等を選別して照合する。
> ・自ら作成した匿名加工情報を、当該匿名加工情報の作成の元となった個人情報と照合する。
> 【識別行為に該当しない例】
> ・複数の匿名加工情報を組み合わせて統計情報を作成する。
> ・匿名加工情報を個人と関係のない情報（気象情報、交通情報、金融商品の取引高等）と照合して傾向を統計的に分析する。

(2) 本人を識別するために（本人を識別する目的）

本人を識別する目的のために他の情報と照合するのではなく、個人情報として利用目的の範囲内で取り扱う場合に（本人を識別する目的がなく）、匿名加工情報を他の情報と照合しても、法 43 条 5 項違反にはならない（仮名・匿名 GL 同旨）。

(3)　他の情報と照合

　匿名加工情報との照合を禁じられる「他の情報」に限定はなく、本人を識別する目的をもって行う行為であれば、個人情報、個人関連情報、仮名加工情報及び匿名加工情報を含む情報全般と照合する行為が禁止される（仮名・匿名 GL）。

　「照合」は、具体的にどのような技術又は手法を用いて照合するかは問わず（同）、実際に識別できるか否かを問わず、照合行為自体が義務違反となる。

6　匿名加工情報の安全管理措置等（法43条6項）

法第43条（匿名加工情報の作成等）

6　個人情報取扱事業者は、匿名加工情報を作成したときは、当該匿名加工情報の安全管理のために必要かつ適切な措置、当該匿名加工情報の作成その他の取扱いに関する苦情の処理その他の当該匿名加工情報の適正な取扱いを確保するために必要な措置を自ら講じ、かつ、当該措置の内容を公表するよう努めなければならない。

　匿名加工情報を作成した個人情報取扱事業者は、当該匿名加工情報の適正な取扱いを確保するため、安全管理措置、苦情の処理などの措置を自主的に講じて、その内容を公表するよう努めなければならない（努力義務。法43条6項）。

第4節　匿名加工情報取扱事業者が遵守する義務等（法44条～46条）

　他者が作成した匿名加工情報を含む匿名加工情報データベース等を事業の用に供している匿名加工情報取扱事業者が遵守する義務等は、法44条から46条に規定されている。

【匿名加工情報取扱事業者が遵守する義務等】
1　匿名加工情報の第三者提供（法44条）
2　識別行為の禁止（法45条）
3　匿名加工情報等の安全管理措置等（法46条）

図表 49　匿名加工情報取扱事業者の義務の関係

個人情報取扱事業者

① 匿名加工情報適正な加工 （法43①）

個 人 情 報		匿名加工情報
氏名 住所 生年月日 収入	加工 → ← 復元	住所（市町村まで） 生年月 収入

提供

本人 ✕ 同意

第三者

② 匿名加工情報等の安全管理措置等 （法43②）

③ 作成時の個人に関する情報の項目の公表 （法43③）

④ 識別行為の禁止 （法43⑤）
・識別目的で、匿名加工情報を他の情報と照合してはならない

⑤ 匿名加工情報等の安全管理措置等 （法43⑥）

（第三者提供する場合）
⑥ 提供する匿名加工情報に含まれる項目と提供の方法の公表 （法43④）
⑦ 匿名加工情報である旨の第三者への明示 （同）

1　匿名加工情報の第三者提供 （法 44 条）

法第44条（匿名加工情報の提供）

　匿名加工情報取扱事業者は、匿名加工情報（自ら個人情報を加工して作成したものを除く。以下この節について同じ。）を第三者に提供するときは、個人情報保護委員会規則で定めるところにより、あらかじめ、第三者に提供される匿名加工情報に含まれる個人に関する情報の項目及びその提供の方法について公表するとともに、当該第三者に対して、当該提供に係る情報が匿名加工情報である旨を明示しなければならない。

　匿名加工情報を第三者に提供する場合の、匿名加工情報に含まれる個人に関する情報の項目及びその提供の方法についての公表と、当該第三者に対する当該提供に係る情報が匿名加工情報である旨の明示の内容は、匿名加工情報を作成する個人情報取扱事業者による匿名加工情報の第三者提供の場合（法43条4項）と同じである（「第3節　4　匿名加工情報の第三者提供（法43条4項）」を参照）。

2　識別行為の禁止（法45条）

法第45条（識別行為の禁止）

　匿名加工情報取扱事業者は、匿名加工情報を取り扱うに当たっては、当該匿名加工情報の作成に用いられた個人情報に係る本人を識別するために、当該個人情報から削除された記述等若しくは個人識別符号若しくは第43条第1項若しくは第116条第1項（同条第2項において準用する場合を含む。）の規定により行われた加工の方法に関する情報を取得し、又は当該匿名加工情報を他の情報と照合してはならない。

　匿名加工情報取扱事業者が他者の作成した匿名加工情報を取り扱うにあたっては、当該匿名加工情報の作成の元となった個人情報の本人を識別する目的で、以下の行為を行ってはならない（法45条）。

(1)　加工方法等情報の取得禁止

　匿名加工情報取扱事業者が他者から受領した匿名加工情報又は行政機関等匿名加工情報の加工方法等情報を取得することは禁止されている（法45条）。

　☞　「行政機関等匿名加工情報」は、法60条3項に定めるものである。

(2)　識別行為の禁止

　匿名加工情報を、本人を識別するために他の情報と照合することの意味は、匿名加工情報を作成した個人情報取扱事業者の識別行為の禁止（法43条5項）と同様である。

3　匿名加工情報の安全管理措置等（法46条）

法第46条（安全管理措置等）

　匿名加工情報取扱事業者は、匿名加工情報の安全管理のために必要かつ適切な措置、匿名加工情報の取扱いに関する苦情の処理その他の匿名加工情報の適正な取扱いを確保するために必要な措置を自ら講じ、かつ、当該措置の内容を公表するよう努めなければならない。

　☞　匿名加工情報を作成する個人情報取扱事業者が講ずべき安全管理措置等（法43条2項）と同じである。

第9編　実効性を担保する仕組み等

第35章　総論

> [参考知識：法の実効性を確保する仕組み]
>
> 　個人情報保護法（法）は、公的部門（行政機関、独立行政法人等、地方公共団体の機関及び地方独立行政法人）及び民間部門（個人情報取扱事業者、仮名加工情報取扱事業者、匿名加工情報取扱事業者、個人関連情報取扱事業者及び学術研究機関等）といった個人情報等を取り扱う各主体を対象として、個人情報等の取扱いに関するルールを定めている。
>
> 　これらのルールの実効性を確保するために、法は、個人情報等を取り扱う各主体を広く対象として、個人情報等の取扱いに関して共通する必要最小限のルールを定めるとともに、各主体において、それぞれの政策、事務及び事業の分野や地域の実情に応じて、自律的に個人情報等の適正な取扱いが確保されることを期待している。法は、国及び地方公共団体が各主体による取組への支援や苦情処理のための措置を講ずべきことを定めるとともに、個人情報保護委員会が、各主体における個人情報等の取扱いについて監視・監督する権限と責任を有する仕組みを採っている。

図表50　実効性を確保する仕組み

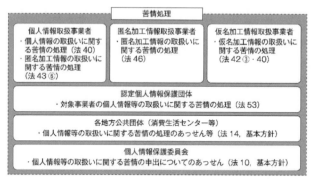

第36章　個人情報の取扱いに関する苦情処理（法40条）

第1節　総論

　個人情報等（個人情報、仮名加工情報又は匿名加工情報）の利用・提供あるいは開示・不開示等に関する本人の不平や不満は、訴訟等によるのではなく、事案の性質により、迅速性・経済性等の観点から、苦情処理の制度によって解決することが適当なものが多いと考えられる。そこで、個人情報保護法は、苦情処理による個人の権利利益の保護の実効性を確保するため、各主体自らの取組により苦情を解決することを基本としつつ、認定個人情報保護団体、地方公共団体等が苦情の処理に関わる複層的な仕組みを採っている（基本方針）。

図表51　個人情報の取扱いに関する複層的な苦情処理システム

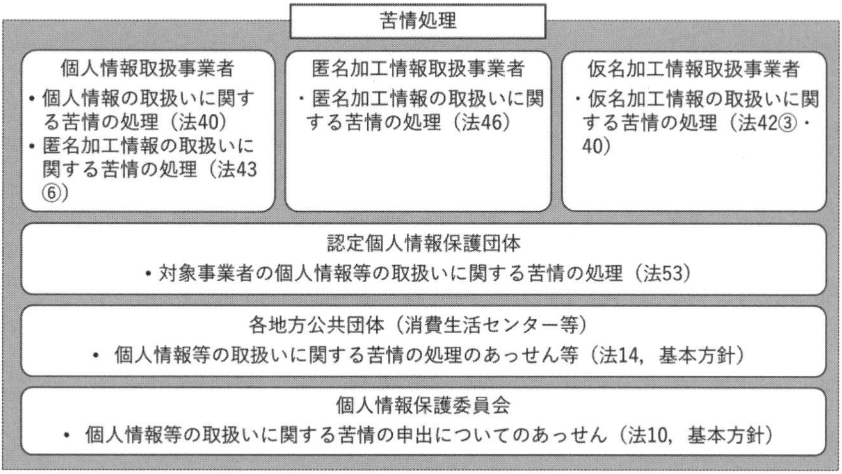

第2節　個人情報取扱事業者による苦情処理

法第40条（個人情報取扱事業者による苦情の処理）
1　個人情報取扱事業者は、個人情報の取扱いに関する苦情の適切かつ迅速な処理に努めなければならない。
2　個人情報取扱事業者は、前項の目的を達成するために必要な体制の整備に努めなければならない。

1　苦情処理の努力義務等（法40条）

　個人情報取扱事業者は、個人情報の取扱いに関する苦情の適切かつ迅速な処理に努めなければならない（法40条1項）。

また、苦情の適切かつ迅速な処理を行うにあたり、苦情処理窓口の設置や苦情処理の手順を定める等必要な体制の整備に努めなければならない（法40条2項）。

2　関連する義務

(1)　苦情の申出先の公表（法32条1項4号）

個人情報取扱事業者は、保有個人データの取扱いに関する苦情の申出先（個人情報取扱事業者が認定個人情報保護団体の対象事業者である場合は、その団体の名称及び苦情解決の申出先を含む。）について、本人の知り得る状態（本人の求めに応じて遅滞なく回答する場合を含む。）に置かなければならない（法32条1項4号、令10条2号・3号）。

(2)　匿名加工情報の取扱いに関する苦情の処理（法43条6項）

匿名加工情報を取り扱う個人情報取扱事業者は、匿名加工情報の取扱いに関する苦情の処理等の努力義務を負う（法43条6項）。

第3節　その他の苦情処理方法

1　認定個人情報保護団体と苦情処理（法53条）

法第53条（苦情の処理）

1　認定個人情報保護団体は、本人その他の関係者から対象事業者の個人情報等の取扱いに関する苦情について解決の申出があったときは、その相談に応じ、申出人に必要な助言をし、その苦情に係る事情を調査するとともに、当該対象事業者に対し、その苦情の内容を通知してその迅速な解決を求めなければならない。

2　認定個人情報保護団体は、前項の申出に係る苦情の解決について必要があると認めるときは、当該対象事業者に対し、文書若しくは口頭による説明を求め、又は資料の提出を求めることができる。

3　対象事業者は、認定個人情報保護団体から前項の規定による求めがあったときは、正当な理由がないのに、これを拒んではならない。

認定個人情報保護団体は、本人その他の関係者から対象事業者の個人情報等の取扱いに関する苦情について解決の申出があったときは、その申出に係る苦情の解決について必要があると認めるときは、当該対象事業者に対し、文書もしくは口頭による説明を求め、又は資料の提出を求めることができる（法53条2項）。

対象事業者は、認定個人情報保護団体から説明・資料提出の求めがあったときは、正当な理由がないのに、これを拒んではならない（同条3項）。

2　地方公共団体と苦情処理（法14条）

> 法第14条（苦情の処理のあっせん等）
>
> 　地方公共団体は、個人情報の取扱いに関し事業者と本人との間に生じた苦情が適切かつ迅速に処理されるようにするため、苦情の処理のあっせんその他必要な措置を講ずるよう努めなければならない。

　地方公共団体は、消費者のための苦情相談窓口として、消費生活センター等を設けている。

3　国と苦情処理（法10条）

> 法第10条（苦情処理のための措置）
>
> 　国は、個人情報の取扱いに関し事業者と本人との間に生じた苦情の適切かつ迅速な処理を図るために必要な措置を講ずるものとする。

第37章　個人情報保護委員会による監視・監督

第1節　総説

　「個人情報保護委員会」は、個人情報の有用性に配慮しつつ、個人の権利利益を保護するため、個人情報の適正な取扱いの確保を図ることを任務とする行政機関である（法131条）。

　個人情報保護法は、個人情報等を取り扱う各主体を対象として、個人情報等の取扱いに関して共通する必要最小限のルールを定めるとともに、各主体において、それぞれの政策、事務及び事業の分野や地域の実情に応じて、自律的に個人情報等の適正な取扱いが確保されることを期待している。

　そのうえで、個人情報保護委員会が、各主体における個人情報等の取扱いについて監視・監督する権限と責任を有する仕組みを採っている。

第2節　個人情報保護委員会による監督

1　報告及び立入検査（法146条）

> **法第146条（報告及び立入検査）**
> 1　委員会は、第4章（第5節を除く。次条及び第151条において同じ。）の規定の施行に必要な限度において、個人情報取扱事業者、仮名加工情報取扱事業者、匿名加工情報取扱事業者又は個人関連情報取扱事業者（以下この款において「個人情報取扱事業者等」という。）その他の関係者に対し、個人情報、仮名加工情報、匿名加工情報又は個人関連情報（以下この款及び第3款において「個人情報等」という。）の取扱いに関し、必要な報告若しくは資料の提出を求め、又はその職員に、当該個人情報取扱事業者等その他の関係者の事務所その他必要な場所に立ち入らせ、個人情報等の取扱いに関し質問させ、若しくは帳簿書類その他の物件を検査させることができる。
> 2　（略）

(1)　内容

　個人情報保護委員会（委員会）は、法第4章（個人情報取扱事業者等の義務等。法16条から46条）の規定の施行に必要な限度において、個人情報取扱事業者等（個人情報取扱事業者、仮名加工情報取扱事業者、匿名加工情報取扱事業者又は個人関連情報取扱事業者）その他の関係者に対し、個人情報等（個人情報、仮名加工情報、匿名加工情報又は個人関連情報）の取扱いに関し、必要な報告もしくは資料の提出を求め［報告徴収］、又は委員会の職員に、当該個人情報取扱事業者等その他の関係者の事務所その他必要な場所に立ち入らせ、個人情報等の取扱いに関し質問させ、もしくは帳簿書類その他の物件を検査させることができる［立入検査］（法146条1項）。

　立入検査は、個人情報保護法の規定の施行に必要な限度で行われるものであるから、「犯罪捜査のために認められたものと解釈してはならない」（法146条3項）。

(2)　罰則

　個人情報保護委員会による報告・立入検査（法146条）に対して以下の違反行為をした者は、50万円以下の罰金に処せられる（法182条）。

- ・報告・資料の提出をしない者、虚偽を報告した者、虚偽の資料を提出した者
- ・立入検査に際し、委員会職員の質問に対して答弁をしない者、虚偽の答弁をした者、検査を拒み、妨げ、又は忌避した者

2　指導及び助言（法147条）

> 法第147条（指導及び助言）
>
> 　委員会は、第4章の規定の施行に必要な限度において、個人情報取扱事業者等に対し、個人情報等の取扱いに関し必要な指導及び助言をすることができる。

　個人情報保護委員会は、法第4章（個人情報取扱事業者等の義務等。法16条から46条）の規定の施行に必要な限度において、個人情報取扱事業者等に対し、個人情報等の取扱いに関し必要な指導及び助言をすることができる（法147条）。

3　勧告及び命令（法148条）

> 法第148条（勧告及び命令）
>
> 1　委員会は、個人情報取扱事業者が第18条から第20条まで、第21条（第1項、第3項及び第4項の規定を第41条第4項の規定により読み替えて適用する場合を含む。）、（・・・以下略）の規定に違反した場合において個人の権利利益を保護するため必要があると認めるときは、当該個人情報取扱事業者等に対し、当該違反行為の中止その他違反を是正するために必要な措置をとるべき旨を勧告することができる。
>
> 2　委員会は、前項の規定による勧告を受けた個人情報取扱事業者等が正当な理由がなくてその勧告に係る措置をとらなかった場合において個人の重大な権利利益の侵害が切迫していると認めるときは、当該個人情報取扱事業者等に対し、その勧告に係る措置をとるべきことを命ずることができる。
>
> 3　委員会は、前二項の規定にかかわらず、個人情報取扱事業者が第18条から第20条まで、（・・・・以下略）の規定に違反した場合において個人の重大な権利利益を害する事実があるため緊急に措置をとる必要があると認めるときは、当該個人情報取扱事業者等に対し、当該違反行為の中止その他違反を是正するために必要な措置をとるべきことを命ずることができる。
>
> 4　委員会は、前二項の規定による命令をした場合において、その命令を受けた個人情報取扱事業者等がその命令に違反したときは、その旨を公表することができる。

(1)　総論

　個人情報保護委員会は、法が定める義務規定の違反行為について、個人情報取扱事業者等に対し、一定の要件のもと、当該違反行為の中止その他違反を是正するために必要な措置をとるべき旨につき、勧告（1項）、命令（2項）又は緊急命令（3項）を行うことができる（法148条）。

　勧告、命令及び緊急命令を行うかは、個人情報取扱事業者等が通則ガイドラインその他のガイドラインに沿って必要な措置等を講じたか否かにつき判断して行う（通則GL）。

　この場合、ガイドラインの中で、「しなければならない」及び「してはならない」と記述している事項について、これらに従わなかった場合、個人情報取扱事業者等が、法146条1項に定める各規定に違反したと判断される可能性がある（同）。

　これに対し、ガイドラインの中で、「努めなければならない」、「望ましい」等と記述している事項については、これに従わなかったことをもって直ちに法違反と判断されることはないが、法の基本理念（法3条）を踏まえ、事業者の特性や規模に応じ可能な限り対応することが望まれるものである（同）。

(2)　勧告（法148条1項）

　法148条1項に定める各規定の違反と判断された場合において、実際に個人情報保護委員会が勧告を行うのは、「個人の権利利益を保護するため必要がある」と個人情報保護委員会が認めたときである（法148条1項）。

図表52　違反が勧告（命令）の対象となりうる規定

違反すると勧告（命令）の対象となりうる規定	
個人情報取扱事業者	・法18条（利用目的による制限） ・法19条（不適正な利用の禁止） ・法20条（適正な取得・要配慮個人情報の取得制限） ・法21条（取得に際しての利用目的の通知等。1項、3項及び4項の規定を法41条4項の規定（仮名加工情報）により読み替えて適用する場合を含む。） ・法23条（安全管理措置） ・法24条（従業者の監督） ・法25条（委託先の監督） ・法26条（漏えい等の報告等） ・法27条（4項を除く。第三者提供の制限。5項及び6項の規定を法41条第6項の規定（仮名加工情報）により読み替えて適用する場合を含む。） ・法28条（外国にある第三者への提供の制限） ・法29条（第三者提供時の記録義務。1項ただし書の規定を法41条6項の規定（仮名加工情報）により読み替えて適用する場合を含む。） ・法30条（2項を除く。第三者提供時の確認・記録義務。1項ただし書の規定を第41条第6項の規定（仮名加工情報）により読み替えて適用する場合を含む。） ・法32条（保有個人データに関する事項の本人への周知及び利用目的の通知の求め） ・法33条（1項（5項において準用する場合を含む。）を除く。保有個人データの開示請求。） ・法34条2項・第3項（保有個人データの訂正等の請求） ・法35条（1項、第3項及び第5項を除く。保有個人データの利用停止等の請求） ・法38条2項（手数料の定め） ・法41条（第4項及び第5項を除く。仮名加工情報を作成する個人情報取扱事業者の義務等、利用目的による制限、第三者提供の禁止、識別行為の禁止、本人への連絡等の禁止） ・法43条（6項を除く。匿名加工情報を作成する個人情報取扱事業者が遵守する義務等）

個人関連情報取扱事業者	・法31条第1項・2項において読み替えて準用する法28条3項（個人情報取扱事業者が講ずべき措置に相当する措置を継続的に講ずるために必要な体制を整備している者に個人データを提供した場合に講ずべき措置等） ・法31条3項において読み替えて準用する法30条3項・4項（第三者提供時の記録義務）
仮名加工情報取扱事業者	・法42条第1項・2項において読み替えて準用する法27条5項・6項（共同利用事項の本人への通知等） ・法42条3項において読み替えて準用する法23条から25条まで（安全管理措置、従業者の監督、委託先の監督）若しくは法41条7項（仮名加工情報：識別行為の禁止）若しくは8項（仮名加工情報：本人への連絡等の禁止）
匿名加工情報取扱事業者	・法44条（第三者提供） ・法45条（識別行為の禁止）

(3)　命令（法148条2項）

「命令」は、勧告を前提とする制度である。ただし、単に勧告に従わないことをもって命令が発せられることはなく、正当な理由なくその勧告に係る措置をとらなかった場合において個人の重大な権利利益の侵害が切迫していると個人情報保護委員会が認めたときに発せられる（法148条2項）。

(4)　緊急命令（法148条3項）

「緊急命令」は、個人情報取扱事業者等が法148条3項に定める各規定に違反した場合において、個人の重大な権利利益を害する事実があるため緊急に措置をとる必要があると個人情報保護委員会が認めたときに、「勧告」を前置せずに行う（148条3項）。

☞　令和4年時点で、緊急命令が出された例はない。

(5)　公表（法148条4項）

個人情報保護委員会は、命令・緊急命令をした場合において、その命令を受けた個人情報取扱事業者等がその命令に違反したときは、その旨を公表することができる（法148条4項）。

(6)　罰則

勧告違反に対する罰則はない。勧告に従わない場合は命令を発する。

命令・緊急命令に違反した者は1年以下の懲役又は100万円以下の罰金に処せられる（法178条）。

第3節　個人情報保護委員会

1　設置・組織

　個人情報保護委員会は、内閣総理大臣の所管に属するが（法130条2項）、委員長及び委員は独立して職権を行い（法133条）、内閣の指揮監督がほとんど及ばない、いわゆる独立行政委員会である。

2　所掌事務・権限

(1)　所掌事務

　個人情報保護委員会は、個人情報保護法及びマイナンバー法（番号法）に基づいて、以下の事務を行う（法132条）。

- ・個人情報保護の基本方針の策定・推進
- ・個人情報等の取扱いに関する監督等
- ・認定個人情報保護団体に関する事務
- ・特定個人情報の取扱に関する監視・監督
- ・特定個人情報保護評価に関する事務
- ・相談・苦情あっせん等に関する事務
- ・個人情報の保護等についての広報・啓発等
- ・所掌事務に係る国際協力等

(2)　監視・監督権限

　個人情報等に関する監視・監督権限は個人情報保護委員会に一元化されている（法146条から150条）。

> ☞　個人情報保護委員会は、報告徴収・立入検査の権限（法146条）を事業所管大臣に委任することができる（法150条1項）。

図表53　個人情報保護委員会の役割

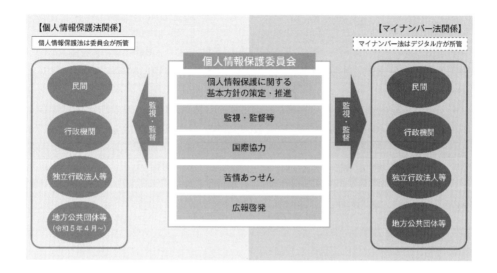

（出典：「個人情報保護委員会の任務」（個人情報保護委員会）より）

(3)　認定個人情報保護団体に関する権限

　　個人情報保護委員会は、認定個人情報保護団体に対する認定、報告徴収、命令及び認定取消の権限を有する（法47条以下、153条以下）。

(4)　その他の権限

　　委員会は、所掌事務について個人情報保護委員会規則を定めることができる（法145条）。

第38章　民間団体による個人情報の保護の推進

第1節　認定個人情報保護団体

「認定個人情報保護団体」は、業界・事業分野等の特性に応じた民間事業者による個人情報の保護の推進を図るために、自主的な取組を行うことを目的として、個人情報保護委員会の認定を受けた団体である。

☞　認定個人情報保護団体は、個人情報等の取扱いに関して、事業者自身による苦情処理の取組を補完するとともに、個人情報保護指針を策定・公表したときは、「対象事業者」に対して当該指針を遵守させるために必要な指導、勧告等の措置をとることが義務付けられている等、民間部門における主体的な取組みを促進する上で、重要な役割が求められている（基本方針）。

図表54　認定個人情報保護団体

個人情報保護委員会

⬇　認定（法47①）：2022.4.1現在で、約40団体
　　監督（法56〜58）

認定個人情報保護団体

・対象事業者の個人情報等の取扱いに関する書情の処理（法53条1項）
・対象事業者への情報の提供（法47条1項二号）
・対象事業者の個人情報の適正な取扱の確保に関し必要な業務（法47条1項三号）
・個人情報保護指針の策定・公表と対照事業者に個人情報保護指針を遵守させるための指導・指導・勧告等（法54条4項）

対象事業者　　　対象事業者　　　対象事業者

第2節　認定個人情報保護団体の業務等

1　認定、監督機関等

[参考知識：監督機関等]

　認定個人情報保護団体は、個人情報保護委員会の認定を受ける必要がある（法47条1項）。

　認定個人情報保護団体は、国民から一定の信頼性を有する者として認識されるものであるから、欠格条項が定められ（法48条）、認定の基準としての要件も定められている（法49条）。

　認定個人情報保護団体の監督機関は個人情報保護委員会であり、個人情報保護委員会は、認定個人情報保護団体に対し、認定業務に関し報告をさせることができ（法153条）、認定業務の実施の方法の改善、個人情報保護指針の変更その他の必要な措置をとるべき旨を命ずることができる（154条）。

　取消事由に該当する場合は、個人情報保護委員会は、認定を取り消すこともできる（法155条）。

2　対象事業者

　認定個人情報保護団体は、個人情報等の適正な取扱いの確保を目的として、「対象事業者」に対して、法が認める認定業務を行う。

　対象事業者は、認定業務の対象となることについて同意を得た個人情報取扱事業者等である（法47条1項）。

3　認定業務等

[参考知識：認定業務等]

　認定個人情報保護団体は、以下の認定業務を行う（法47条）。

　1号　対象事業者の個人情報等の取扱いに関する苦情の処理

　2号　個人情報等の適正な取扱いの確保に寄与する事項についての対象事業者に対する情報の提供

　3号　対象事業者の個人情報等の適正な取扱いの確保に関し必要な業務

　このほかに、以下の業務も行う。

　・個人情報保護指針の作成と個人情報保護委員会への届出（法54条1項から3項）

　・対象事業者に個人情報保護指針を遵守させるための指導・勧告等（法54条4項）

4　認定個人情報保護団体の信頼性確保のための規定

　認定個人情報保護団体の信頼性を確保するために、知り得た情報の目的外利用の禁止（法55条）や「認定個人情報保護団体」の名称の使用制限（法56条）が規定されている。

5　個人情報保護指針

> [参考知識：個人情報保護指針]
>
> 　認定個人情報保護団体は、対象事業者の個人情報等の適正な取扱いの確保のために、個人情報に係る利用目的の特定、安全管理のための措置、開示等の請求等に応じる手続その他の事項又は仮名加工情報若しくは匿名加工情報に係る作成の方法、その情報の安全管理のための措置その他の事項に関し、消費者の意見を代表する者その他の関係者の意見を聴いて、この法律の規定の趣旨に沿った「個人情報保護指針」を作成するよう努めなければならない（法54条1項）。
>
> 　作成した個人情報保護指針は個人情報保護委員会に届け出なければならず（同条2項）、届出があった個人情報保護指針は個人情報保護委員会により公表される（同条3項）。
>
> 　認定個人情報保護団体は、対象事業者に対し、当該個人情報保護指針を遵守させるため必要な指導、勧告その他の措置をとらなければならない（同条4項）。

第39章　雑則

第1節　適用除外（法57条）

> 法第57条（適用除外）
>
> 1　個人情報取扱事業者等及び個人関連情報取扱事業者のうち次の各号に掲げる者については、その個人情報等及び個人関連情報を取り扱う目的の全部又は一部がそれぞれ当該各号に規定する目的であるときは、この章の規定は、適用しない。
>
> 　一　放送機関、新聞社、通信社その他の報道機関（報道を業として行う個人を含む。）　報道の用に供する目的
>
> 　二　著述を業として行う者　著述の用に供する目的
>
> 　三　宗教団体　宗教活動（これに付随する活動を含む。）の用に供する目的
>
> 　四　政治団体　政治活動（これに付随する活動を含む。）の用に供する目的
>
> 2　前項第1号に規定する「報道」とは、不特定かつ多数の者に対して客観的事実を事実として知らせること（これに基づいて意見又は見解を述べることを含む。）をいう。
>
> 3　第1項各号に掲げる個人情報取扱事業者等は、個人データ、仮名加工情報又は匿名加工情報の安全管理のために必要かつ適切な措置、個人情報等の取扱いに関する苦情の処理その他の個人情報等の適正な取扱いを確保するために必要な措置を自ら講じ、かつ、当該措置の内容を公表するよう努めなければならない。

1　内容

　報道の自由、表現の自由、信教の自由及び政治活動の自由は、憲法により保障される基本的人権であるから、これらの自由に密接に関わる活動を個人情報取扱事業者等の義務の名の下に不当に制約すべきではなく、当該事業者の自主的な規制に委ねるべきである。

　そこで、個人情報取扱事業者等のうち、これらの自由に密接に関わる法57条1項各号に掲げる者（報道機関、著述を業として行う者、宗教団体及び政治団体）については、個人情報等を取り扱う目的の全部又は一部が、それぞれ当該各号に規定する目的であるときは、個人情報保護法第4章（個人情報取扱事業者の義務等）の規定は適用されない（法57条1項）。

　なお、法57条1項各号に掲げる者であっても、個人情報データベース等不正提供罪（法179条）は適用される。

2　個人情報保護委員会の権限の行使の制限（法149条）

[参考知識：個人情報保護委員会の権限の行使の制限]

　個人情報保護委員会は、法146条から148条の規定により個人情報取扱事業者等に対し報告もしくは資料の提出の要求、立入検査、指導、助言、勧告又は命令を行うにあたっては、表現の自由、学問の自由、信教の自由及び政治活動の自由を妨げてはならない（法149条1項）。

　また、個人情報保護委員会は、個人情報取扱事業者等が法57条1項各号に掲げる者（それぞれ当該各号に定める目的で個人情報等を取り扱う場合に限る。）に対して個人情報等を提供する行為については、その権限を行使しないものとする（同条2項）。

第2節　適用の特例（法58条・123条）

[参考知識：適用の特例]

　国の機関である国立大学法人及び医療事業を行う独立行政法人等における個人情報の取扱い並びに独立行政法人労働者健康安全機構の行う病院の運営の業務に係る個人情報の取扱いについては、学術研究機関、医療機関等としての特性を踏まえ、基本的に民間の学術研究機関、医療機関等と同様、民間部門における個人情報の取扱いに係る規律が適用される（通説GL）。

　他方、政府の一部を構成するとみられる独立行政法人等としての特性を踏まえ、開示請求等に係る制度、行政機関等匿名加工情報の提供等については、現行の取扱いを維持し、公的部門における規律（法第5章第1節、法75条、法第5章第4節及び第5節、法123条2項、127条並びに法第6章から第8章まで（法176条、180条及び181条を除く。））が適用される（法58条、125条）。

第3節　学術研究機関等の責務（法59条）

法第59条（学術研究機関等の責務）

　個人情報取扱事業者である学術研究機関等は、学術研究目的で行う個人情報の取扱いについて、この法律の規定を遵守するとともに、その適正を確保するために必要な措置を自ら講じ、かつ、当該措置の内容を公表するよう努めなければならない。な取扱いを確保するために必要な措置を自ら講じ、かつ、当該措置の内容を公表するよう努めなければならない。

第4節　域外適用（法171条）

法第171条（適用範囲）

　この法律は、個人情報取扱事業者、仮名加工情報取扱事業者、匿名加工情報取扱事業者又は個人関連情報取扱事業者が、国内にある者に対する物品又は役務の提供に関連して、国内にある者を本人とする個人情報、当該個人情報として取得されることとなる個人関連情報又は当該個人情報を用いて作成された仮名加工情報若しくは匿名加工情報を、外国において取り扱う場合についても、適用する。

1　概要・趣旨

　外国にある個人情報取扱事業者等が、日本の居住者等国内にある者に対する物品又は役務の提供に関連して、国内にある者を本人とする個人情報、当該個人情報として取得されることとなる個人関連情報又は当該個人情報を用いて作成された仮名加工情報もしくは匿名加工情報を、外国において取り扱う場合には、個人情報保護法が域外適用される（法171条）。

> ☞　令和2年改正前は報告徴収・立入検査や命令の規定が外国事業者には適用できなかったが、令和2年改正により、報告徴収・立入検査や命令の規定も適用されるようになった。

[参考知識：域外適用の例]

【域外適用される場合の例】

・外国のインターネット通信販売事業者が、日本の消費者に対する商品の販売・配送に関連して、日本の消費者の個人情報を取り扱う場合

・外国のメールサービス提供事業者が、日本の消費者に対するメールサービスの提供に関連して、日本の消費者の個人情報を取り扱う場合

・外国のホテル事業者が、日本の消費者に対する現地の観光地やイベント等に関する情報の配信等のサービスの提供に関連して、日本にある旅行会社等から提供を受けた日本の消費者の個人情報を取り扱う場合

・外国の広告関連事業者が、日本のインターネット通信販売事業者に対し、当該インターネット通信販売事業者による日本の消費者に対するキャンペーン情報の配信等のサービスの提供に関連して、当該

インターネット通信販売事業者が保有する日本の消費者の個人データと結び付けることが想定される個人関連情報を提供する場合
- 外国のアプリ提供事業者が、日本の消費者に対するサービスの提供に関連して、新サービスの開発のために、日本の消費者の個人情報を用いて作成された仮名加工情報を取り扱う場合
- 外国のインターネット通信販売事業者が、日本の消費者に対する商品の販売又はサービスの提供に関連して、傾向分析等を行うために、日本の消費者の個人情報を用いて作成された匿名加工情報を取り扱う場合

【域外適用の対象とならない場合の例】
- 外国にある親会社が、グループ会社の従業員情報の管理のため、日本にある子会社の従業員の個人情報を取り扱う場合

2　国内にある者に対する物品又は役務の提供に関連して

[参考知識：国内にある者に対する物品又は役務の提供に関連して]

「物品又は役務の提供」の対象となる「国内にある者」と「個人情報」の本人である「国内にある者」については、必ずしも同一である必要はない（通則GL）。

【例】
- 外国にある個人情報取扱事業者が、国内にある者Aを本人とする個人情報が記載された名簿を国内にある者Bに販売することに関連して、当該個人情報を取り扱う場合は、域外適用の対象となる。
  また、「物品又は役務の提供」に対して、本人から対価が支払われるか否かは問わない（通則GL）。

第40章　罰則（法176条～185条）

第1節　概要

　個人情報保護法が規定する罰則は、民間部門を対象とするものと公的部門を対象とするものに分けることができる。

　なお、個人情報保護法の罰則は「故意犯」であり、過失（不注意）による行為は処罰対象とされていない。

図表55　罰則の規定（民間部門）

	主体	行為	法定刑	両罰	法人処罰
178条	個人情報取扱事業者等	個人情報保護委員会による命令に違反した	1年以下の懲役又は100万円以下の罰金	○	1億円以下の罰金
179条	個人情報取扱事業者若しくはその従業者又はこれらであった者	その業務に関して取り扱った個人情報データベース等を自己若しくは第三者の不正な利益を図る目的で提供し、又は盗用した（データベース等不正提供罪）	1年以下の懲役又は50万円以下の罰金	○	
182条 1号	個人情報取扱事業者等	個人情報保護委員会による報告徴収・立入検査等に対し、以下の行為をした ・報告・資料の提出拒否 ・虚偽報告，虚偽の資料提出 ・答弁拒否，虚偽答弁 ・検査を拒否・妨害・忌避	50万円以下の罰金	○	50万円以下の罰金
182条 2号	認定個人情報保護団体	個人情報保護委員会の報告徴収に対し、以下の行為をした ・報告拒否・虚偽報告			

185条 1号	個人情報取扱事業者に対し個人データを提供する者	個人情報取扱事業者が法30条1項による確認を行う場合に、確認にかかる事項を偽る（法30条2項違反）	10万円以下の過料	×	－
	個人関連情報取扱事業者から個人関連情報の提供を受ける者	個人関連情報取扱事業者が法31条1項による確認を行う場合に、確認にかかる事項を偽る（法31条3項により準用される法30条2項違反）			
	認定個人情報保護団体でない者	認定個人情報保護団体という名称又は紛らわしい名称を用いた（法56条違反）			
185条 2号	認定個人情報保護団体	法51条1項による廃止の届出をせず、又は虚偽の届出をした			
185条 3号	行政機関等の保有する保有個人情報の開示請求者	偽りその他不正の手段により、法85条3項による事案の移送による開示決定に基づく保有個人情報の開示を受けた			

図表56　罰則の規定（公的部門）

	主体	行為	法定刑
176条	行政機関等の職員若しくは職員であった者、66条2項各号に定める業務若しくは73条5項若しくは121条3項の委託を受けた業務に従事している者若しくは従事していた者又は行政機関等において個人情報、仮名加工情報若しくは匿名加工情報の取扱いに従事している派遣労働者若しくは従事していた派遣労働者	正当な理由がないのに、個人の秘密に属する事項が記録された60条2項1号に係る個人情報ファイル（その全部又は一部を複製し、又は加工したものを含む。）を提供したとき	2年以下の懲役又は100万円以下の罰金
177条	個人情報保護委員会の委員長、委員、専門委員及び事務局の職員（職務を退いた後も同様）	法143条（秘密保持義務）の規定に違反して秘密を漏らし、又は盗用した	2年以下の懲役又は100万円以下の罰金

180条	176条に規定する主体	その業務に関して知り得た保有個人情報を自己若しくは第三者の不正な利益を図る目的で提供し、又は盗用したとき	1年以下の懲役又は50万円以下の罰金
181条	行政機関等の職員	その職権を濫用して、専らその職務の用以外の用に供する目的で個人の秘密に属する事項が記録された文書、図画又は電磁的記録を収集したとき	1年以下の懲役又は50万円以下の罰金

第2節　国外犯処罰、両罰規定

1　国外犯処罰（法183条）

　法176条、177条及び179条から181条までの規定は、日本国外においてこれらの条の罪を犯した者にも適用される（法183条）。

2　両罰規定（法184条）

　民間部門を対象とする罰則のうち、法178条（個人情報保護委員会による命令の違反の罪）もしくは法179条（データベース等不正提供罪）又は法182条（個人情報保護委員会による報告徴収・立入検査等の妨害等の罪）の違反については、法人の代表者又は法人若しくは人の代理人、使用人その他の従業者が行為者となって、その法人又は人の業務に関して違反行為をしたときは、行為者を罰するほか、法人又は人に対し、以下の罰金刑を科す（法184条。行為者だけでなくその使用者等も罰するため「両罰規定」と呼ばれる）。
- ・法178条（個人情報保護委員会による命令の違反の罪）又は法179条（データベース等不正提供罪）の違反は、1億円以下の罰金
- ・法182条（個人情報保護委員会による報告徴収・立入検査等の妨害等の罪）の違反は、50万円以下の罰金

第10編　行政機関等における個人情報等の取扱い（法第5章）

第41章　行政機関等における個人情報等の取扱い

第1節　総論

　法第5章の規定（法60条から129条）は、行政機関等における個人情報等の取扱いについて規律している。

[参考知識：法第5章の構造]

第1節　総則（法60条）

第2節　行政機関等における個人情報等の取扱い（法61条から73条）

第3節　個人情報ファイル（74条・75条）

第4節　開示、訂正及び利用停止

　第1款　開示（法76条から89条）

　第2款　訂正（法90条から97条）

　第3款　利用停止（法98条から103条）

　第4款　審査請求（法104条から107条）

　第5款　条例との関係（法108条）

第5節　行政機関等匿名加工情報の提供等（第109条から123条）

第6節　雑則（法124条から129条）

第2節　適用対象

1　行政機関・独立行政法人等

　法第5章の規律対象となる主体は、以下の機関・法人である。

【法第5章の適用対象】

・行政機関（法2条8項）

・独立行政法人等（法2条9項）

☞　独立行政法人通則法に規定する独立行政法人及び法別表第1に掲げる法人であり、国立研究開発法人のほか、株式会社日本政策金融公庫、国立大学法人、日本年金機構などが該当する。

2　行政機関等

　「行政機関等」とは、行政機関及び独立行政法人等である（法2条11項）。ただし、法別表第2に掲げる法人は、「行政機関等」に該当する独立行政法人から除外される（同項）。

　行政機関等は、法第5章の規定の全てが適用される。

3　法別表第2に掲げる法人

「法別表第2に掲げる法人」は、国立研究開発法人、国立大学法人、独立行政法人国立病院機構などの独立行政法人等がこれに該当する。法別表第2に掲げる法人は、「行政機関等」に含まれない（法2条11項）。

法別表第2に掲げる法人は、法第5章の規律のうち、個人情報ファイルに関する規律、開示等（開示、訂正及び利用停止）に関する規律及び匿名加工情報に関する規律については、行政機関等と同様の規律が適用される。

他方で、その他の個人情報等の取扱いに関しては、個人情報取扱事業者等に対する規定（法第4章）が適用される（法58条1項並びに法125条2項及び3項）。

なお、行政機関等の行う業務のうち、独立行政法人労働者健康安全機構が行う病院の運営の業務に関する法の規律についても、法別表第2に掲げる法人の場合と同様である（法58条2項並びに法125条1項及び3項）。

第3節　ガイドライン

行政機関及び独立行政法人等における個人情報の適正な取扱いを確保することを目的として、法4条、8条及び131条に基づき、個人情報保護委員会が、具体的な指針として「個人情報の保護に関する法律についてのガイドライン（行政機関等編）」を定めている。

第4節　用語の定義（法60条）

1　保有個人情報（法60条1項）

法第60条（定義）

1　この章及び第8章において「保有個人情報」とは、行政機関等の職員（独立行政法人等にあっては、その役員を含む。以下この章及び第八章において同じ。）が職務上作成し、又は取得した個人情報であって、当該行政機関等の職員が組織的に利用するものとして、当該行政機関等が保有しているものをいう。ただし、行政文書（行政機関の保有する情報の公開に関する法律（平成十一年法律第四十二号。以下この章において「行政機関情報公開法」という。）第2条第2項に規定する行政文書をいう。）又は法人文書（独立行政法人等の保有する情報の公開に関する法律（平成十三年法律第百四十号。以下この章において「独立行政法人等情報公開法」という。）第2条第2項に規定する法人文書（同項第4号に掲げるものを含む。）をいう。）（以下この章において「行政文書等」という。）に記録されているものに限る。

2　個人情報ファイル（法 60 条 2 項）

法第 60 条（定義）

2　この章及び第八章において「個人情報ファイル」とは、保有個人情報を含む情報の集合物であって、次に掲げるものをいう。

　一　一定の事務の目的を達成するために特定の保有個人情報を電子計算機を用いて検索することができるように体系的に構成したもの

　二　前号に掲げるもののほか、一定の事務の目的を達成するために氏名、生年月日、その他の記述等により特定の保有個人情報を容易に検索することができるように体系的に構成したもの

3　行政機関等匿名加工情報（法 60 条 3 項）

法第 60 条（定義）

3　この章において「行政機関等匿名加工情報」とは、次の各号のいずれにも該当する個人情報ファイルを構成する保有個人情報の全部又は一部（これらの一部に行政機関情報公開法第 5 条に規定する不開示情報（同条第 1 号に掲げる情報を除き、同条第 2 号ただし書に規定する情報を含む。）又は独立行政法人等情報公開法第 5 条に規定する不開示情報（同条第 1 号に掲げる情報を除き、同条第 2 号ただし書に規定する情報を含む。）が含まれているときは、これらの不開示情報に該当する部分を除く。）を加工して得られる匿名加工情報をいう。

　一　第 75 条第 2 項各号のいずれかに該当するもの又は同条第 3 項の規定により同条第 1 項に規定する個人情報ファイル簿に掲載しないこととされるものでないこと。

　二　行政機関情報公開法第 3 条に規定する行政機関の長又は独立行政法人等情報公開法第 2 条第 1 項に規定する独立行政法人等に対し、当該個人情報ファイルを構成する保有個人情報が記録されている行政文書等の開示の請求（行政機関情報公開法第 3 条又は独立行政法人等情報公開法第 3 条の規定による開示の請求をいう。）があったとしたならば、これらの者が次のいずれかを行うこととなるものであること。

　　イ　当該行政文書等に記録されている保有個人情報の全部又は一部を開示する旨の決定をすること。

　　ロ　行政機関情報公開法第 13 条第 1 項若しくは第 2 項又は独立行政法人等情報公開法第 14 条第 1 項若しくは第 2 項の規定により意見書の提出の機会を与えること。

　三　行政機関等の事務及び事業の適正かつ円滑な運営に支障のない範囲内で、第 116 条第 1 項の基準に従い、当該個人情報ファイルを構成する保有個人情報を加工して匿名加工情報を作成することができるものであること。

4　行政機関等匿名加工情報ファイル（法60条4項）

法第60条（定義）

4　この章において「行政機関等匿名加工情報ファイル」とは、行政機関等匿名加工情報を含む情報の集合物であって、次に掲げるものをいう。

一　特定の行政機関等匿名加工情報を電子計算機を用いて検索することができるように体系的に構成したもの

二　前号に掲げるもののほか、特定の行政機関等匿名加工情報を容易に検索することができるように体系的に構成したものとして政令で定めるもの

課題 II

個人情報保護の対策と情報セキュリティ

第1編　脅威と対策

第1章　個人情報保護と情報セキュリティ

第1節　総論

　個人情報の保護にあたっては、個人情報保護法に基づいて個人データに対する安全管理措置（法23条）、従業者の監督（法24条）及び委託先の監督（法25条）を実施することが必要である。

　もっとも、企業は、個人情報や個人データだけでなく、特許情報、技術情報、ノウハウ等の情報そのものや営業秘密に関する情報等、多くの情報を管理している。これらの情報の漏えいや消失、損壊、改ざん等の事故が発生すると、企業や顧客等に損害を与え、企業のブランドイメージも傷つく恐れがある。また、企業のシステムに不具合が生じ、サービスが停止してしまうことで、社会的に大きな影響を与えてしまう場合もある。

　従って、企業としては、個人情報の保護だけでなく、更に広く、リスクマネジメントの一環として、企業の情報資産全てについて、漏えい等を防止し安全管理の措置を講ずる必要がある。

　現代社会においては、情報通信技術（ICT）が国民生活や事業活動、社会インフラ等のあらゆる領域において不可欠な基盤となっている一方、サイバー攻撃や漏えい事故等が個人や組織の情報・財産に重大な被害や影響を及ぼすなどのリスクが常につきまとう。このようなリスクを軽減するためには、個人情報その他の情報資産を取り扱う各主体が自ら進んで情報セキュリティに関する意識・リテラシーを高め、主体的にその対策に取り組むことが重要であり、適切な情報セキュリティ対策を講じることは、企業の社会的責務であるといえる。

　情報セキュリティ対策は世界的にも重視されており、情報セキュリティ製品・システム評価基準である ISO/IEC15408 や情報セキュリティマネジメントシステム（ISMS：Information Security Management system）の認証基準である ISO/IEC27001 が、国際標準として規格化されており、これらの国際規格を採用する日本国内の企業も増えている。

第2節　ISMS と PMS

　情報セキュリティを実現するためには、組織に損害を与える「リスク」に対して、組織として効果的なマネジメント（適切な管理）を行う必要がある。そのためのマネジメントシステムとして、「情報セキュリティマネジメントシステム」（ISMS: Information Security System）の理解と実践が必要である。

　個人情報に関する安全管理措置は情報セキュリティの一部に位置づけることができるが、特に個人情報保護法への対応が必要なため、個人情報保護管理体系としての「個人情報保護マネジメントシステム」（PMS: Personal information protection Management Systems）の理解と実践が求められる。

　ISMS に関する国内規格には、「JISQ27000:2017 情報技術－セキュリティ技術－情報セキュリティマネジメントシステム－用語」（本書では「JISQ27000」という。）や「JISQ27001:2014 情報技術－セキュリティ技術－情報セキュリティマネジメントシステム－要求事項」（本書では「JISQ27001」という。）などがある。

　PMS の要求事項を定めている国内規格には、「JIS Q27001：2014　情報技術－セキュリティ技術－情報セキュリティマネジメントシステム－要求事項」がある（本書では「JISQ15001」という。）。

　いずれの規格も、企業の基本的な方針や、それに基づいた具体的な計画の策定、その実施と運用、一定期間毎の運用の評価や見直しまでを含めた、PDCA サイクル（後述）の運用を基本的な枠組みとするトータルな保護管理体系の構築を要求している。企業は、これらの規格を基準として ISMS や PMS を構築し実施することが望まれる。

　なお、ISMS と PMS は矛盾するものではなく、ISMS を構築・実施すれば PMS の要求事項の多くはみたされる。但し、個人情報保護の分野においては個人情報保護法の規制があるから、同法の規制に対応するためには PMS を導入することが望ましい。

第3節　PDCA サイクル

　リスクマネジメントの枠組みは、①リスクの運用管理のための枠組みの設計、②リスクマネジメントの実践、③枠組みのモニタリング及びレビュー、そして④枠組みの継続的改善というサイクルを繰り返す手法である。

図表57　リスクマネジメントの「枠組み」

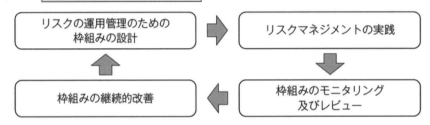

この手法は、一般に、「PDCA サイクル」として説明される。

【PDCA サイクル】

　　Plan：問題を整理し、目標を立て、その目標を達成するための計画を立案・策定する。

　　Do　：目標と計画をもとに、実際の業務を行う。

　　Check：実施した業務が計画通り実施されているかを点検する。

　　Act　：点検結果をもとに、業務の改善を行う。

　事業者は、情報の機密性、完全性、可用性に対する様々な脅威から情報資産を守るために、組織的、人的、物理的、技術的な面から様々な取組み（リスク対応）を行うことになる。この取組みを効率よく行うための枠組みが PDCA サイクルである。環境の変化や新たな脅威に対応するためには、対策を一度行って終わりにせず、Plan-Do-Check-Act のサイクルを繰り返して継続的に改善していくことが大切である。

　特に情報セキュリティの分野では、点検（Check）と改善（Act）のステップを実施しないと技術の進歩による新たな脅威に対応できない。情報セキュリティにおいては、PDCA サイクルを有効に機能させ、情報セキュリティの維持・向上を図ることが重要である。

第4節　個人情報保護法のガイドライン

　個人情報保護委員会が策定した「個人情報の保護に関する法律についてのガイドライン（通則編）」（本書では「通則ガイドライン」又は「通則 GL」という。）では、「10（別添）講ずべき安全管理措置の内容」において、法23条に基づいて個人情報取扱事業者が具体的に講じなければならない措置やそのための手法の例示を記載している。

【安全管理措置における具体的な措置】

　1．基本方針を策定することが重要である。

　2．個人データの具体的な取扱いに係る規律を整備しなければならない。

　3．組織的安全管理措置を講じなければならない。

　　　（講じなければならない措置）

　　　① 組織体制の整備

②　個人データの取扱いに係る規律に従った運用

③　個人データの取扱状況を確認する手段の整備

④　漏えい等の事案に対応する体制の整備

⑤　取扱状況の把握及び安全管理措置の見直し

4．人的安全管理措置を講じなければならない。

（講じなければならない措置）

○　従業者の教育

5．物理的安全管理措置を講じなければならない。

（講じなければならない措置）

①　個人データを取り扱う区域の管理

②　機器及び電子媒体の盗難等の防止

③　電子媒体等を持ち運ぶ場合の漏えい等の防止

④　個人データの削除及び機器、電子媒体等の廃棄

6．技術的安全管理措置を講じなければならない。

（講じなければならない措置）

①　アクセス制御

②　アクセス者の識別と認証

③　外部からの不正アクセス等の防止

④　情報システムの使用に伴う漏えい等の防止

　なお、通則ガイドラインは、「中小規模事業者」というカテゴリーを設け、中小規模事業者については、取り扱う個人データの数量及び個人データを取り扱う従業員数が一定程度にとどまること等を踏まえ、円滑にその義務を履行できるよう、少なくとも最低限必要であると考えられる手法の例が示されている。

　「中小規模事業者」とは、従業員の数が100人以下の個人情報取扱事業者をいう。ただし、次に掲げる者を除く（通則GL）。

【中小規模事業者から除外される者】

・その事業の用に供する個人情報データベース等を構成する個人情報によって識別される特定の個人の数の合計が過去6月以内のいずれかの日において5,000を超える者

・委託を受けて個人データを取り扱う者

　中小規模事業者が、その他の個人情報取扱事業者と同様に、原則として示された「手法の例示」に記述した手法も採用することは、より望ましい対応である（通則GL）。

第2編　組織的・人的セキュリティ

第2章　基本方針の策定

第1節　総論

　情報セキュリティマネジメントシステム（ISMS）や個人情報保護マネジメントシステム（PMS）を推進し、関係者の意識向上を図るためには、経営陣の強力なリーダーシップが不可欠である。そして、経営陣がISMSやPMSに関する考え方を組織に示し、リーダーシップを発揮するために、基本方針（ポリシー）を策定し公表することが重要である。

　ISMSにおいて求められるのが「情報セキュリティ方針」であり、PMSにおいて求められるのが「プライバシーポリシー」である。

　このような基本方針を策定・公表し従業者等への周知を図るとともに、組織的・人的セキュリティ（組織的安全管理及び人的安全管理）、オフィスセキュリティ（物理的安全管理）及び情報システムセキュリティ（技術的安全管理）の各措置を講じて、ISMSを実践していく。

第2節　プライバシーポリシー

　個人情報取扱事業者が個人データの安全管理措置（法23条）を講じるためには、個人情報の保護のためのマネジメントシステムを確立し、実施し、維持し及び改善を行うことが望ましい。

　個人情報保護のためのマネジメントシステムを確立し運用するためには、まず、個人情報保護を推進する上での考え方や方針（基本方針、個人情報保護方針、プライバシーポリシー、プライバシーステートメント等）を策定し文書化することが重要である（通則GL同旨）。

　個人情報保護法には個人情報保護方針に関する規定はなく、個人情報保護方針の策定は法律上の義務ではない。しかし、個人情報保護方針を策定して、社内報や社内ネットワーク、掲示等によって組織内に周知し、個人情報保護の方針を組織で共有することは、個人情報保護のためのマネジメントシステムを効果的に導入するための最初のステップとして重要である。

　更に、個人情報保護方針は、これを対内的に周知するだけでなく、ウェブ画面への掲載や店舗の見やすい場所への掲示等により対外的に公表することにより、消費者等との信頼関係を構築し事業活動に対する社会の信頼を確保することにつながる。また、委託の有無、委託する事務の内容を明らかにする等、委託処理の透明化を進めることも重要である。

　このため、プライバシーマークの認証基準であるJISQ15001では、個人情報保護方針（プライバシーポリシー）の策定、実行・維持、文書化と内外への公表を「しなければならない」としている。

【基本方針に具体的に定める項目の例（通則 GL）】
・　事業者の名称
・　関係法令・ガイドライン等の遵守
・　安全管理措置に関する事項
・　質問及び苦情処理の窓口

[参考知識：基本方針に含めなければならないもの（JISQ15001）]

　JISQ15001 は、個人情報保護方針に含めなければならないものとして、次の事項をあげている。

【個人情報保護方針に含めなければならない事項（JISQ15001）】

a　事業の内容及び規模を考慮した適切な個人情報の取得、利用及び提供に関すること（目的外利用を行わないこと及びそのための措置を講じることを含む）

b　個人情報に関する法令、国が定める指針その他の規範を遵守すること

c　個人情報の漏えい、滅失又はき損の防止及び是正に関すること

d　苦情及び相談への対応に関すること

e　個人情報保護マネジメントシステムの継続的改善に関すること

f　トップマネジメント（最高位で組織を指揮し、管理する個人又は人々の集まり）の氏名

第3章　個人情報の洗い出しと管理

　個人情報保護マネジメントシステム（PMS）を実践し個人情報の保護を図るためには、事業者が事業で実際に活用している個人情報を特定すること、すなわち、個人情報を漏れなく洗い出して、リスクの認識、分析及び対策の対象を明確にしておくことが重要である。

　本章では、「JIS Q 15001：2006 をベースにした個人情報保護マネジメントシステム実施のためのガイドライン」（現在は公開終了）に準拠して、個人情報の洗い出しと個人情報の取扱状況を確認する手段の整備について説明する。

第1節　個人情報の洗い出し（特定）

　個人情報の洗い出し（特定）は、①事業者にある帳票や保存データから個人情報を洗い出す方法や、②業務フロー図を活用し、業務の流れに沿って個人情報を洗い出す方法等が考えられる。

　☞　事業の用に供する個人情報は、「事業者が商品やサービスを提供する業務において取り扱う個人情報」「従業者の採用や雇用管理で取り扱う個人情報」「PMS を運用することによって取り扱う個人情報」のいずれかに含まれるので、これらの項目を手がかりとして特定漏れを

チェックすることが有効である。

　監視ビデオや電話音声録音、業務の中で二次的に作成する管理資料（データベース等）、マネジメントシステムの運用において発生する記録類（同意書、誓約書、教育理解度把握のためのテスト、アンケート等）又はバックアップ等の中にも個人情報に該当する情報があることには注意を要する。これらの情報が個人情報の特定の作業から漏れることが多い。

図表58 個人情報洗い出しの項目と例

項　目	記録の例
事業者が商品やサービスを提供する業務において取り扱う個人情報	申込用紙、電話音声録音、FAX、電子メール、顧客名簿、帳票
従業者の採用や雇用管理で取り扱う個人情報	履歴書、労働契約書、身元保証書、労働者名簿、賃金台帳、各種申請書
PMSを運用することによって取り扱う個人情報	同意書、誓約書、教育理解度把握のためのテスト、アンケート

第２節　取扱状況を確認する手段の整備

1　取扱状況把握の手段

　個人情報を特定したら、そのリスク管理のために、その取扱状況を把握できるような手段を整備する必要がある。

　通則ガイドラインの「10（別添）講ずべき安全管理措置の内容」は、組織的安全管理措置として講じなければならない事項として、「(2)個人データの取扱いに係る規律に従った運用」と「(3)個人データの取扱状況を確認する手段の整備」をあげて、次の手法を例示している。

図表59　個人データの取扱いに係る規律に従った運用と個人データの取扱状況を確認する手段の整備

講じなければならない措置	手法の例示	中小規模事業者における手法の例示
(2)個人データの取扱いに係る規律に従った運用 　あらかじめ整備された個人データの取扱いに係る規律に従って個人データを取り扱わなければならない。 　整備された個人データの取扱いに係る規律に従った運用の状況を確認するため、利用状況等を記録することも重要である。	個人データの取扱いに係る規律に従った運用を確保するため、例えば次のような項目に関して、システムログその他の個人データの取扱いに係る記録の整備や業務日誌の作成等を通じて、個人データの取扱いの検証を可能とすることが考えられる。 ・個人情報データベース等の利用・出力状況 ・個人データが記載又は記録された書類・媒体等の持ち運び等の状況 ・個人情報データベース等の削除・廃棄の状況（委託した場合の消去・廃棄を証明する記録を含む。） ・個人情報データベース等を情報システムで取り扱う場合、担当者の情報システムの利用状況（ログイン実績、アクセスログ等）	・あらかじめ整備された基本的な取扱方法に従って個人データが取り扱われていることを、責任ある立場の者が確認する。
(3)個人データの取扱状況を確認する手段の整備 　個人データの取扱状況を確認するための手段を整備しなければならない。	例えば次のような項目をあらかじめ明確化しておくことにより、個人データの取扱状況を把握可能とすることが考えられる。 ・個人情報データベース等の種類、名称 ・個人データの項目 ・責任者・取扱部署 ・利用目的 ・アクセス権を有する者　等	・あらかじめ整備された基本的な取扱方法に従って個人データが取り扱われていることを、責任ある立場の者が確認する。

【個人データの取扱状況を一覧できるようにする手段】
　・個人データの適正な取扱いに必要な情報を記した個人データ取扱台帳の作成と最新状態の維持
　　☞　個人名を記載したメモまで台帳管理できるものではないから、特定した個人情報のすべてを台帳管理しなければならないというわけではない。
　事業者は、個人情報を洗い出したら、個人情報の重要性や漏えい事故等による影響の大きさ等（リスクレベル）を評価して、機密性に重点を置いて、以下のような管理レベルを設定する。
【個人情報の管理レベルの例】
　・　関係者外秘
　　組織内の一部関係者のみが扱える情報

・　社外秘

　組織内では共有可能だが、社外には公開しない情報

・　公開

　一般に広く公開する情報

　個人情報の管理レベルを設定したら、台帳等で取扱状況を管理する項目や内容を定義した上で、台帳等への登録方法、記入例などのルールを策定する。

　管理対象とする個人情報については、従業者が取扱いを間違えないように、管理レベルを組織全体で統一した表記方法でラベリングする。

> ☞　台帳管理は目的ではなく、取扱状況を把握できるようにするための手段である。従って、台帳管理の方法は、紙媒体である必要はなく、電子ファイル形式など、個人情報の取扱いを管理できる適切な方法を選択して構わない。
>
> 　また、決算書管理規程、契約書管理規程等の社内ルールが確立していてそれにより取扱状況が把握できるのであれば、それに関わる個人情報についてはそのルールに従って管理すればよい。

2　台帳等に含める項目

　個人情報の取扱状況を把握するための台帳等には、以下の項目を含めるべきである。

【台帳等に含める項目】

・　個人情報の項目
・　個人情報の利用目的
・　保管場所
・　アクセス権限を有する者
・　利用期限
・　保管期限
・　件数（概数でよい）

> ☞　この他にも、入手経路、組織内での取扱い経路（取扱部署）、保管形態（電子媒体、紙等）、廃棄方法等を含めることも考えられる。

　このようにして取扱状況を管理することで、リスクの認識、分析、対策が行い易くなる。

3　台帳等の定期的な確認

　個人情報の取扱状況を把握するための台帳等は、その内容を定期的に確認する等して最新状態を維持すべきである（個人情報の棚卸し）。

　これは、PDCA サイクルにおける点検（Check）と改善（Act）のステップに該当する。

第4章　規程文書（内部規程）の整備

第1節　規程文書（内部規程）の位置づけ

　基本方針の策定、組織内の役割・責任の明確化、個人情報の特定と管理等を実施するとともに、リスクの認識、分析、対策を経て確立したルールは、規程文書（内部規程）として明文化する。

　通則ガイドラインの「10（別添）講ずべき安全管理措置の内容」は、個人データの取扱いに係る規律の整備として、次の手法を例示している。

図表60　個人データの取扱いに係る規律の整備

講じなければならない措置	手法の例示	中小規模事業者における手法の例示
個人データの取扱いに係る規律の整備 　個人情報取扱事業者は、その取り扱う個人データの漏えい等の防止その他の個人データの安全管理のために、個人データの具体的な取扱いに係る規律を整備しなければならない。	取得、利用、保存、提供、削除・廃棄等の段階ごとに、取扱方法、責任者・担当者及びその任務等について定める個人データの取扱規程を策定することが考えられる。 　なお、具体的に定める事項については、以降に記述する組織的安全管理措置、人的安全管理措置及び物理的安全管理措置の内容並びに情報システム（パソコン等の機器を含む。）を使用して個人データを取り扱う場合（インターネット等を通じて外部と送受信等する場合を含む。）は技術的安全管理措置の内容を織り込むことが重要である。	・個人データの取得、利用、保存等を行う場合の基本的な取扱方法を整備する。

　規程文書（内部規程）の構成については、①基本方針（ポリシー）で定められた内容が、②対策基準、③実施手順と、段階を追って具体化されていくというトップダウン型（ピラミッド型）の文書構成が採用されるのが一般である。

　　①基本方針は、経営者が、情報セキュリティ等に取り組む姿勢を示し、社内外に宣言するものであり、プライバシーポリシーや情報セキュリティ方針などがこれに該当する。

　　②対策基準は、基本方針に基づき、何を実施しなければならないかという組織のルールを具体的に記述するものであり、就業規則や情報管理規程、文書管理規程、個人情報保護規程などがこれに該当する。

　　③実施手順は、対策基準に定めた内容を個々の業務等においてどのように実施するかという実務上の手順や書式を具体的に定めるものであり、細則、マニュアル、手順書（個人情報取扱手順書，漏えい事故等対応手順書，監査手順書，苦情対応手順書など）、チェック

リスト、台帳（個人情報管理台帳，個人データ取扱台帳など）、様式（資料受領書、誓約
書、秘密保持契約書など）がこれに該当する。

①基本方針と②対策基準の2つをあわせて「セキュリティポリシー」と呼ばれることもあり、
セキュリティ委員会や個人情報管理委員会（管理委員会）などの経営者レベルの組織で策定され
る。そして、③実施手順は、現場において、対策基準に基づいて、従業員が理解しやすいように
図表を駆使するなど工夫して作成する。

図表61　規程文書のピラミッド型文書体系

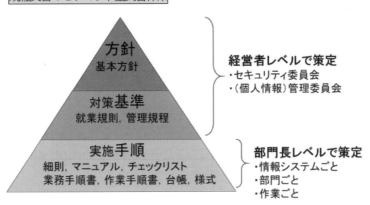

なお、これらの規程文書は、一冊にして全従業者が閲覧できるようにしておく必要はなく、詳
細な手順書は個人情報を取り扱う業務に携わる者のみが閲覧できるというように、従業者が必要
な範囲で参照できるようになっていれば足りる。

第2節　規程文書（内部規程）に記載する事項

[参考知識：規程文書に記載することが望まれる事項]

　「個人情報の保護に関する法律についての経済産業分野を対象とするガイドライン」（経産省。廃止。本書では「経産ガイドライン」又は「経産 GL」という。）は、個人データの取扱いに関する規程等に記載することが望まれる事項をあげている

個人データの取扱いに関する規程等に記載することが望まれる事項

取扱いの段階	記載することが望まれる事項	記載の例
(1)取得・入力	① 作業責任者の明確化	・個人データを取得・入力する際の作業責任者の明確化
	② 手続の明確化と手続に従った実施	・取得・入力する際の手続の明確化 ・定められた手続による取得・入力の実施 ・権限を与えられていない者が立ち入れない建物等での入力作業の実施 ・個人データを入力できる端末の、業務上の必要性に基づく限定 ・個人データを入力できる端末に付与する機能の、業務上の必要性に基づく限定（例えば、個人データを入力できる端末では、CD-R、USB メモリ等の外部記録媒体を接続できないようにするとともに、スマートフォン，パソコン等の記録機能を有する機器の接続を制限し、媒体・機器の更新に対応する
	③ 作業担当者の識別、認証、権限付与	・個人データを取得・入力できる作業担当者の、業務上の必要性に基づく限定 ・ID とパスワードによる認証、生体認証等による作業担当者の識別 ・作業担当者に付与する権限の限定 ・個人データの取得・入力業務を行う作業担当者に付与した権限の記録
	④ 作業担当者及びその権限の確認	・手続の明確化と手続に従った実施及び作業担当者の識別、認証、権限付与の実施状況の確認 ・アクセスの記録、保管と、権限外作業の有無の確認
(2)移送・送信	① 作業責任者の明確化	・個人データを移送・送信する際の作業責任者の明確化

	②手続の明確化と手続に従った実施	・個人データを移送・送信する際の手続の明確化 ・定められた手続による移送・送信の実施 ・個人データを移送・送信する場合の個人データの暗号化等の秘匿化（例えば、公衆回線を利用して個人データを送信する場合） ・移送時におけるあて先確認と受領確認（例えば、簡易書留郵便その他個人情報が含まれる荷物を輸送する特定のサービスの利用） ・FAX 等におけるあて先番号確認と受領確認 ・個人データを記した文書を FAX 機等に放置することの禁止 ・暗号鍵やパスワードの適切な管理
	③作業担当者の識別、認証、権限付与	・個人データを移送・送信できる作業担当者の、業務上の必要性に基づく限定 ・ID とパスワードによる認証、生体認証等による作業担当者の識別 ・作業担当者に付与する権限の限定（例えば、個人データを、コンピュータネットワークを介して送信する場合、送信する者は個人データの内容を閲覧、変更する権限は必要ない。） ・個人データの移送・送信業務を行う作業担当者に付与した権限の記録
	④作業担当者及びその権限の確認	・手続の明確化と手続に従った実施及び作業担当者の識別、認証、権限付与の実施状況の確認 ・アクセスの記録、保管と、権限外作業の有無の確認
(3) 利用・加工	①作業責任者の明確化	・個人データを利用・加工する際の作業責任者の明確化
	②手続の明確化と手続に従った実施	・個人データを利用・加工する際の手続の明確化 ・定められた手続による利用・加工の実施 ・権限を与えられていない者が立ち入れない建物等での利用・加工の実施 ・個人データを利用・加工できる端末の、業務上の必要性に基づく限定 ・個人データを利用・加工できる端末に付与する機能の、業務上の必要性に基づく限定（例えば、個人データを閲覧だけできる端末では、CD-R、USB メモリ等の外部記録媒体を接続できないようにするとともに、スマートフォン, パ

		ソコン等の記録機能を有する機器の接続を制限し、媒体及び機器の更新に対応する。)
	③作業担当者の識別、認証、権限付与	・個人データを取得・入力できる作業担当者の、業務上の必要性に基づく限定 ・IDとパスワードによる認証、生体認証等による作業担当者の識別 ・作業担当者に付与する権限の限定 ・個人データの取得・入力業務を行う作業担当者に付与した権限の記録
	④作業担当者及びその権限の確認	・手続の明確化と手続に従った実施及び作業担当者の識別、認証、権限付与の実施状況の確認 ・アクセスの記録、保管と、権限外作業の有無の確認
(4) 保管・バックアップ	①作業責任者の明確化	・個人データを保管・バックアップする際の作業責任者の明確化
	②手続の明確化と手続に従った実施	・個人データを保管・バックアップする際の手続※の明確化 　※情報システムで個人データを処理している場合は、個人データのみならず、オペレーティングシステム（OS）やアプリケーションのバックアップも必要となる場合がある。 ・定められた手続による保管・バックアップの実施 ・個人データを保管・バックアップする場合の個人データの暗号化等の秘匿化 ・暗号鍵やパスワードの適切な管理 ・個人データを記録している媒体を保管する場合の施錠管理 ・個人データを記録している媒体を保管する部屋、保管庫等の鍵の管理 ・個人データを記録している媒体の遠隔地保管・個人データのバックアップから迅速にデータが復元できることのテストの実施 ・個人データのバックアップに関する各種事象や障害の記録
	③作業担当者の識別、認証、権限付与	・個人データを保管・バックアップする作業担当者の、業務上の必要性に基づく限定・IDとパスワードによる認証、生体認証等による作業担当者の識別 ・作業担当者に付与する権限の限定（例えば、個人データをバックアップする場合、その作業担当者は個人データの内

		容を閲覧、変更する権限は必要ない。） ・個人データの保管・バックアップ業務を行う作業担当者に付与した権限（例えば、バックアップの実行、保管庫の鍵の管理等）の記録
	④ 作業担当者及びその権限の確認	・手続の明確化と手続に従った実施及び作業担当者の識別、認証、権限付与の実施状況の確認 ・アクセスの記録、保管と権限外作業の有無の確認
(5)消去・廃棄	① 作業責任者の明確化	・個人データを消去する際の作業責任者の明確化 ・個人データを保管している機器、記録している媒体を廃棄する際の作業責任者の明確化
	② 手続の明確化と手続に従った実施	・消去・廃棄する際の手続の明確化 ・定められた手続による消去・廃棄の実施・権限を与えられていない者が立ち入れない建物等での消去・廃棄作業の実施 ・個人データを消去できる端末の、業務上の必要性に基づく限定 ・個人データが記録された媒体や機器をリース会社に返却する前の、データの完全消去（例えば、意味のないデータを媒体に1回又は複数回上書きする。） ・個人データが記録された媒体の物理的な破壊（例えば、シュレッダー、メディアシュレッダー等で破壊する。）
	③ 作業担当者の識別、認証、権限付与	・個人データを消去・廃棄できる作業担当者の、業務上の必要性に基づく限定 ・ID とパスワードによる認証、生体認証等による作業担当者の識別 ・作業担当者に付与する権限の限定 ・個人データの消去・廃棄を行う作業担当者に付与した権限の記録
	④ 作業担当者及びその権限の確認	・手続の明確化と手続に従った実施及び作業担当者の識別、認証、権限付与の実施状況の確認 ・アクセスの記録、保管、権限外作業の有無の確認

第5章　組織的安全管理措置

第1節　組織体制の整備

　組織体制の整備として、従業者や責任者の役割・責任を明確化しなければならない。具体的には、職務分掌規程、職務権限規程等の内部規程、契約書、職務記述書等の各担当者の役割や権限・責任が確認できる文書や、実際に任命されている者が確認できる文書により明確化する。

　通則ガイドラインの「10（別添）講ずべき安全管理措置の内容」は、組織的安全管理措置として講じなければならない事項として、「(1) 組織体制の整備」をあげて、次の手法を例示している。

図表62　組織体制の整備

講じなければならない措置	手法の例示	中小規模事業者における手法の例示
(1)組織体制の整備 　　安全管理措置を講ずるための組織体制を整備しなければならない。	（組織体制として整備する項目の例） ・個人データの取扱いに関する責任者の設置及び責任の明確化 ・個人データを取り扱う従業者及びその役割の明確化 ・上記の従業者が取り扱う個人データの範囲の明確化 ・法や個人情報取扱事業者において整備されている個人データの取扱いに係る規律に違反している事実又は兆候を把握した場合の責任者への報告連絡体制 ・個人データの漏えい等の事案の発生又は兆候を把握した場合の責任者への報告連絡体制 ・個人データを複数の部署で取り扱う場合の各部署の役割分担及び責任の明確化	・個人データを取り扱う従業者が複数いる場合、責任ある立場の者とその他の者を区分する。

1　個人情報保護管理者（CPO）

「個人情報保護管理者」（CPO：Chief Privacy Officer）とは、個人情報保護の統括的な責任者であり、個人情報の取扱いに関する安全管理面だけではなく，組織全体のマネジメントを含む全体の管理者である。

通則ガイドラインが要求する組織的安全管理措置の「(1)組織体制の整備」の整備項目の例として「個人データの取扱いに関する責任者の設置及び責任の明確化」があげられていることから、CPO に相当する責任ある者を設置することが望ましい。

CPO は、個人データの安全管理の実施及び運用に関する次のような権限と責任を有する。

【CPO の権限と責任】

・個人データの取扱いを統括する（取扱状況の確認，取扱状況の記録の管理，廃棄の確認，重要な個人情報を取り扱う従業者の引継の確認等）
・セキュリティ委員会や（個人情報）管理委員会の長となる。
・従業者の教育研修等を実施する。
・従業者から事故や法令違反の可能性の報告を受ける。
・危機対応の任を負う（初期対応，事実調査・原因の究明等）
・安全管理措置の見直し・改善を行う。
・委託先の監督を行う（選定，委託契約の確認，委託先の監査）
・定期的に、又は適宜に、代表者に職務の実施状況を報告する。

CPO は、事業者の代表者が事業者内部の者の中から指名する。CPO は、個人情報保護マネジメントシステムを理解し、実施・運用できる能力をもった者でなければならず、また、個人情報の管理の責任者である性格上、いたずらに指名する者を増やし、責任が不明確になることは避けるべきといわれている。

> ☞　CPO は、社外に責任をもつことができる者（役員クラス）を指名することが望ましい。ただし、会社法上の監査役は、CPO を兼任できない。なぜなら、CPO は代表者（代表取締役）から任命され代表者の監督下に入るところ、そのような地位は、会社法が取締役と監査役とに機関を分けて、公正な監査を期した趣旨に反するからである。同様の理由から、会社法上の監査役は、管理委員会、監査責任者、監査員等の個人情報保護のための組織体制に組み込むことはできない。

2　管理委員会等

通則ガイドラインが要求する組織的安全管理措置の「(1)組織体制の整備」の例として、個人データの取扱いを総括する部署の設置と、事業者内の個人データの取扱いを監督する「管理委員会」の設置も望まれる措置である。

(1)　個人データの取扱いを総括する部署

事業者における個人情報の取扱いを総括する部署は、専門部署を設置しなければならないというわけではなく、個人情報の取扱い状況を取りまとめる体制がとれていればよい。

(2) 管理委員会

　管理委員会（個人情報管理委員会）は、事業者内の個人データの取扱いに責任を持つ機関であり、CPO が責任者を務めるものとされている。通則ガイドラインが要求する組織的安全管理措置の「(1)組織体制の整備」の手法として、管理委員会の設置も検討事項となる。

　管理委員会は、個人情報保護のための基本方針（個人情報保護方針）や対策基準（管理規程等）の実質的な決定機関であるとともに、個人情報保護マネジメントシステムの推進、漏えい事故等の問題が発生した場合の検討、個人情報保護の状況の点検・評価の結果に基づいた改善の検討を行う機関でもある。

　管理委員会も、専門部署として設置しなければならないというわけではなく、事業者の規模等に応じて、CPO のもと、事業者内の個人データの取扱いに責任をもつ体制がとれていればよい。

3　従業者の役割の明確化・限定

　従業者についても、各業務・部署における責任者の明確化、担当者の限定又は明確化の措置を講ずることが望ましい。通則ガイドラインも、組織的安全管理措置の「(1)組織体制の整備」の整備項目の例として「個人データを取り扱う従業者及びその役割の明確化」をあげている。

　従業者の役割と責任の明確化は、職務分掌規程、職務権限規程などの内部規程や契約書、職務記述書等に定めることが望ましい。

【従業員の役割と責任を明確にする手法の例】

　・個人データの取扱い（取得・入力、移送・送信、利用・加工、保管・バックアップ、消去・廃棄等の作業）における作業責任者を設置し、作業担当者を限定する。

　・個人情報を取り扱う者は原則として正社員とし、パートやアルバイトが個人情報を取り扱う場合は、取り扱う者を監督する正社員を置く。

　・個人データを取り扱う情報システムの運用責任者を設置し、担当者（システム管理者を含む）を限定する。

　・個人データを取り扱う従業者が取り扱う個人データの範囲を明確にする。

　・個人データを複数の部署で取り扱う場合には、各部署の役割分担及び責任を明確にする。

　・個人データの取扱いに関し、支店又は部門ごとに情報管理責任者を設置し、その役割と責任を明確化する。情報管理責任者は、個人情報保護対策を作業担当者に徹底する役割を担い、支店長や部門長が就任することが望ましい。

4　苦情・相談窓口

　苦情・相談の処理体制については、後述する「第4節　2　苦情・相談の処理体制」を参照されたい。

　なお、苦情・相談の窓口は、個人情報保護管理者（CPO）が兼任しても構わない。

5　監査実施体制の整備

(1)　監査責任者

監査のための組織体制の整備（監査実施体制の整備）を実践するために講じることが望まれる手法として、次のものが考えられる。

【監査実施体制整備の手法例】

・監査責任者の設置

・個人情報保護対策及び最新の技術動向を踏まえた情報セキュリティ対策に十分な知見を有する者が組織内の対応を確認すること（必要に応じ、外部の知見を有する者を活用し確認することを含む）等による、監査実施体制の整備

 ☞ プライバシーマーク制度（JISQ15001）では、監査責任者は「個人情報保護監査責任者」と呼ばれ、「監査の実施及び報告を行う責任及び権限をもつ者」である。代表者によって事業者の内部の者から指名される。但し、公平かつ客観的な立場を求められるため、個人情報保護管理者（CPO）との兼任はできず、社外に責任をもつことができる者（役員クラス）であって、個人情報保護管理者と同格又は上席者を指名することが望ましいとされる。

【監査責任者の主な任務（JISQ15001）】

・事業者内部又は外部から、監査の実施を担当する「監査員」を選任する。

・監査を指揮し，監査報告書を作成し，事業者の代表者に報告する。

(2)　監査員

監査員は、監査責任者によって選任され、監査責任者の監督下で監査の実施を担当する者である。

監査員は、事業者内から選任してよいが、力量があり公正に行える者を外部から選任してもよい。なお、内部監査の場合、客観性及び公平性を確保するため、監査員は自己の所属する組織の監査を担当してはならないとされている（JISQ15001）。

図表63 組織体制の整備例

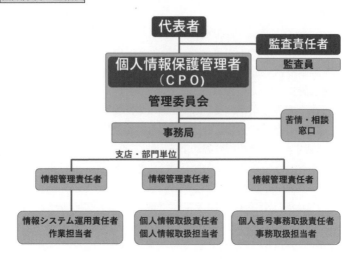

第2節　データの取扱いに係る規律に従った運用

　あらかじめ整備された規律（規程文書）に従って、データを取り扱わなければならない。

　整備された規律に従った運用の状況を確認するため、システムログ又は利用実績を記録することも重要である。

　通則ガイドライン「10（別添）講ずべき安全管理措置の内容」は、個人データの取扱いに係る規律に従った運用として、次の手法を例示している。

図表64　個人データの取扱いに係る規律に従った運用

講じなければならない措置	手法の例示	中小規模事業者における手法の例示
(2)個人データの取扱いに係る規律に従った運用 　あらかじめ整備された個人データの取扱いに係る規律に従って個人データを取り扱わなければならない。 　整備された個人データの取扱いに係る規律に従った運用の状況を確認するため、利用状況等を記録することも重要である。	個人データの取扱いに係る規律に従った運用を確保するため、例えば次のような項目に関して、システムログその他の個人データの取扱いに係る記録の整備や業務日誌の作成等を通じて、個人データの取扱いの検証を可能とすることが考えられる。 ・個人情報データベース等の利用・出力状況 ・個人データが記載又は記録された書類・媒体等の持ち運び等の状況 ・個人情報データベース等の削除・廃棄の状況（委託した場合の消去・廃棄を証明する記録を含む。） ・個人情報データベース等を情報システムで取り扱う場合、担当者の情報システムの利用状況（ログイン実績、アクセスログ等）	・あらかじめ整備された基本的な取扱方法に従って個人データが取り扱われていることを、責任ある立場の者が確認する。

第3節　データの取扱状況を確認する手段の整備

データの取扱状況を確認するための手段を整備しなければならない。

　通則ガイドラインの「10（別添）講ずべき安全管理措置の内容」は、個人データの取扱状況を確認する手段の整備として、次の手法を例示している。

図表65　個人データの取扱い状況を確認する手段の整備

講じなければならない措置	手法の例示	中小規模事業者における手法の例示
(3)個人データの取扱状況を確認する手段の整備 　個人データの取扱状況を確認するための手段を整備しなければならない。	例えば次のような項目をあらかじめ明確化しておくことにより、個人データの取扱状況を把握可能とすることが考えられる。 ・個人情報データベース等の種類、名称 ・個人データの項目 ・責任者・取扱部署 ・利用目的 ・アクセス権を有する者　等	・あらかじめ整備された基本的な取扱方法に従って個人データが取り扱われていることを、責任ある立場の者が確認する。

第4節　漏えい等の事案に対応する体制の整備

1　事故等の発生・兆候の報告連絡体制

　法令・社内規程の違反や漏えい事故等の事象やその兆候を把握した場合の報告連絡体制の整備が必要である。

　ウイルス対策ソフトウェアの導入やアクセス制御等の攻撃を防ぐための対策（「入口対策」ということもある）は万全なものではない。不注意でファイルや URL をクリックしてしまうこともあるし、添付されたマルウェアがウイルス対策ソフトで検知できないことも多い。従って、入口対策だけでなく、攻撃され感染した後に被害が拡大しないようにする「出口対策」（抜線、システム全体の外部ネットワークからの遮断等や事実調査等）が重要になる。出口対策を迅速かつ適切に行うためには、十分な組織体制を整備するとともに、従業者の普段からの教育を実施しなければならない（組織的・人的セキュリティの重要性）。

　なお、漏えい等の事案が発生した場合、二次被害の防止、類似事案の発生防止等の観点から、事案に応じて、事実関係及び再発防止策等を早急に公表することが重要である。

　通則ガイドラインの「10（別添）講ずべき安全管理措置の内容」は、漏えい等の事案に対応する体制の整備として、次の手法を例示している。

図表66　漏えい等の事案に対応する体制の整備

講じなければならない措置	手法の例示	中小規模事業者における手法の例示
(4)漏えい等の事案に対応する体制の整備 　漏えい等の事案の発生又は兆候を把握した場合に適切かつ迅速に対応するための体制を整備しなければならない。 　漏えい等の事案が発生した場合、二次被害の防止、類似事案の発生防止等の観点から、事案に応じて、事実関係及び再発防止策等を早急に公表することが重要である。	漏えい等の事案の発生時に例えば次のような対応を行うための、体制を整備することが考えられる。 ・事実関係の調査及び原因の究明 ・影響を受ける可能性のある本人への連絡 ・個人情報保護委員会等への報告 ・再発防止策の検討及び決定 ・事実関係及び再発防止策等の公表　等	・　漏えい等の事案の発生時に備え、従業者から責任ある立場の者に対する報告連絡体制等をあらかじめ確認する。

2　苦情・相談の処理体制

(1)　必要な体制の整備

　個人情報取扱事業者は、個人情報の取扱いに関する苦情の適切かつ迅速な処理に努めなければならず（法40条1項）、苦情の適切かつ迅速な処理を行うにあたり、苦情処理窓口の設置や苦情処理の手順を定める等必要な体制の整備に努めなければならない（同条2項）。

> ☞　必要な体制の整備にあたっては、日本産業規格である「JISQ10002:2019 品質マネジメント－顧客満足－組織における苦情対応のための指針」を参照できる。

【苦情・相談の処理に必要な体制整備の手法例】

　・苦情処理の受付窓口を設置する。

　・苦情処理の手順書を策定する。

　・苦情処理にあたる従業員への十分な教育・研修を行う。

(2)　保有個人データに関する苦情の申出先の周知

　保有個人データについては、その取扱いに関する苦情の申出先を本人の知り得る状態に置かなければならない（法32条1項4号、令10条2号）。

　認定個人情報保護団体の対象事業者である場合は、更に、認定個人情報保護団体の名称及び苦情の申出先を本人の知り得る状態に置かなればならない（法32条1項4号、令10条2号）。

第5節　取扱状況の把握及び安全管理体制の見直し

　個人情報の安全管理措置の実施は、個人情報を特定してリスクの分析と対策を決定し、管理規程等を策定すれば完了、というわけではない。一定期間毎に運用状況の点検や見直しを実施しないと、保護措置の実効性は確保できないし、技術の進歩に伴う新たな脅威にも対応できない。

　運用状況の点検と業務の改善は、計画の立案・策定（Plan）➡ 計画の実施・運用（Do）➡ 運用状況の点検（Check）➡ 業務の改善（Act）という「PDCAサイクル」における「Check」と「Act」に該当する重要な作業である。

　通則ガイドラインの「10（別添）講ずべき安全管理措置の内容」は、取扱状況の把握及び安全管理措置の見直しの措置として、次の手法を例示している。

図表67　取扱状況の把握及び安全管理措置の見直し

講じなければならない措置	手法の例示	中小規模事業者における手法の例示
(5)取扱状況の把握及び安全管理措置の見直し 　個人データの取扱状況を把握し、安全管理措置の評価、見直し及び改善に取り組まなければならない。	・個人データの取扱状況について、定期的に自ら行う点検又は他部署等による監査を実施する。 ・外部の主体による監査活動と合わせて、監査を実施する。	・責任ある立場の者が、個人データの取扱状況について、定期的に点検を行う。

1　運用状況の点検（確認と監査）

(1)　運用状況の確認

　自己チェックとして、日常的な業務の中で、運用している部門の者が、定期的に運用状況を確認し、気づいた点があれば是正する。

【運用状況を確認する手法の例】

　・当該部門の中から確認を担当する者（管理者）を決めて、取扱規程等に則って個人情報が取り扱われているかを見回る。

　運用状況の確認は、日常業務の中で行われるものであるから、業務に支障の生じない範囲で行えばよい。

　なお、プライバシーマーク制度では、①最終退出時の確認（施錠確認）や②入退館（室）の記録の定期的な確認、③個人情報を扱う情報システムのアクセスログの定期的な確認の各記録は残すことが必要であるとされている。

[参考知識：ログ（履歴）の重要性]

　ログ（履歴）には、システム管理者や担当者が操作した利用状況のログや、システムの起動や終了、障害・エラー等の動作を記録したシステムログなどがある。

　ログは、セキュリティ事故が発生した場合に原因を特定する手がかりになるものである（トレーサビリティの確保）。

　それだけでなく、ログは、情報セキュリティにおける「監査」の際の監査証跡にもなる。

　ログは、正確に記録する仕組みを構築するだけでなく、定期的に評価・分析し、異常がないかを確認することが重要である。また、ログは事故原因特定の手がかりや監査証跡となるものであるから、改ざん等されないように保管する必要がある。

(2)　監査

日常的な業務の中での定期的な運用状況の確認だけでなく、当該部署以外の者による「監査」を実施するべきである。

監査は、個人情報保護マネジメントシステムの整備状況及び運用状況について行う。

①　監査のための体制の整備

監査のための組織体制の整備の手法の例は次のとおりである。

【監査のための組織体制整備の手法の例】

・監査責任者の設置

・個人情報保護対策及び最新の技術動向を踏まえた情報セキュリティ対策に十分な知見を有する者が社内の対応を確認すること（必要に応じ、外部の知見を有する者を活用し確認することを含む）による、監査実施体制の整備

②　監査の手法

安全管理措置の評価、見直し及び改善のために講じることが望まれる手法の例として、次のものが考えられる。

【安全管理措置の評価・見直し・改善のための手法の例】

・監査計画の立案と、計画に基づく監査（内部監査又は外部監査）の実施

・監査実施結果の取りまとめと、代表者への報告

監査は定期的に実施し、具体的には、監査の手順を定めた監査手順書に従い、チェックリスト等を用いて行う。

監査実施の手法としては、監査対象の全てを検証する「精査」と、監査対象から抽出したサンプルを検証してその結果から監査対象の特性・傾向を推定する「試査」（サンプリング）がある。監査に要する時間とコストを踏まえて、試査を採用するのが一般である。

そして、監査実施結果や改善すべき事項等の評価・結論を、監査報告書に取りまとめて、代表者に提出する。

なお、事業者内から選任された監査員による内部監査の場合、客観性及び公平性を確保するため、監査員は自己の所属する組織の監査を担当することは望ましくない。

③　監査証跡の保持

監査証跡とは、情報システムへのアクセス状況や操作内容、データ処理内容などを追跡できるように時系列に記録したものである。

監査証跡には、情報システム利用申請書等の各種申請書や教育実施記録帳、入退室記録帳、ログ（システムの操作記録、プログラムの動作記録、アクセス制御に関する記録や不正アクセスの記録等）などがある。

監査の有効性は監査証跡の有無に左右されるため、監査証跡が保持できるように、あらかじめ業務フローに盛り込んだり、情報システムの機能に組み込んで自動化したりする。

システムのログは膨大であるから、情報の重要度や機密性を考慮した適切な証跡の保持

と管理が求められる。

　なお、セキュリティの観点から、アクセスした情報そのものを監査証跡に含めてはならない。

(3)　情報セキュリティ監査人

　情報セキュリティ監査制度は、情報セキュリティに係るリスクのマネジメントが効果的に実施されるように、リスクアセスメントに基づく適切なコントロールの整備、運用状況を、情報セキュリティ監査を行う主体が独立かつ専門的な立場から、国際的にも整合性のとれた基準に従って検証又は評価し、もって保証を与えあるいは助言を行う活動である。

　経産省により「情報セキュリティ監査基準」が策定されており、同基準に従った独立かつ専門的な立場からの監査である「情報セキュリティ監査人」による監査を利用する事業者もある。

[参考知識：情報セキュリティ監査の実施手順]

情報セキュリティ監査基準による情報セキュリティ監査の実施手順は以下のとおりである。

・監査計画（監査基本計画と監査実施計画）の立案

・監査証拠の入手と評価

　関連書類の閲覧及び査閲、担当者へのヒアリング、現場への往査及び視察、システムテストへの立会、テストデータによる検証及び跡付け、脆弱性スキャン、システム侵入テストなどの方法を通じて、監査証拠を入手し、リスクアセスメントに基づく適切なコントロールの整備、運用の状況を評価する。

・監査調書の作成と保存

・監査報告書の作成

・監査報告に基づくフォローアップ

2　改善、見直し

　事業者の代表者は、監査責任者（個人情報監査責任者）から受ける監査報告のほか、個人データに対する社会通念の変化及び情報技術の進歩に応じて、定期的な安全管理措置の見直し及び改善を実施するべきである。

　代表者は、リスクアセスメントの実施、事故の発生、苦情、運用状況の確認又は監査を通して、法令等（プライバシーマーク制度であればJISQ15001）への適合が不十分であることを把握した場合には、是正措置や予防措置を講ずる（改善）。

　代表者は、「改善」にとどまらず、技術の進歩による新たな脅威に対応すべく、個人情報保護マネジメントシステムそのものも見直すべきである。

　☞　プライバシーマーク制度では、少なくとも年1回の「見直し」の実施を求めている。

第6章　人的安全管理措置

第1節　従業者の監督

個人情報の漏えい事故の多くは、従業者の故意又は過失によるものである。

そこで、法24条は、「個人情報取扱事業者は、その従業者に個人データを取り扱わせるに当たっては、当該個人データの安全管理が図られるよう、当該従業者に対する必要かつ適切な監督を行わなければならない」と定めている。また、法23条は個人データの安全管理措置を定めている。このため、個人情報取扱事業者は、人的安全管理措置として、①雇用契約時における従業者との非開示契約の締結と、②従業者に対する内部規程等の周知・教育・訓練の実施が求められる。

ここで、監督の対象となる「従業者」とは、個人情報取扱事業者の組織内にあって直接間接に事業者の指揮監督を受けて事業者の業務に従事している者をいい、雇用関係にある労働者（正社員、契約社員、嘱託社員、パート社員、アルバイト社員等）のみならず、取締役、執行役、理事、監査役、監事、派遣社員等も含まれる（通則GL）。

監督の対象は、個人情報を取り扱う従業者に限定せず、個人情報を取り扱う可能性のある全ての従業者を対象としなければならない。

また、従業者の監督に際しては、個人情報の重要性や漏えい事故等による影響の大きさ等を考慮し、会社が営む事業の規模や業務内容に応じた措置を講じる。

通則ガイドラインの「10（別添）講ずべき安全管理措置の内容」は、従業者の教育として、次の手法を例示している。

図表68　従業者の教育

講じなければならない措置	手法の例示	中小規模事業者における手法の例示
○　従業者の教育 　従業者に、個人データの適正な取扱いを周知徹底するとともに適切な教育を行わなければならない。	・個人データの取扱いに関する留意事項について、従業者に定期的な研修等を行う。 ・個人データについての秘密保持に関する事項を就業規則等に盛り込む。	（同左）

1　非開示契約の締結

(1)　非開示契約

従業者の監督のために、従業者を採用する際に、非開示契約を締結することが必要である。

非開示条項は雇用の終了後も一定期間有効であるようにすることが望ましい。また、非開示の対象は個人情報だけでなく営業秘密等の業務上知り得た情報全てが含まれるのが通常であ

るが、その場合は、非開示の対象に個人情報が含まれることを従業者に認識させ、また、個人情報に関する非開示の条項と営業秘密に関する秘密保持の条項を峻別することが望ましい。

(2)　非開示契約の形式

非開示契約の締結は、非開示契約書（労使双方が署名・捺印する）を作成する場合のほか、従業者が「誓約書」（署名・捺印は従業者のみ）を使用者に差し入れる方法も考えられる。

雇用関係のある労働者であれば、就業規則の服務規律の条項に、業務上知り得た情報の非開示の義務を定めておく方法もある。その場合、就業規則に関する労働法規（労働基準法89条の就業規則作成・届出の義務や同法90条の就業規則作成の手続に関する規定）を遵守する必要がある。就業規則は労働者に周知しなければならないが（労働基準法106条）、就業規則を周知していても情報の非開示条項までは労働者が認識できていないこともあるので、個別に非開示契約書や誓約書を作成することにより、非開示条項を明確に認識できるようにすることが望ましい。

(3)　非開示契約に違反した場合の措置

非開示契約に従業者が違反した場合の措置に関する規程や契約書等も整備する必要がある。措置としては、懲戒処分や損害賠償が考えられる。

就業規則で懲戒処分等の処置を定める場合は、就業規則に関する労働法規を遵守する必要がある。

損害賠償については、「違反した場合は、これにより使用者が被った一切の損害を賠償する義務があることを認める」というだけでなく、損害賠償の額を予定する条項まで定めると違法（労働契約法16条違反）になるので、注意を要する。

図表69　秘密保持に関する誓約書（入社時）の例

秘密保持に関する誓約書

●●●●株式会社 御中

私は、貴社に入社するにあたり、以下の事項を遵守することを誓約します。

1. 貴社の社内規程を遵守し、次の各号の情報を不正な第三者提供、漏えい、滅失又は毀損をしません。
   (1) 職務上知り得た個人情報及び個人番号
   (2) 顧客及び取引先に関する情報
   (3) 製品の開発、設計、製造及び生産管理等に関する情報
   (4) 製品の製造原価、販売価格設定等に関する情報
   (5) 貴社の財務、人事その他の経営上の重要事項に関する情報
   (6) その他、経営、営業、技術に関する情報で、貴社が秘密情報と定めた情報
2. 会社の保有にかかる文書、図面もしくは写真等の資料又はデータのほか、CD-ROM、USBメモリその他の記憶媒体は、在職中は適切に保管するとともに、全てを退職日までに貴社の指定する方法により返還又は廃棄します。
3. 貴社を退職した後も本誓約事項を遵守します。
4. 前各条項に違反した場合、貴社の社内規程に基づく懲戒処分及び法的責任の追及を受ける可能性があることを了承します。

平成●●年●●月●●日

住所
氏名　　　　　　　印

個人情報に関する非開示の条項と営業秘密に関する秘密保持の条項の峻別

契約（雇用）終了後も有効であるようにする

(4)　派遣社員の受け入れに関する注意

　派遣社員と派遣先との間には、指揮・命令の関係はあるが、雇用関係はない、すなわち、派遣社員は派遣先の「労働者」ではない。

　但し、派遣社員は派遣先の「従業者」には該当するから（前述）、派遣先は、派遣社員を監督する義務を負う（法24条）。

図表70　派遣の構造

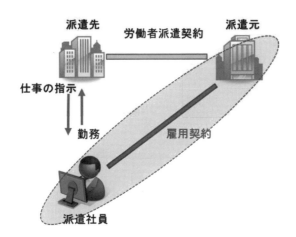

[参考知識：派遣社員に関する注意点]

① 派遣元を通じて守秘義務を課す

　派遣社員は派遣元との間に雇用関係があり、派遣先は派遣社員と二重に雇用関係をもってはならない（職業安定法44条）。このため、派遣先は、その就業規則を派遣社員に適用することはできない（就業規則を適用すると二重の雇用関係をもったことになってしまう）。

　このため、派遣先としては、派遣元と秘密保持契約を締結することで、派遣社員からの情報漏えい防止策を講ずることが望ましい（派遣元は派遣社員と秘密保持契約を締結しているのが通常である）。

　また、派遣先と派遣元が締結する派遣契約や秘密保持契約の中に、派遣元が派遣社員と秘密保持契約を締結しなければならないという条項を入れておくとよい。

② 派遣社員から秘密保持の誓約書を徴求することの問題

　派遣先が、派遣社員を受け入れる際に、当該派遣社員から秘密保持の誓約書を取り付けることがある。

　派遣先が派遣社員から誓約書を取り付けることは、派遣先の従業者に対する監督（法24条）の一環として許容される。

　但し、派遣先は派遣社員と雇用関係をもってはならないから、派遣先と派遣社員との関係が雇用関係となるような誓約書は労働法令違反となるので注意が必要である。

　例えば、誓約書の差し入れを拒否した派遣社員を別の社員と入れ替えたり、違反行為をしたら契約打ち切り等の処分をされても異議はないという条項を誓約書に入れることは、派遣先が派遣社員を懲戒処分するものであるから、派遣先が派遣社員と雇用関係をもつものとして違法と考えられる。

　なお、派遣先は、（紹介予定派遣を除き）労働者派遣契約の締結に際し、派遣社員を特定することを目的とする行為をしないように努めなければならないとされており（労働者派遣法26条6項）、また、派遣元が派遣先に通知しなくてはならない労働者個人に関わる情報は氏名、性別及び社会保険及び雇用保険の被保険者資格取得届の提出の有無等に限定されている（労働者派遣法第35条等）。従って、派遣先が派遣社員に対して必要以上に個人情報の提供を求めることは適当でないから、例えば誓約書に住所まで記入することを義務付けるべきではない。

図表71　派遣と誓約書

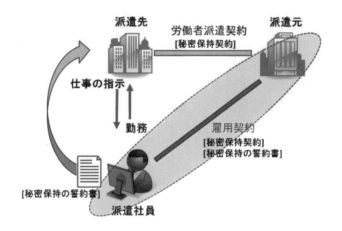

2　教育・訓練の実施

　事業者は、従業者の監督（法24条）の一環として、定期的に、個人情報の保護や情報セキュリティに関する教育を従業者に実施しなければならない。

　従業者に対する内部規程等の周知や、教育及び訓練の手法の例として、以下のものがあげられる。

【内部規定等の周知、教育及び訓練の手法例】

　・個人データ及び情報システムの安全管理に関する従業者の役割及び責任を定めた内部規程等を周知する。

　・個人データ及び情報システムの安全管理に関する従業者の役割及び責任について教育し、訓練を実施する。

　・従業者に対する必要かつ適切な教育及び訓練が実施されていることの確認を行う。

　教育の内容は、情報セキュリティの重要性や安全管理に関する従業者の役割と責任を理解させ、従業者が各々の役割・権限を確実に果たすことができるようなものにすべきである。このため、従業者の担当業務、役割及び責任に応じて教育内容を変更するのが適切である。

　そして、アンケートや小テストを実施する等して従業者の理解度を把握し，必要に応じて教育内容の見直しを図ることや、教育を受けたことを自覚させる仕組みを取り入れることが望ましい。

　個人情報の保護や情報セキュリティに関する教育を受けることを入社や昇進、昇格の条件にしたり、理解度が一定基準に達しない従業者を再教育したり、当該業務から外すなどの方策も考えられる。

　　☞　プライバシーマーク制度では、研修名、開催日時、講師、研修の概要等を定めた教育計画書を作成して従業者の教育を実施し、従業者全員に教育を実施したことの記録を残さなければならないとしている。

3　職場におけるモニタリング

　従業者の職場におけるメール・インターネット、電話、カメラ等のモニタリングは、情報セキュリティ（個人情報保護法でいえば同法24条の従業者の監督義務）や労働者の職務専念義務等の見地から、業務上の必要性が認められる。

　他方で、対象となるメール等に従業者の氏名が記載されていなくても、事業者にとってはメールアドレスや接続IDとの照合等が容易であるから、メール等は個人識別性を有し個人情報に該当することが一般的である。従って、モニタリングは個人情報保護法の規制対象であるといえる。また、モニタリングは、プライバシーや人格権の侵害による損害賠償請求訴訟で争われることもある。

　　☞　モニタリングに関するリーディングケースとしては、東京地裁平成13年12月3日判決がある。この判決では、従業員が組織内ネットワークシステムを用いて電子メールを私的に使用する場合のプライバシー保護については、「監視の目的，手段及びその態様等を総合考慮し，監視される側に生じた不利益と比較衡量の上、社会通念上相当な範囲を逸脱した監視がなされた場合に限り、プライバシー権の侵害となると解するのが相当である。」としている。

　従業者のモニタリングを実施するうえでの留意点としては次の項目があげられる（Q&A）。

【モニタリングの留意点】

　①モニタリングの目的をあらかじめ特定した上で、社内規程等に定め、従業者に明示する。

　②モニタリングの実施に関する責任者及びその権限を定める。

　③あらかじめモニタリングの実施に関するルールを策定し、その内容を運用者に徹底する。

　④モニタリングがあらかじめ定めたルールに従って適正に行われているか、確認を行う。

　⑤モニタリングに関して個人情報の取扱いに係る重要事項等を定めるときは、あらかじめ労働組合等に通知し必要に応じて協議を行うことが望ましい。

　⑥モニタリングに関して、個人情報の取扱いに係る重要事項等を定めるときは、あらかじめ労働組合等に通知し必要に応じて協議を行うことが望ましく、また、その重要事項等を定めたときは、従業者に周知することが望ましい。

第7章　事故・苦情等への対応

第1節　事故が発生したときの対応

　個人情報取扱事業者は、個人データの漏えい等又はそのおそれのある事案（漏えい等事案）が発覚した場合は、漏えい等事案の内容等に応じて、次の1.から5.に掲げる事項について、必要な措置を講じなければならない（通則GL）。

【漏えい等事案が発生した場合に講ずべき措置】

1. 事業者内部における報告及び被害の拡大防止
2. 事実関係の調査及び原因の究明
3. 影響範囲の特定
4. 再発防止策の検討及び実施
5. 個人情報保護委員会への報告及び本人への通知

　なお、漏えい等事案の内容等に応じて、二次被害の防止や類似事案の発生防止等の観点から、事実関係及び再発防止策等について、速やかに公表することが望ましい（通則GL）。

　漏えい事故が発生したときは、漏えいした情報の内容，本人の権利利益の侵害の可能性・程度及び二次被害発生の可能性・程度等に照らして適切な手法を講ずる必要がある。そこで、漏えい事故への対応の準備として、事前に事故発生時の対応手順を整備しておくべきである。

　　☞　書店で誰もが容易に入手できる市販名簿等（事業者において全く加工していないもの）を紛失等した場合は、このような対処をする必要はない。

1　事業者内部における報告及び被害の拡大防止

　漏えい等事案が発覚した場合、責任ある立場の者に直ちに報告するとともに、漏えい等事案による被害が発覚時よりも拡大しないよう必要な措置を講ずる。

【被害が発覚時よりも拡大しないように講ずる措置の例】

・外部からの不正アクセスや不正プログラムの感染が疑われる場合に、当該端末等のLANケーブルを抜いてネットワークからの切り離しを行う又は無線LANの無効化を行うなどの措置を直ちに行う。

2　事実調査及び原因の究明

　漏えい等事案の事実関係の調査及び原因の究明に必要な措置を講ずる。

　なお、事実関係の調査に先立つ初動対応として、可能性のある被害の拡大を防止するためにできる当面の処置を行うことが望ましい。

【必要な措置の例】

・事故やその兆候の報告・連絡を受けた場合、役員会等で当面の処置（システム休止等）を決定する。

・役員等社内人員で構成する事故対策本部を設置し、コンサル会社，調査会社等の外部専門家に調査を依頼して、事実の調査と原因の究明に努める。

3　影響範囲の特定

事実調査で把握した事実関係による影響範囲の特定のために必要な措置を講ずる。

【必要な措置の例】

・漏えいした個人データに係る本人の数、漏えいした個人データの内容、漏えいした原因、漏えい先等を踏まえ、影響の範囲を特定する（Q&A）。

・事故対策本部や外部専門家等により、漏えいや毀損等が疑われる情報の内容（漏えいした個人情報の件数や項目等）、事故の影響を受ける本人、二次被害の有無等、事故の影響範囲を特定する。

4　再発防止策の検討・実施

事実調査の結果を踏まえ、漏えい等事案の再発防止策の検討及び実施に必要な措置を講ずる。

【措置の例】

・役員、外部専門家等で構成された事故調査委員会を設置して、事故の再発防止策を検討し、実施する。

・二次被害防止策を講ずる。

　【二次被害防止策の例】

　　・顧客名簿が名簿業者に渡った場合は名簿業者に警告し回収する。

　　・個人情報が掲示板等に掲載された場合は掲示板等へ削除要請する。

　　・クレジットカード等の情報が漏えいした場合は、専門業者への不正利用のモニタリング依頼をする。

5　個人情報保護委員会への報告及び本人への通知

個人情報保護委員会への報告は法26条1項、本人への通知は法26条2項に従って実施する。

　☞　個人情報保護委員会への報告及び本人への通知については、「第16章　第2節　漏えい等の報告（法26条1項）」及び「第16章　第3節　本人への通知（法26条2項）」を参照

なお、認定個人情報保護団体の対象事業者の場合は、自己が所属する認定個人情報保護団体に報告を行う。

6　事実関係及び再発防止策等の公表

二次被害の防止や類似事案の発生回避等の観点から、個人データの漏えい等の事案が発生した場合は、可能な限り速やかに、事実関係及び再発防止策等を公表することが重要である。大規模な漏えい事件では、事故発生直後の発表と影響を受ける可能性のある本人への連絡という初期対応を実施し、中間報告、社外取締役や外部専門家らで構成された検証委員会の設置と事件の総括

及び再発防止策の検証を経て、社内処分等を含めた最終発表を行う場合もある。

　ただし、以下のように、二次被害の防止の観点から公表の必要性がない場合には、事実関係等の公表を省略しても構わない。

【事実関係等の公表を省略できる場合】

　・影響を受ける可能性のある本人すべてに連絡がついた場合

　・紛失等した個人データを、第三者に見られることなく、速やかに回収した場合

　・高度な暗号化等の秘匿化が施されている場合

　・漏えい等をした事業者以外では、特定の個人を識別することができない場合

第2節　苦情・相談への対応

　苦情及び相談は、常設の対応窓口を設置し、又は担当者を任命して受け付ける。

　　☞　受付担当者は個人情報保護管理者（CPO）との兼任を妨げない。

　苦情は、その重要度に応じて代表者に報告して、改善・見直しに活かすべきである。

第3節　本人からの開示請求等への対応

　個人情報取扱事業者は、保有個人データに関し、本人からの利用目的の通知の求め（法32条2項）のほか、開示請求（法33条1項）、訂正等の請求（法34条1項）、利用停止等の請求（法35条1項）、第三者提供停止の請求（法35条3項）及び利用停止等又は第三者への提供の停止の請求（法35条5項）に対応しなければならない。

　　☞　これらの開示等の請求等については、課題1の第24章から第32章を参照

第3編　オフィスセキュリティ

第8章　物理的安全管理措置

　通則ガイドラインの「10（別添）講ずべき安全管理措置の内容」には、物理的安全管理措置として講じなければならない措置と講じる手法が記載されている。

　また、JISQ15001にも物理的安全管理措置として講じなければならない事項が記載されている。

図表72 　物理的安全管理措置（通則GL）

講じなければならない措置	手法の例示	中小規模事業者における手法の例示
(1)個人データを取り扱う区域の管理 　　個人情報データベース等を取り扱うサーバやメインコンピュータ等の重要な情報システムを管理する区域（「管理区域」）及びその他の個人データを取り扱う事務を実施する区域（「取扱区域」）について、それぞれ適切な管理を行わなければならない。	（管理区域の管理手法の例） 　・入退室管理及び持ち込む機器等の制限等 なお、入退室管理の方法としては、ICカード、ナンバーキー等による入退室管理システムの設置等が考えられる。 （取扱区域の管理手法の例） 　・間仕切り等の設置 　・座席配置の工夫のぞき込みを防止する措置の実施等による、権限を有しない者による個人データの閲覧等の防止	・個人データを取り扱うことのできる従業者及び本人以外が容易に個人データを閲覧等できないような措置を講ずる。
(2)機器及び電子媒体等の盗難等の防止 　　個人データを取り扱う機器、電子媒体及び書類等の盗難又は紛失等を防止するために、適切な管理を行わなければならない。	・個人データを取り扱う機器、個人データが記録された電子媒体又は個人データが記載された書類等を、施錠できるキャビネット・書庫等に保管する。 ・個人データを取り扱う情報システムが機器のみで運用されている場合は、当該機器をセキュリティワイヤー等により固定する 。	（同左）
(3)電子媒体等を持ち運ぶ場合の漏えい等の防止 　　個人データが記録された電子媒体又は書類	・持ち運ぶ個人データの暗号化、パスワードによる保護等を行った上で電子媒体に保存する。 ・封緘、目隠しシールの貼付けを行う。	・個人データが記録された電子媒体又は個人データが記載

等を持ち運ぶ場合、容易に個人データが判明しないよう、安全な方策を講じなければならない。 　「持ち運ぶ」とは、個人データを管理区域又は取扱区域から外へ移動させること又は当該区域の外から当該区域へ移動させることをいい、事業所内の移動等であっても、個人データの紛失・盗難等に留意する必要がある。	・施錠できる搬送容器を利用する。	された書類等を持ち運ぶ場合、パスワードの設定、封筒に封入し鞄に入れて搬送する等、紛失・盗難等を防ぐための安全な方策を講ずる。
(4)個人データの削除及び機器、電子媒体等の廃棄 　個人データを削除し又は個人データが記録された機器、電子媒体等を廃棄する場合は、復元できない手段で行わなければならない。 　個人データを削除した場合、又は、個人データが記録された機器、電子媒体等を廃棄した場合には、削除又は廃棄した記録を保存することや、それらの作業を委託する場合には、委託先が確実に削除又は廃棄したことについて証明書等により確認することも重要である。	（個人データが記載された書類等を廃棄する方法の例） ・焼却、溶解、適切なシュレッダー処理等の復元不可能な手段を採用する。 （個人データを削除し、又は、個人データが記録された機器、電子媒体等を廃棄する方法の例） ・専用のデータ削除ソフトウェアの利用又は物理的な破壊等の手段を採用する。	・個人データを削除し、又は、個人データが記録された機器、電子媒体等を廃棄したことを、責任ある立場の者が確認する。

図表73　物理的安全管理措置（JIS Q 15001）

講じなければならない事項	
入退館（室）の管理	(1) 建物、室、サーバ室、個人情報の取扱い場所への入退制限 (2) 建物、室、サーバ室、個人情報の取扱い場所への入退の記録と保管 (3) 建物、室、サーバ室、個人情報の取扱い場所への入退の記録の定期的なチェック
盗難等の防止	(1) 離席時に個人情報を記した書類、媒体、携帯可能なコンピュータ等を机上に放置しない。 (2) 個人情報を取り扱うコンピュータの操作において、離席時は、パスワード付きスクリーンセーバーの起動又はログオフを実施する。 (3) 個人情報を記録した媒体（紙、外部記録媒体）は施錠保管する。 (4) 個人情報を記録した媒体の保管場所の鍵は特定者が管理する。 (5) 個人情報を記録した媒体（紙、外部記録媒体）の廃棄は、再利用できない措置を講じている。 (6) 個人情報を記録した携帯可能なコンピュータ等について、盗難防止措置を講じている。 (7) 携帯可能なコンピュータや USB メモリ、CD-ROM 等の外部記録媒体の利用についてルールを定め、それを遵守している。 (8) 個人情報を取り扱う情報システムの操作マニュアルを机上に放置していない。
機器・装置などの物理的な保護	(1) 個人情報を取り扱う機器・装置等を物理的に保護する装置を導入していること

第1節　データを取り扱う区域の管理

　データを取り扱う区域の管理（入退館の管理）にあたっては、まず、「ゾーニング」によってセキュリティレベルに応じたエリア区分を行う。

　そして、それぞれのエリアにある施設について、次のような管理策を講ずる（JISQ27002 による「オフィス、部屋及び施設に対する物理的な管理策」より）。

【エリア区分に応じた管理策】

　　a)　主要な施設は、一般の人のアクセスが避けられる場所に設置する。

　　b)　可能であれば、建物を目立たせず、その目的を示す表示は最小限とし、情報処理活動の存在を示すものは、建物の内外を問わず、一切表示しない。

　　c)　施設は、秘密の情報又は活動が外部から見えたり聞こえたりしないように構成する。電磁遮蔽も考慮する。

　　d)　秘密情報処理施設の場所を示す案内板及び内線電話帳は、認可されていない者が容易にア

クセスできないようにする。

　更に、各施設・エリアについて、入退館（室）の制限を実施する。

　入退館（室）の制限により不正侵入を防止するだけでなく、入退館（室）の記録を保存し定期的にチェックすることによって、漏えい事故等が生じたときのトレーサビリティを確保することができ、従業者等による不正取得・漏えいの抑止にもつながる（記録から犯人が判明すると思えば不正取得・漏えいを諦める）。

　入退館（室）の管理として、以下の1から3の事項を講じるが、具体的な手法については、各エリアのセキュリティレベルに応じた適切な方法を選択することになる。

【入退館（室）の管理として講じる事項】
　1　建物、室、サーバ室、個人情報の取扱い場所への入退制限
　2　建物，室，サーバ室、個人情報の取扱場所への入退の記録と保管
　3　建物，室，サーバ室、個人情報の取扱場所への入退の記録の定期的なチェック

　なお、通則ガイドラインの「10（別添）安全管理措置」では、個人情報データベース等を取り扱うサーバやメインコンピュータ等の重要な情報システムを管理する区域を「管理区域」、その他の個人データを取り扱う事務を実施する区域を「取扱区域」と呼び、それぞれ適切な管理を行わなければならないとして、次の手法を例示している。

図表74　個人データを取り扱う区域を管理する手法の例

講じなければならない措置	手法の例示	中小規模事業者における手法の例示
(1)個人データを取り扱う区域の管理 　　個人情報データベース等を取り扱うサーバやメインコンピュータ等の重要な情報システムを管理する区域（「管理区域」）及びその他の個人データを取り扱う事務を実施する区域（「取扱区域」）について、それぞれ適切な管理を行わなければならない。	（管理区域の管理手法の例） 　・入退室管理及び持ち込む機器等の制限等 　なお、入退室管理の方法としては、ICカード、ナンバーキー等による入退室管理システムの設置等が考えられる。 （取扱区域の管理手法の例） 　・間仕切り等の設置、座席配置の工夫、のぞき込みを防止する措置の実施等による、権限を有しない者による個人データの閲覧等の防止	・個人データを取り扱うことのできる従業者及び本人以外が容易に個人データを閲覧等できないような措置を講ずる。

1　建物、室、サーバー室、個人情報の取扱い場所への入退制限

[参考知識：入退館（室）の制限の手法]

【入退館（室）を制限する手法の例】

- ・ICカード（非接触カード）や生体認証を利用する等、機械的なシステムによる認証により業務上必要な者のみに入退の権限を与え、人事異動や退職、カードの紛失等に合わせ、遅滞なく設定を見直す。
- ・ナンバーキーによる入退制限。ナンバーキーは、人事異動や退職者が出た場合等にキー番号を変更する。
- ・IDカード（社員証）の提示により入退を制限する（守衛によるチェックや入館システムによるチェック）。
- ・通常は施錠し、必要な都度、鍵管理者の承認を得て鍵を開ける。
- ・予備の鍵（ICカード等含む）を適正に管理する。
- ・非常口は内部から施錠する。
- ・従業者は、IDカード（社員証）を常時携帯（着用）する。
- ・IDカードを紛失、破損した場合は直ちに届け出ることとし、紛失したカードは使用できないようにし、破損したカードは回収して確実に破棄する。
- ・人事異動や退職に合わせて、IDカードを回収して無効化する。
- ・IDカードを忘れた場合は当日しか使用できない代替のカードを発行し、退出時には確実に回収する。
- ・来訪者に、来訪者であることが一目で分かるような入館証・部外者用バッジを着用（携帯）させる（入退室の記録に入館証番号を記録するなどして入退室記録と連携させる）。
- ・IDカードや入館証の枚数管理を定期的に実施する（棚卸し）。
- ・監視カメラを作動させる（「警備中」「監視カメラ作動中」などと掲示することで、抑止効果を高める）。
- ・事前の約束のない来訪者は受け入れない。
- ・来訪者を受け入れる場合は、必ず従業者が帯同する（IDカードやバッジを付けていない場合や部外者に従業者が帯同していない場合は声掛けすることをルール化する）。
- ・来訪者を受け入れる場合は、あらかじめ定めた区域内（セキュリティレベルの低いパブリックエリア等）のみを案内する。
- ・来訪者をセキュリティレベルの高い区域（セキュリティエリア）に案内する必要がある場合は、守秘義務についての誓約書を取得する。
- ・セキュリティレベルの高い区域（セキュリティエリア）での外部者による保守点検作業は、作業員の所属、氏名、持込み書類、器具などを事前登録し、正社員立会いのもとで作業を行い、スマートフォンやタブレット等の機器の持込みを原則禁止とする。

2　建物、室、サーバー室、個人情報の取扱場所への入退の記録と保管

> [参考知識：入退館（室）の記録と保管の手法]
>
> 【入退館（室）を記録し、記録を保管する手法の例】
>
> ・個人情報を取り扱うそれぞれの場所に関し、従業者、来訪者それぞれについて記録を取り、保管する
> （来訪者の入退室記録には、入退室の日時、入退室者の所属、氏名、訪問先、ゲストカード番号等を
> 記録（記載）する。なお、入退室記録帳を用いる場合は、他の訪問者の個人情報等が閲覧できないよ
> うに、一覧形式ではなく単票形式にする）。
>
> ・従業者の入退について、24時間記録する（最低限、最初と最後の記録は残す）。
>
> ・最終退出時の社内点検（施錠、防火確認等）を実施する（24時間開いている事業所では不要である）。

3　建物、室、サーバー室、個人情報の取扱場所への入退の記録の定期的なチェック

　2で保管した記録は、定期的にチェックし、定期的な安全管理措置の見直し及び改善を実施するべきである。

第2節　盗難等の防止

　システム等の物理的な脆弱性につけ込む人為的な脅威（盗難、のぞき込み、紛失等）に対しては、以下の各事項を実施することで、脅威を軽減することができる。

【人為的な脅威を軽減するために実施できる事項】

1　離席時に個人情報を記した書類、媒体、携帯可能なコンピュータ等を机上に放置しない（クリアデスク）

2　個人情報を取り扱うコンピュータの操作において、離席時は、パスワード付きスクリーンセーバーの起動又はログオフを実施する（クリアスクリーン）

3　個人情報を記録した媒体は施錠保管する。

4　個人情報を記録した媒体の保管場所の鍵は特定者が管理する。

5　個人情報を記録した携帯可能なコンピュータ等について、盗難防止措置を講じる。

6　携帯可能なコンピュータやUSBメモリ、CD-ROM等の外部記録媒体の利用についてのルールを定め、それを遵守する。

7　個人情報を取り扱う情報システムの操作マニュアルを机上に放置しない。

　具体的には、情報資産の態様、保管状況及び価値に応じて、各資産の盗難等を防止するための適切な手法を採用する。

　通則ガイドラインの「10（別添）講ずべき安全管理措置の内容」は、物理的安全管理措置として講じなければならない事項として、「(2) 機器及び電子媒体等の盗難等の防止」をあげて、次の手法を例示している。

図表75　機器及び電子媒体等の盗難等の防止

講じなければならない措置	手法の例示	中小規模事業者における手法の例示
(2)機器及び電子媒体等の盗難等の防止 　　個人データを取り扱う機器、電子媒体及び書類等の盗難又は紛失等を防止するために、適切な管理を行わなければならない。	・個人データを取り扱う機器、個人データが記録された電子媒体又は個人データが記載された書類等を、施錠できるキャビネット・書庫等に保管する。 ・個人データを取り扱う情報システムが機器のみで運用されている場合は、当該機器をセキュリティワイヤー等により固定する 。	（同左）

1　離席時に個人情報を記した書類、媒体、携帯可能なコンピュータ等を机上に放置しない（クリアデスク）

[参考知識：クリアデスク方針]
　JISQ27001 には、「書類及び取外し可能な記憶媒体に対するクリアデスク方針，並びに情報処理設備に対するクリアスクリーン方針を適用することが望ましい。」と記述されている。
【クリアデスク方針の例】
　・離席時は、机上に個人情報を記録した媒体（紙、電子媒体）や携帯可能なコンピュータ等を放置せず、引出しやキャビネット等に施錠保管する。
　・プリンタに出力した書類はすぐに取りに行く。
　・廃棄予定の重要書類を放置しない。

2　個人情報を取り扱うコンピュータの操作において、離席時は、パスワード付きスクリーンセーバーの起動又はログオフを実施する（クリアスクリーン）

[参考知識：クリアスクリーン方針]
　JISQ27001 には、「書類及び取外し可能な記憶媒体に対するクリアデスク方針，並びに情報処理設備に対するクリアスクリーン方針を適用することが望ましい。」と記述されている。
【クリアスクリーン方針の例】
　・個人情報を取り扱うコンピュータからの離席時は、ログオフやパスワード付きスクリーンセーバーを起動する。
　・スクリーンセーバー起動までの時間を、業務の内容に応じ合理的な範囲で定める。
　・USB キーがなければコンピュータを操作できないよう設定し、離席時は必ず USB キーを抜く。

3　個人情報を記録した媒体は施錠保管する

[参考知識：施錠保管]

【施錠保管の手法例】

・個人情報を記録した紙媒体やUSBメモリ、CD-ROM等の外部記録媒体を施錠保管する。

・施錠保管では、あるべきものが全てそこにあるかについて管理する。

　例えば、外部記録媒体を保管している場合に、何か無くなっても容易に気がつかないような管理状況

　にしない（施錠保管している媒体の持出しは管理責任者の許可を得るものとし、持出しの日時、氏名、

　持出媒体名及び持出理由などを個人情報閲覧記録帳等に記録する）。

・個人情報を施錠保管しているキャビネット等は、中が見えないようにし、また内容物を表示するラベ

　ル等を貼付しない。表示する場合は、従業者にしか分からない記号にする等の措置を講じる。

・重要度の高い紙媒体・外部記憶媒体は、耐火・耐熱金庫や認証機能がある収納ユニットに保管する。

4　個人情報を記録した媒体の保管場所の鍵は特定者が管理する。

[参考知識：媒体の保管場所の鍵の管理]

【鍵の管理の手法例】

・鍵は特定者が管理する。

・鍵を管理する者の数を最小限にする。

5　個人情報を記録した携帯可能なコンピュータ等について、盗難防止措置を講じる

[参考知識：記録媒体の盗難防止措置]

【盗難防止措置の手法例】

・携帯可能なコンピュータや外付けハードディスクに個人情報を保管している場合、チェーンロック又

　は帰宅時のキャビネット等への施錠保管を行う。

・業務で使用する携帯電話については、取扱いルールを定め、ルールを遵守する。

　☞　肌身離さない携行、落下防止ストラップの装着等の紛失防止策、ナンバーロックの実施、リモー

　　　トロック等

　☞　私物の携帯電話を業務に使うことを認めている場合は、事業者と従業者間で取扱いのルールにつ

　　　いて合意していることが望ましい。ルールを作るにあたっては、事業者は従業者のプライバシー

　　　に配慮する必要がある。

6　携帯可能なコンピュータやUSBメモリ、CD-ROM等の外部記録媒体の利用についてのルールを定め、それを遵守する

> [参考知識：外部記録媒体の利用ルールの遵守]
>
> 【外部記録媒体の利用ルールの策定と遵守の例】
>
> ・携帯可能なコンピュータやUSBメモリ、CD-ROM等の外部記録媒体の利用、持出し、持込みの際のルールを定め、遵守する。
>
> ・外部記録媒体を社外へ持ち出すときや組織内に持ち込む（持出しの返却を含む）ときは、必要に応じて暗号化等の秘匿化やウイルスチェック等を実施することもルールに含め、遵守する。
>
> ・外部記録媒体を利用できる端末を限定している。

(1)　携帯可能なコンピュータの利用等のルール

　携帯可能なコンピュータ（ノートパソコン等）の利用、持出し、持込みに関しては、機器の紛失・盗難やウイルス感染を防止するためのルールを策定しなければならない。

> [参考知識：携帯可能なコンピュータの利用等のルール]
>
> 　ルール策定にあたっては、「国民のための情報セキュリティサイト」（総務省）及び「公衆無線LAN利用に係る脅威と対策」（IPA）に掲載されている例が参考になる。
>
> 【携帯可能なコンピュータ利用等のルールの例】
>
> ・強固な情報セキュリティ対策を施した持出専用のノートPC（指紋認証やBIOSパスワード、USBトークンなどを利用できる製品）を準備し、情報システム部門で管理番号（製造番号）、使用者等を記録し管理する。
>
> ・持出専用以外のノートPCの社外への持出しを禁止する。
>
> ・社外にノートPCを持ち出す場合には事前の申請を義務づけ、持出しの日時、氏名、管理番号（製造番号）、持ち出す情報の種類や内容（顧客名簿など）、持出理由等を機器持出管理台帳等に記録する。
>
> ・ノートPCには持ち出す必要のない情報は保存しない。
>
> ・ノートPCに保存するファイルは暗号化する。
>
> ・容易に推測されにくいログインパスワードを設定する。
>
> ・OSのログインパスワードだけでなく、BIOSパスワードやハードディスクのパスワード、USBトークンを利用する。
>
> ・リモートアクセスを利用する場合には、指紋認証やワンタイムパスワードによる認証を利用する。
>
> ・信頼できない社外ネットワーク（公衆無線LAN等）には接続しない。社外ネットワークに接続する場合は、セキュリティ対策（フォルダ共有設定の解除、ウイルス対策等）を確認し、IDやパスワード、個人情報等の重要な情報の入力・送受信はしない。
>
> ・アップデートや修正プログラム等を速やかに適用する。
>
> ・盗難時等のリモート接続によるハードディスク内データの強制消去や利用者位置を特定する機能・サービスを利用する。
>
> ・盗難・紛失時には直ちに情報管理責任者に届け出る。

(2)　USBメモリの利用等のルール

　USBメモリ等の持ち運びしやすく大容量の電子記録媒体がオフィスに持ち込まれると、大量の機密情報を持ち出すことが可能になってしまう。また、USBメモリを媒介してパソコンに感染するマルウェアもある。そこで、USBメモリ等の電子記録媒体については、その持ち込みと業務での利用等について規制しなければならない。

[参考知識：USBメモリの利用等のルール]

　USBメモリの利用、持出し、持込みに関するルールの策定にあたっては、「国民のための情報セキュリティサイト」（総務省）及び「外部記憶媒体のセキュリティ対策」（IPA）に掲載されている例が参考になる。

【USBメモリ利用のルールの例】

・管理下にないPCや不特定多数が利用するPCに、業務で利用するUSBメモリを接続しない。

・管理下にないUSBメモリや所有者不明なUSBメモリを、業務で利用するPCに接続しない。

・全てのコンピュータのUSBメモリの自動実行機能（USBメモリをパソコンに接続した際等に、ファイルが自動的に実行されるWindowsの機能、オートラン機能）を無効にする。

・USBメモリをPCに接続したときには、ファイルを開く前に必ずウイルスチェックを行う。

・保存するファイルは暗号化する。

・外部に持ち出すUSBメモリは情報セキュリティ対策機能やソフトウェアが装備されている製品を使用し、個人のUSBメモリの使用を認めない。

---

(3)　スマートフォンの利用等のルール（MDM）

　組織がスマートフォンを従業員等に貸与する場合にスマートフォンの利用状況等を一元管理する仕組みを「MDM（モバイル端末管理：Mobile Device Management）」という。

　スマートフォンは、大容量の記録媒体として用いることが可能であり、カメラ付きの場合には機密情報の撮影も容易である。スマートフォンに感染するマルウェアも存在する。従って、スマートフォンの業務での利用や持込み等について規制しなければならない。

[参考知識：MDM]

　スマートフォンを業務で利用する場合のルールの策定にあたっては、「スマートフォンのセキュリティ対策のしおり」（IPA）及び「スマートフォンの安全な利活用のすすめ」（JNSA）に掲載されている例が参考になる。

【MDMの例】

・業務利用する端末は貸与制とし、個人所有端末の業務利用は原則禁止して申請により許可する。

・個人所有端末の業務利用を認める場合は、個人用データと業務用データを分けて管理する。

　☞　業務用と個人用でメールボックスを分離する。

　☞　業務用と個人用でアドレス帳データを分離する。

・業務用のデータ・アドレス帳データ（及びそれらのバックアップデータ）は、アプリ等により暗号化するか、セキュリティ対策のされたオンラインストレージに保存する。

・拡張メモリスロットのメモリにデータを保存しない。

・紛失時の保護手段を準備する。

- ☞ パスワードやPIN等による端末（又はSIM）のロックの徹底
- ☞ パスワードクラッキング対策（指定回数以内に正しいパスワードが入力されない場合にデータ消去やセキュリティロックする機能等）
- ☞ 紛失した端末の探索、強制ロック、データ消去等ができる機能を有効化（アプリやサービスを利用）する。

・アプリは信頼できる場所からインストールし、提供元不明のアプリのインストールを許可しない。

- ☞ 業務利用する端末に導入すべきでないアプリを特定する。
- ☞ 業務利用する端末に導入すべきでないアプリが組織内で利用されていないことを確認する（スマートフォン専用セグメントに対するスキャン、組織内で利用されている端末に導入されているアプリの確認等）。

・端末を改造（Jailbreak，root化等）しない。

・アップデートや修正プログラム等を速やかに適用する。

・端末の組織内ネットワークへの接続の対策を講ずる。

- ☞ スマートフォンを接続させるネットワークセグメントは、組織内の他のネットワークセグメントと分離する。
- ☞ スマートフォン専用セグメントと隣接する他のネットワークセグメントでは、スマートフォン専用セグメントと同等以上のセキュリティレベルを確保する。
- ☞ スマートフォンを専用ネットワークにのみ接続させるためのアクセス制御を実施する（MACアドレス、クライアント証明書、他の認証システムとの連携等）。
- ☞ スマートフォン専用ネットワークのトラフィックをモニタリングする。
- ☞ スマートフォン専用ネットワークにおける端末のステータスログ、又は認証ログなどを定期的に確認する。
- ☞ スマートフォン専用ネットワークに汚染状態・不適切な状態の機器が接続されていないかを確認する。

・盗難・紛失時には直ちに上長（所属長・情報管理責任者等）に届け出る。

・盗難・紛失に対し速やかに保護措置を実施する。

- ☞ 端末の保護措置を実施する。
- ☞ 当該端末の組織内ネットワークへの接続許可を取り消す。
- ☞ 当該端末を利用する従業者の組織内ネットワークのIDの利用停止とパスワード変更を実施する。

・端末を廃棄する場合（業務利用する個人所有端末の機種変更を含む）は、端末に蓄積されたデータを完全に消去する（物理フォーマットや破砕処理等、確実性の高い手段が提供されている場合、その手段を採用することが望ましい）。

(4) 個人所有機器の利用等のルール

　個人で所有する機器等をセキュリティレベルの高いエリアに持ち込むと、情報の不正持出しに機器が利用される恐れ等があるから、個人所有機器のセキュリティレベルの高い区域への持ち込みは禁止するべきである。

　また、個人所有の機器を業務に利用することも、その機器が私的にどのような形で利用されるかが予測できないから、原則として禁止するべきである。

☞　個人所有のパソコンを業務に利用していたところ、私的利用時に感染していたマルウェアによって業務上の情報が漏えいした事故が発生している。

　　なお、業務で用いるソフトウェアは全社で統一して管理し、個人で持ち込んだソフトやフリーソフトウェアをパソコンにインストールすることは禁止するべきである。悪意のあるソフトウェア（ウイルスが仕込まれている、トロイの木馬として機能する等）が業務用のパソコンにインストールされると、情報漏えい等につながる可能性があるからである。

[参考知識：個人所有機器の利用等のルール]

　　個人所有の機器やプログラムを業務で利用したり持ち込むことに関するルールについては、「情報漏えい対策のしおり」（IPA）に記載されている例が参考になる。

【個人所有の機器やプログラムの持込み等のルールの例】

・個人所有の機器（パソコン、スマートフォン、外部記憶媒体等）のセキュリティエリア（従業者の中でも権限をもつ者のみが立ち入ることができるエリア）への持込みを禁止する。

・個人所有の機器の業務利用を原則禁止する（個人所有のスマートフォンの業務利用については、前述した[MDMの例]を参照）。

・個人所有の機器の業務用パソコンへの接続を禁止する。

・個人所有の機器の組織内ネットワークへの接続を禁止する。

・個人所有のプログラムの業務利用を禁止する。

・許可されていないプログラム（フリーウェア等）のインターネットからのダウンロードを禁止する。

・許可されていないオンラインストレージサービスや情報共有サービス等の業務利用を禁止する。

7　個人情報を取り扱う情報システムの操作マニュアルを机上に放置しない。

[参考知識：情報システムの操作マニュアル取扱いのルール]

【個人情報を取り扱う情報システムの操作マニュアルの取扱いに関するルールの例】

・個人情報を取り扱う情報システムの操作マニュアルを保管する場所を定め、使用後は必ずそこに返却する。

・個人情報を取り扱う情報システムの操作マニュアルを電子化する。

第3節　機器・装置等の物理的な保護

　　個人情報を取り扱う場所, 機器・装置に対する人為的脅威としては、盗難や破壊等が考えられ、環境的脅威としては、漏水, 火災, 停電, 地震等が考えられる。

　　これらの脅威から機器・装置等を物理的に保護し、脅威を軽減する装置を導入する必要がある。

[参考知識：機器・装置等の物理的な保護]

【機器・装置等の物理的な保護を実施するために事業者が参考にできる手法の例】

・個人情報を取り扱う機器・装置等は、サーバ室やサーバラック等に施錠保管し、物理的に保護する。

　☞　事業者の規模、取り扱う個人情報の量や質、あるいはオフィスそのものの高い機密性の確保といったことを総合的に勘案し、サーバ室やサーバラックが必要でない場合もある。

　☞　ただし、そのような場合であっても、安全管理上の脅威（盗難，破壊，破損等）や環境上の脅威（漏水，火災，停電，地震等）からの物理的な保護装置が必要であることに変わりはない。

　☞　サーバ室については、事務消耗品等をストックしておく倉庫として利用して情報システムの管理に関係のない者が頻繁に入退室する環境にするのは好ましくない。

・個人情報を取り扱う機器・装置等には無停電電源装置（UPS）を設置する。

・個人情報を取り扱う機器・装置等を保管する部屋には、耐火（消火）設備を用意する。

　☞　情報システムを取り扱う機器・装置を保管する部屋の立地や配置、設備を検討する際は、情報システム安全対策基準の〈設置基準〉に掲げられている以下の対策項目を確認し、情報システムを取り扱うエリアのセキュリティレベル等に応じて、どの項目を採用するかを検討するとよい。

　　【情報システム安全対策基準が掲げる「対策項目」】

　　(1) 建物及び室は、火災の被害を受ける恐れのない場所に設けること

　　(2) 建物及び室は、水の被害を受ける恐れのない場所に設けること

　　(3) 建物は、落雷の被害を受ける恐れのない場所に設けること

　　(4) 建物及び室は、電界及び磁界の被害を受ける恐れのない場所に設けること

　　(5) 建物及び室は、空気汚染の被害を受ける恐れのない場所に設けること

　　(6) 室は、専用とすること

　　(7) 情報システムを事務室に設置する場合は、設置位置等に配慮すること

　　(8) 建物の内外及び室は、情報システム及び記録媒体の所在を明示しないこと

　　(9) 建物及び室は、避難のために必要な空間を確保すること

・個人情報を取り扱う機器・装置等を保管する部屋について、室温管理を実施する。

・手順や具体的な期間を定め、定期的にバックアップを保管する。

　☞　バックアップは、数世代を保管している。

　☞　バックアップする場合、暗号化等の秘匿化の措置を講じている。

　☞　バックアップした媒体は施錠保管し、数量管理している。

　☞　バックアップした媒体は、遠隔地に保管する。

　☞　情報システムのOSやアプリケーションのバックアップも保管する。

　☞　バックアップから迅速に個人情報が復元できることのテストを実施する。

　☞　バックアップの履歴やバックアップに関する各種事象、障害について記録する。

　　※バックアップの要否については、復旧の容易性やコスト等を勘案して事業者で判断することである。

第4節　データを輸送・送信する場合の漏えい等の防止

個人情報等のデータが記録された記録媒体（書類や電子媒体等）を輸送したりデータを送信したりする場合は、盗難や紛失、盗み見、盗聴などのリスクがあるから、容易にデータが読み取られることのないように、安全な方策を講じなければならない。

なお、データを事業所外に持ち出す場合だけでなく、事業所内のデータ移動であっても盗難や紛失等のリスクはあるから、セキュリティレベルの異なるエリアにデータを移動させる場合にも、安全な方策を講ずるべきである。

通則ガイドラインの「10（別添）講ずべき安全管理措置の内容」は、物理的安全管理措置として講じなければならない事項として、「⑶ 電子媒体等を持ち運ぶ場合の漏えい等の防止」をあげて、次の手法を例示している。

図表76　電子媒体等を持ち運ぶ場合の漏えい等の防止

講じなければならない措置	手法の例示	中小規模事業者における手法の例示
⑶電子媒体等を持ち運ぶ場合の漏えい等の防止 　　個人データが記録された電子媒体又は書類等を持ち運ぶ場合、容易に個人データが判明しないよう、安全な方策を講じなければならない。 　　「持ち運ぶ」とは、個人データを管理区域又は取扱区域から外へ移動させること又は当該区域の外から当該区域へ移動させることをいい、事業所内の移動等であっても、個人データの紛失・盗難等に留意する必要がある。	・持ち運ぶ個人データの暗号化、パスワードによる保護等を行った上で電子媒体に保存する。 ・封緘、目隠しシールの貼付けを行う。 ・施錠できる搬送容器を利用する。	・個人データが記録された電子媒体又は個人データが記載された書類等を持ち運ぶ場合、パスワードの設定、封筒に封入し鞄に入れて搬送する等、紛失・盗難等を防ぐための安全な方策を講ずる。

［参考知識：電子媒体等を持ち運ぶ場合の漏えい等の防止の手法の例］

　通則ガイドラインが例示する手法のほかに、次の手法があげられる。

【電子媒体等を持ち運ぶ場合の漏えい等の防止の手法の例】

　・専用の書類入れを使用する。

　・持ち運ぶ場合は、手元から手放さない。

　・あて先を複数回確認のうえ送付し、受領・受信の確認を行う。

　・郵送は、簡易書留等の送付・受領が確認できるサービスを利用する。

　・適切な運送業者を選定する。

　・メールやＦＡＸによる秘密情報の送信は原則として行わない。

　・送信する場合には、あらかじめ責任者の承認を得る。

　・送信の際には、通信経路の暗号化、データの暗号化やパスワードによる保護を行う。

第5節　個人情報を記録した媒体の廃棄の際には、再利用できない措置を講じる

　紙媒体の廃棄に注意すべきはもちろんのこと、個人情報を記録した記憶媒体が故障したからといって安易に廃棄すると、第三者がデータを復旧し（データサルベージ）、個人情報が漏えいしてしまう可能性がある。そこで、再利用やデータサルベージができないような確実な措置を講じて廃棄する必要がある。

　データの削除や媒体の廃棄は、復元できない手段で行わなければならない。また、データの削除やデータが記録された機器、電子媒体等の廃棄の記録を保存することや、それらの作業を委託する場合には、委託先が確実に削除又は廃棄したことについて証明書等により確認することも重要である。

　通則ガイドラインの「10（別添）講ずべき安全管理措置の内容」は、物理的安全管理措置として講じなければならない事項として、「(4) 個人データの削除及び機器、電子媒体等の廃棄」をあげて、次の手法を例示している。

図表77　個人データの削除及び機器、電子媒体等の廃棄

講じなければならない措置	手法の例示	中小規模事業者における手法の例示
(4)個人データの削除及び機器、電子媒体等の廃棄 　個人データを削除し又は個人データが記録された機器、電子媒体等を廃棄する場合は、復元できない手段で行わなければならない。 　個人データを削除した場合、又は、個人データが記録された機器、電子媒体等を廃棄した場合には、削除又は廃棄した記録を保存することや、それらの作業を委託する場合には、委託先が確実に削除又は廃棄したことについて証明書等により確認することも重要である。	(個人データが記載された書類等を廃棄する方法の例) ・焼却、溶解、適切なシュレッダー処理等の復元不可能な手段を採用する。 (個人データを削除し、又は、個人データが記録された機器、電子媒体等を廃棄する方法の例) ・専用のデータ削除ソフトウェアの利用又は物理的な破壊等の手段を採用する。	・個人データを削除し、又は、個人データが記録された機器、電子媒体等を廃棄したことを、責任ある立場の者が確認する。

[参考知識：個人データの削除及び機器、電子媒体等の廃棄の手法の例]

【個人データの削除及び機器、電子媒体等の廃棄の手法の例】

・保管期間が経過した個人情報は、確実に消去・廃棄・返却する。

・個人情報を記録した媒体は、媒体の種類ごとに確実に消去・廃棄・返却する。

☞　個人情報を記録した紙媒体をシュレッダーで細かく裁断する（裁断された紙は時間をかければ復元される可能性があるため、情報の重要性に応じて裁断の細かさを決める）。

☞　個人情報を記録した紙媒体を専門の業者に依頼して溶解処分する。

☞　個人情報を記録した外部記録媒体（CD, DVD, USBメモリ, ハードディスク等）を裁断・破砕する（メディアシュレッダーの利用, ドリルで穴を開ける, ハンマーで破砕する等）。

☞　個人情報を記録した外部記録媒体を物理的に破壊しない場合、データを完全消去する（初期化しただけでは記録媒体の管理情報が消去されただけの場合があるため、意味のないデータを媒体に1回又は複数回上書きする, 専用のデータ削除ソフトウェアを利用する）。

☞　個人データが記録された媒体や機器（コピー機やＦＡＸ機を含む）をリース会社やレンタル業者に返却する前にデータを完全消去する, 契約によりリース業者等による完全消去義務を定める。

・個人情報を消去・廃棄・返却した記録を取り、その記録を一定期間保管する。

・外部の者に消去・廃棄させる場合、廃棄証明等を取得する。

☞　消去・廃棄を委託する場合は、廃棄作業に立ち会って廃棄状況の確認をする。

☞　廃棄証明書の発行を義務付ける。

・保管している個人情報を誤廃棄しないための手順を定め、遵守する。

・法令等で保管期間が定められた個人情報を誤って保管期間満了前に消去・廃棄しないための対策を講じる。

・個人情報が記載された書類の裏面を使用しない。

第4編　情報システムセキュリティ

第9章　技術的安全管理措置

　情報資産をマルウェアや不正アクセス等の被害から技術的に守るためのセキュリティ対策が、技術的安全管理措置である。

　通則ガイドラインの「10（別添）講ずべき安全管理措置の内容」には、技術的安全管理措置として講じなければならない措置と講じる手法が記載されている。

　また、JISQ15001にも技術的安全管理措置として講じなければならない事項が記載されている。

図表78　技術的安全管理措置（通則GL）

講じなければならない措置	手法の例示	中小規模事業者における手法の例示
(1)アクセス制御 　担当者及び取り扱う個人情報データベース等の範囲を限定するために、適切なアクセス制御を行わなければならない。	・個人情報データベース等を取り扱うことのできる情報システムを限定する。 ・情報システムによってアクセスすることのできる個人情報データベース等を限定する。 ・ユーザIDに付与するアクセス権により、個人情報データベース等を取り扱う情報システムを使用できる従業者を限定する。	・個人データを取り扱うことのできる機器及び当該機器を取り扱う従業者を明確化し、個人データへの不要なアクセスを防止する。
(2)アクセス者の識別と認証 　個人データを取り扱う情報システムを使用する従業者が正当なアクセス権を有する者であることを、識別した結果に基づき認証しなければならない。	（情報システムを使用する従業者の識別・認証手法の例） 　・ユーザID、パスワード、磁気・ICカード等	・　機器に標準装備されているユーザ制御機能（ユーザーアカウント制御）により、個人情報データベース等を取り扱う情報システムを使用する従業者を識別・認証する。

(3)外部からの不正アクセス等の防止 　個人データを取り扱う情報システムを外部からの不正アクセス又は不正ソフトウェアから保護する仕組みを導入し、適切に運用しなければならない。	・情報システムと外部ネットワークとの接続箇所にファイアウォール等を設置し、不正アクセスを遮断する。 ・情報システム及び機器にセキュリティ対策ソフトウェア等（ウイルス対策ソフトウェア等）を導入し、不正ソフトウェアの有無を確認する。 ・機器やソフトウェア等に標準装備されている自動更新機能等の活用により、ソフトウェア等を最新状態とする。 ・ログ等の定期的な分析により、不正アクセス等を検知する。	・　個人データを取り扱う機器等のオペレーティングシステムを最新の状態に保持する。 ・　個人データを取り扱う機器等にセキュリティ対策ソフトウェア等を導入し、自動更新機能等の活用により、これを最新状態とする。
(4)情報システムの使用に伴う漏えい等の防止 　情報システムの使用に伴う個人データの漏えい等を防止するための措置を講じ、適切に運用しなければならない。	・情報システムの設計時に安全性を確保し、継続的に見直す（情報システムのぜい弱性を突いた攻撃への対策を講じることも含む。）。 ・個人データを含む通信の経路又は内容を暗号化する。 ・移送する個人データについて、パスワード等による保護を行う。	・　メール等により個人データの含まれるファイルを送信する場合に、当該ファイルへのパスワードを設定する。

図表79　技術的安全管理措置（JIS Q 15001）

講じなければならない事項	
1　個人情報へのアクセスにおける識別と認証	(1) 個人情報へのアクセスにおいて、識別情報による認証を実施していること。 (2) 個人情報を格納した情報システムについて、デフォルトの設定を必要に応じて適切に変更していること。 (3) 識別情報の発行・更新・廃棄が、ルールに従っていること。 (4) 識別情報を平文で記録していないこと。 (5) 識別情報の設定及び利用が、ルールに従っていること。 (6) 個人情報へのアクセス権限を有する従業者が使用できる端末又はアドレス等について制限していること。
2　個人情報へのアクセス制御	(1) 個人情報にアクセスできる従業者の数を必要最小限にしていること。 (2) 個人情報にアクセスできる識別情報を複数人で共用していないこと。 (3) 従業者に付与するアクセス権限は必要最小限にしていること。 (4) 個人情報を格納した情報システムの同時利用者数を制限していること。 (5) 個人情報を格納した情報システムの利用時間を制限していること。

		(6) 個人情報を格納した情報システムを無権限アクセスから保護していること。
		(7) 個人情報にアクセス可能なアプリケーションの無権限利用を防止していること。
		(8) 個人情報を取り扱う情報システムに導入したアクセス制御機能の有効性を検証していること。
3	個人情報へのアクセス権限の管理	(1) 個人情報にアクセスできる者を許可する権限管理を適切かつ定期的に実施していること。
		(2) 個人情報を取り扱う情報システムへのアクセスは必要最小限であるよう制御していること。
4	個人情報へのアクセスの記録	(1) 個人情報へのアクセスや操作の成功と失敗の記録を取得し、保管していること。
		(2) 取得した記録について、漏えい、滅失及びき損から適切に保護していること。
5	個人情報を取り扱う情報システムについての不正ソフトウェア対策	(1) ウイルス対策ソフトウェアを導入していること。
		(2) OSやアプリケーション等に対するセキュリティ対策用修正ソフトウェア（いわゆるセキュリティパッチ）を適用していること。
		(3) 不正ソフトウェア対策の有効性・安定性を確認していること。
		(4) 個人情報にアクセスできる端末にファイル交換ソフトウェアをインストールしていないこと。
6	個人情報の移送・送信時の対策	(1) 個人情報の受渡しには授受の記録を残していること。
		(2) 情報システムの変更時に、それらの変更によって情報システム又は運用環境のセキュリティが損なわれないことを検証していること。
		(3) 盗聴される可能性のあるネットワークで個人情報を送信する際に、個人情報の暗号化又はパスワードロック等の秘匿化の措置を講じていること。
7	個人情報を取り扱う情報システムの動作確認時の対策	(1) 情報システムの動作確認時のテストデータとして個人情報を利用していないこと。
		(2) 個人情報を取り扱うコンピュータの操作において、離席時は、パスワード付きスクリーンセーバーの起動又はログオフを実施する。
8	個人情報を取り扱う情報システムの監視	(1) 個人情報を取り扱う情報システムの使用状況を定期的にチェックしていること。
		(2) 個人情報へのアクセス状況を定期的にチェックしていること。

第1節　情報へのアクセス制御

不正アクセスという脅威に対応するためには、利用者のアクセス制御を実施する必要がある。
アクセス制御に関して講じる項目としては、以下のものが考えられる。

【アクセス制御に関して講じる項目】

1　個人情報等にアクセスできる従業者の数を必要最小限にする
2　個人情報等にアクセスできる識別情報を複数人で共用しない
3　従業者に付与するアクセス権限は必要最小限にする
4　個人情報等を格納した情報システムの同時利用者数を制限する
5　個人情報等を格納した情報システムの利用時間を制限する
6　個人情報等を格納した情報システムを無権限アクセスから保護する
7　個人情報等にアクセス可能なアプリケーションの無権限利用を防止する
8　個人情報等を取り扱う情報システムに導入したアクセス制御機能の有効性を検証する

1　個人情報等にアクセスできる従業者の数を必要最小限にする

【手法の例】

・個人情報等にアクセスできる従業者の数を必要最小限にする。

☞　小規模事業者の場合、従業者全員がアクセス権をもたなければ業務が成り立たない場合もあるが、
それを否定するものではない。

2　個人情報等にアクセスできる識別情報を複数人で共用しない

【手法の例】

・個人情報等の重要情報にアクセスできる識別情報を複数人で共用することを禁止する。
・個人情報等の重要情報にアクセスできる識別情報を複数人で共用することが必要な場合は、
共用者を最小限に特定し、利用状況を把握する。

3　従業者に付与するアクセス権限は必要最小限にする

【手法の例】

・従業者に付与するアクセス権限は必要最小限にする。

☞　小規模事業者の場合、従業者全員が完全なアクセス権を持たなければ業務が成り立たない場合もあ
るが、それを否定するものではない。

4　個人情報等を格納した情報システムの同時利用者数を制限する

個人情報等の重要情報にアクセスした者や操作の記録を正確に保存・管理するために、同時に
アクセスする利用者数の制限を設けるべきである。

【手法の例】

・個人情報等を格納した情報システムの同時利用者数を制限する。

5　個人情報等を格納した情報システムの利用時間を制限する

【手法の例】

　・休業日や業務時間外等の時間帯については、情報システムにアクセスできないようにする，
　　上長の承認を得て作業する，複数人で作業する等の措置を講じる。
　　なお、24時間年中無休で稼働させている場合は不要である。

6　個人情報等を格納した情報システムを無権限アクセスから保護する

【手法の例】

　・ファイアウォール、ルータ等の設定を行い、個人情報等の重要情報を格納した情報システム
　　を無権限アクセスから保護する措置を講じる。
　・個人情報等の重要情報を公開セグメント（DMZ）に配置しない。

7　個人情報等にアクセス可能なアプリケーションの無権限利用を防止する

【手法の例】

　・アプリケーションシステムに認証システムを実装する。
　・担当者ごとに業務上必要なソフトウェアのみインストールする。
　・担当者ごとに業務上必要な機能のみメニューに表示させる。
　・個人情報等を取り扱う情報システムにアクセスできる端末を限定しあらかじめ登録しておく。
　・個人情報等の重要情報の入力や利用・加工を行う端末を限定する。
　・個人情報等の重要情報を取り扱う端末には、必要以上の機能を付加しない。

8　個人情報等を取り扱う情報システムに導入したアクセス制御機能の有効性を検証する

【手法の例】

　・個人情報を取り扱う情報システムに導入したアクセス制御機能の有効性を検証する。
　・ウェブアプリケーションの脆弱性の有無を検証する。

第2節　アクセス者の識別と認証

　不正アクセスという脅威に対応するためには、情報へのアクセス制御とともに、アクセスした
利用者が誰であるかを識別し（利用者の識別）、本人であることを確認し（認証）、更に利用者
のアクセス権限を確認するという一連の手続が必要である。

　アクセス者の識別と認証のためには、認証技術が利用される。

　アクセス者の識別と認証に関して講じる項目としては、以下のものが考えられる。

【アクセス者の識別と認証として講じる項目】

　1　情報へのアクセスにおいて、識別情報による認証を実施する

　2　情報システムについて、デフォルトの設定を必要に応じて適切に変更する
　3　識別情報の発行・更新・廃棄がルールに従っていること
　4　識別情報を平文で記録しない
　5　識別情報の設定及び利用のルールに従う
　6　個人情報等へのアクセス権限を有する従業者が使用できる端末又はアドレス等について
　　制限する

1　情報へのアクセスにおいて、識別情報による認証を実施する
【手法の例】
　・コンピュータやサーバ等のログイン時に識別情報の入力による認証を実施する。

2　情報システムについて、デフォルトの設定を必要に応じて適切に変更する
【手法の例】
　・コンピュータやサーバ等の設定において、パスワードや SNMP コミュニティ文字列の変更、
　　不要なアカウントの削除を実施する等、情報システムについて、デフォルトの設定（メーカー
　　出荷時の初期状態）を必要に応じて適切に変更する。
　・不要な付加機能（スクリプト、ドライバー等）を無効にする。

3　識別情報の発行・更新・廃棄がルールに従っていること
【手法の例】
　・クライアントコンピュータ起動、ネットワーク接続、電子メール、グループウェア、ファイ
　　ルサーバー、業務処理システム等のアカウント等について、識別情報（ID、パスワード等）
　　の発行・更新・廃棄をルールに従って行う。
　・人事異動や退職時等に、アカウントの発行・更新・廃棄を適時実施する。

4　識別情報を平文で記録しない。
【手法の例】
　・識別情報を暗号化等の秘匿化の措置を講じて保管する。
　・識別情報を平文で記録している場合、施錠保管する等の措置を実施する。

5　識別情報の設定及び利用のルールに従う。
　ここでは、識別情報のうち、主に ID とパスワードに関する設定及び利用のルールについて説
明する。

　(1)　ID・パスワードの設定・利用のルール
　　【手法の例】
　　・パスワードの有効期限を設定する。

・同一又は類似パスワードの再利用を制限する。

・最低パスワード文字数を設定する。

・パスワードの設定方法（文字、数字、記号を必ず混ぜて設定する等）を定める。

・ワンタイムパスワードを利用する。

・一定回数以上ログインに失敗したIDの停止等の措置を講じる。

[参考知識：パスワードの定期的な変更について]

　パスワードの有効期限を設定して定期的に変更することについては、必ずしも有効な手法ではないという指摘がある。

　すなわち、侵入者はパスワードの有効期限内に不正を完了してしまうから、パスワードを定期的に変更しても有効な対策とはいえない。また、頻繁なパスワード変更はユーザのフラストレーションを増やし、ユーザがいくつかの覚えやすいパスワードを繰り返して使うようになってしまい、リスクを増やすだけであるということもできる。

　このような問題があるため、パスワードの変更を定期的に行うよりも、不正アクセスが疑われる場合にパスワードを変更するに留めるべきという意見がある。

---

(2)　パスワード管理に関して参照できる規範

　　IDとパスワードによる認証方式の場合、パスワードの盗用を防止するための秘密管理が重要である。上にあげた手法以外のパスワードの秘密管理対策については、以下の規範が参照できる。

　　①　コンピュータ不正アクセス対策基準

　　　　「コンピュータ不正アクセス対策基準」（経産省）の、①システムユーザ基準（システムユーザが実施すべき対策）と②システム管理者基準（システム管理者が実施すべき対策）の中に、ユーザIDとパスワードの管理について実施すべき対策が掲載されている。

[参考知識：ユーザIDとパスワードの管理の例（システムユーザ）]

　「コンピュータ不正アクセス対策基準」の「システムユーザ基準」に、「(1) パスワード及びユーザID管理」として、以下の手法の例が挙げられている。

【ユーザによるユーザIDとパスワードの管理の例】

・ユーザIDは、複数のシステムユーザで利用しないこと。

・ユーザIDは、パスワードを必ず設定すること。

・複数のユーザＩＤを持っている場合は、それぞれ異なるパスワードを設定すること。

・悪いパスワードは、設定しないこと。

・パスワードは、随時変更すること。

・パスワードは、紙媒体等に記述しておかないこと。

・パスワードを入力する場合は、他人に見られないようにすること。

・他人のパスワードを知った場合は、速やかにシステム管理者に通知すること。

・ユーザIDを利用しなくなった場合は、速やかにシステム管理者に届け出ること。

[参考知識：ユーザ ID とパスワードの管理の例（システム管理者）]

　「コンピュータ不正アクセス対策基準」の「システム管理者基準」に、「(2) システムユーザ管理」として、システム管理者によるユーザ ID とパスワードの管理として、以下の手法の例が挙げられている。

【システム管理者によるユーザ ID とパスワードの管理の例】

　・ユーザ ID は、個人単位に割り当て、パスワードを必ず設定すること。

　・長期間利用していないユーザ I Dは、速やかに停止すること。

　・ユーザ ID の廃止等の届出があった場合は、速やかに登録を抹消すること。

　・パスワードは、当該システムユーザ以外に知らせないこと。

　・パスワードのチェックを随時行い、悪いパスワードは、速やかに変更させること。

　・パスワードが当該システムユーザ以外に知られた場合又はその疑いのある場合は、速やかに変更させること。

②　その他

　　「外部記憶媒体のセキュリティ対策」（(独)情報処理推進機構（IPA））及び「国民のための情報セキュリティサイト」（総務省）にも、ID・パスワードに関する安全管理策が掲載されている。

[参考知識：「外部記憶媒体のセキュリティ対策」や「国民のための情報セキュリティサイト」が掲載する安全管理策]

【ユーザ ID とパスワードの管理の例】

1　パスワードの強化

　・使用できる文字種（大小英文字、数字、記号）全てを組み合わせ、8 文字以上のパスワードにする。

　・単語や人名をそのまま使用しない。

　・類推しやすい文字列（電話番号、郵便番号、生年月日、社員コード、同じ文字の繰り返し等）にしない。

2　ID・パスワードの適切な利用

　・ネットカフェなどの不特定多数が利用するパソコンでインターネットサービスにログインしない。

　・過去に使ったことのあるパスワードの使いまわしや複数のサービスでの同じ ID やパスワードの使い回しをしない。

　・パスワードの貸与や複数人での共用をしない。

3　ID・パスワードの適切な管理

　・パスワードを他者に教えない。

　・ID やパスワードを電子メールでやりとりしない。

　・パスワードのメモを作ったり、ディスプレイにそのメモを貼ったりしない。

　・パスワードをウェブブラウザなどに記憶させない。

> ・パスワードの有効期限を設定する。
> ・人事異動や退職時等にIDの変更・削除を行う。
> ・パスワード盗用が疑われる場合は、直ちにシステムの管理者（情報システム運用責任者等）に報告する。
> ・パスワード盗用の可能性がある場合（指定回数以内に正しいパスワードが入力されない場合等）に当該IDを停止する（パスワードロック，アカウントロック）。

6　個人情報等へのアクセス権限を有する従業者が使用できる端末又はアドレス等について制限する

【手法の例】

・個人情報等の重要情報へのアクセス権限を有する従業者が使用できる端末又はアドレス等について、MACアドレス認証、IPアドレス認証、電子証明書や秘密分散技術を用いた認証等により制限する。

第3節　情報へのアクセス権限の管理

個人情報等の重要情報へのアクセス権限の管理については、以下の項目を実施することが考えられる。

【重要情報へのアクセス権限の管理の項目】

1　個人情報等の重要情報にアクセスできる者を許可する権限管理を適切かつ定期的に実施する
2　個人情報等の重要情報を取り扱う情報システムへのアクセスが必要最小限であるよう制御する

1　個人情報等の重要情報にアクセスできる者を許可する権限管理を適切かつ定期的に実施する

【手法の例】

・個人情報等にアクセスする者の登録を行う作業担当者が適当であることを定期的に十分に審査し、その者だけが行えるようにする。
・個人情報等にアクセスする者の登録を行う作業担当者が自分のために設定したアクセス権について、定期的に第三者が点検する。

2　個人情報等の重要情報を取り扱う情報システムへのアクセスが必要最小限であるよう制御する

利用者が一般利用者なのか情報システムの管理者なのかといった情報システムの権限のレベ

ルや、利用者が担当する業務などに応じて、アクセスできるデータや操作権限を必要最小限に制限するべきである。

　アクセス権の付与はその者に必要な最小限の権限のみを与えるという考え方を「need to know」ということがある。

【重要情報を取り扱う情報システムへのアクセスを必要最小限にする手法の例】

・個人情報等を移送・送信する作業を行うだけの者には、個人情報等の内容を閲覧、変更する権限を付与しない。

・個人情報等を閲覧することのみが業務上必要とされる者には、個人情報等の複写、複製を行う権限を付与しない。

・個人情報等をバックアップする作業を行うだけの者には、個人情報等の内容を閲覧、変更する権限を付与しない。

・個人情報等を入力する作業を行うだけの者には、個人情報等の内容を出力する権限を付与しない。

第4節　情報へのアクセスの記録

　個人情報等の重要情報へのアクセスの記録については、以下の項目を実施することが考えられる。

【重要情報へのアクセスの記録の実施項目】

　1　個人情報へのアクセスや操作の成功と失敗の記録を取得し、保管する

　2　取得した記録について、漏えい、滅失及びき損から適切に保護する

1　個人情報へのアクセスや操作の成功と失敗の記録を取得し、保管する

　トレーサビリティを確保するために、個人情報へのアクセスや操作の記録を保管する。

　不正なアクセスの記録はもちろんだが、正当なアクセスの記録も保存し、一定の期間保管すべきである。漏えいは内部犯行（正当なアクセスからの漏えい）である場合が多く、発覚するまで数ヶ月以上を要することがあるからである。

　ただし正当なアクセス記録の保存期間は一概には定められないので、事業者ごとに判断する。

【手法の例】

・個人情報へのアクセスや操作の成功と失敗についての記録を取得し、保管する。

・情報システムのアクセスログについては、利用者の人数や利用状況、情報システムで取り扱う個人情報を考慮して取得する。個人情報へのアクセスや操作を記録できない場合は、情報システムへのアクセスの成功と失敗の記録を取得する。

・正当なアクセスの記録について、一定期間は保管する

・個人情報を保管している情報システムやネットワークへのアクセスログを定期的にチェックする。

・情報システムのアクセスログから内部の異常アクセス（例えば、休業日、業務時間外のアク

セス、ログインエラー等）をチェックする。

・ウェブサーバのアクセスログから外部の不正アクセスをチェックする。

2　取得した記録について、漏えい、滅失及びき損から適切に保護する

1で取得した個人情報や情報システムへのアクセスの記録は、それ自体が個人情報に該当する場合があるので、その管理には注意を要する。

【手法の例】

・取得した記録は、施錠保管する。

・取得した記録は、暗号化やパスワードロック等の秘匿化等の措置を講じて保管する。

第5節　不正ソフトウェア対策

不正ソフトウェア（マルウェア）には、ウイルス、ワーム、スパイウェア、ボット等、様々な種類があり、マルウェアに感染すると、情報資産が漏えい・き損し、使用不能になる等、情報資産の機密性、完全性又は可用性が損なわれる恐れがある。さらに、マルウェアに感染した機器を経由して顧客等が攻撃の対象となるなど、自社内にとどまらない被害が発生するおそれもある。

マルウェアは、種類ごとに異なる特徴を持っているから、それぞれの特徴に合わせた対応が必要となる。

不正ソフトウェア対策については、以下の項目を講じなければならない。

【不正ソフトウェア対策の実施項目】

1　ウイルス対策ソフトウェアを導入する

2　OSやアプリケーション等に対するセキュリティパッチを適用する

3　不正ソフトウェア対策の有効性・安定性を確認する

4　個人情報等にアクセスできる端末にファイル交換ソフトウェアをインストールしない

1　ウイルス対策ソフトウェアを導入する

【手法の例】

・個人情報を取り扱う情報システム（コンピュータ、サーバー等）にはウイルス対策ソフトウェアを導入する。

   ☞　スマートフォンやタブレットも、アプリのダウンロードやアプリの実行に伴って不正ソフトウェアに感染する危険性があるから、業務利用するスマートフォンやタブレットは、ウイルス対策ソフトウェアを導入する必要がある。

・ウイルス対策ソフトウェアは、常に最新のパターンファイルを適用する。

2　OSやアプリケーション等に対するセキュリティパッチを適用する

システムによっては、セキュリティパッチ（セキュリティ対策用修正ソフトウェア）を適用することで動作がおかしくなることがあるので、必要性を判断した上で適用・不適用を判断する。

メーカーがサポートを終了したOSやアプリケーションを使用することはリスクが大きい。

3　不正ソフトウェア対策の有効性・安定性を確認する。

【手法の例】

・どのような不正ソフトウェアが存在するか、状況を把握する。

・パターンファイルや修正ソフトウェアによる更新後に、有効性や動作の安定性を確認する。

4　個人情報等にアクセスできる端末にファイル交換ソフトウェアをインストールしない。

【手法の例】

・個人情報等の重要情報にアクセスできる端末の利用者に、ソフトウェアをインストールする権限を与えない。

・自宅での作業を認めている場合、自宅のコンピュータについてもファイル交換ソフトウェア（Winny, Share, Gnutella, BitTorrent 等）をインストールしていないことを条件とする。

第6節　情報の移送・送信時の対策

　個人情報等の重要情報の社外への移送・送信は、紛失・置き忘れ・盗難及び誤送信・盗聴（傍受）といった脅威と隣合わせである。

　従って、個人情報等の社外への移送・送信は原則として禁止し、業務遂行上の必要性が認められる場合に限って、以下のような明確なルールに従って実施するようにしなければならない。

【重要情報を移送・送信する際のルール】

　1　個人情報等の受渡しには授受の記録を残す

　2　個人情報等を媒体で移送するときに、移送時の紛失・盗難が生じた際の対策を講じる

　3　盗聴される可能性のあるネットワークで個人情報等を送信する際に、個人情報等の暗号化又はパスワードロック等の秘匿化の措置を講じる

1　個人情報等の受渡しには授受の記録を残す

【手法の例】

・個人情報等の重要情報を記録した媒体を社外（顧客，委託先等）や組織内の遠隔地事業所と手渡し、又は郵便，宅配便等で授受するときは、責任の所在の明確化や紛失した場合の追跡等のため、授受記録を取り保管する。授受の記録は互いの責任範囲を明確にするものであるから、双方が確認した記録であることが望ましい。

・電子メールの末尾には署名（シグネチャ）として送信者の名前や所属、連絡先（メールアドレス）を書き添える。但し、必要以上の情報（自宅の住所や電話番号等）は記載しないことが望ましい。

2　個人情報等を媒体で移送するときに、移送時の紛失・盗難が生じた際の対策を講じる

【手法の例】

・個人情報等を記録した媒体の社外への移送は原則として禁止し、業務遂行上の必要性がある場合に限り認める。

・個人情報等を記録した媒体を郵便、宅配便、社用車等で送付するとき、宛先記載ミス、誤封入、誤送付等を防止するため、宛先や送付物を確認する。

・送付する個人情報等の重要度に応じて、適切な送付手段（社用車、セキュリティ便、書留、配達証明、本人限定受取郵便等）を採用する（社内便の場合は親展扱いに限る）。

・個人情報等が記録された媒体を社用車その他の交通機関を利用して運搬するとき（自宅に持ち帰る場合を含む）は、運搬ルールを遵守する。

・個人情報等が記録された媒体の運搬時（自宅に持ち帰る場合を含む）に紛失、車上荒し、置引き、ひったくり等の予防策を個人情報等の重要度に応じて実施する。

> 【紛失・盗難等の予防策の例】
> ・専用かばんの使用, 運搬車両の施錠, 肌身離さない携行（電車の網棚に置かない等）, 運搬途中に立寄らない等

・個人情報等の重要度やリスクに応じて、個人情報等を記録した媒体の暗号化やパスワードロック等の秘匿化の措置を講じる。

3　盗聴される可能性のあるネットワークで個人情報等を送信する際に、個人情報等の暗号化又はパスワードロック等の秘匿化の措置を講じる

　インターネットや無線LAN等のように、盗聴（傍受）される可能性のあるネットワークで個人情報等の重要情報を送信する際には、盗聴等の脅威に対応する技術的措置を講ずる必要がある。

【手法の例】

・ウェブサイトで本人に個人情報を入力させる場合は、SSL（SSL/TLS）による通信, SQLインジェクションの対策, クロスサイトスクリプティングの対策等の措置を実施する。

・SSL等の措置を取っている場合、cookie も暗号化する。

> ☞　cookie（クッキー）とは、ウェブサイトの提供者が、ユーザのコンピュータに保存させる管理用のファイルである。ユーザの登録情報やサイトの訪問履歴などを記録しておくことで、次にユーザがアクセスする際にログイン処理を省略して前回の続きのようにサービスを受けることができるなどの利点がある。
>
> 他方で、XSS等によってユーザの登録情報を含む cookie が抜き取られると、ユーザになりすました不正なログインを許してしまう危険がある。

・ネットワークでの個人情報等の送信は、原則として組織内ネットワークに限り、ウェブサイトでの個人情報等の送信は業務遂行上の必要性が認められる場合に限って行う。

・ウェブサイトで個人情報等を送受信するにあたり、電子メールの添付ファイルで送受信する

場合や、FTP でファイル転送する場合は、それぞれ暗号化やパスワードロック等の秘匿化の措置を講じる。

【秘匿化の措置の例】

- ・メールの受信者が「公開鍵」を公開している場合は、公開鍵を使用して暗号化する。
- ・メールの送信者と受信者で共通鍵を生成し、共通鍵を使用して暗号化する。

・パスワードロックを行う場合、パスワードの設定方法（文字数や文字・記号・数字の使用等）やパスワードの通知方法についてルールを定め、それを遵守する。

・個人情報等を電子メールで送信するとき、誤送信を防止するため、宛先や送信内容を確認するルールを定め、遵守する。

【誤送信防止のためのルールの例】

- ・送信ボタンを押下する前に宛先の再確認をする。
- ・メールソフトの設定等で送信ボタンを押下してもメールが即時送信されない機能（一旦送信トレイに格納される、送信前にメールの内容の確認を促す）を利用する。
- ・受信した電子メールを第三者に転送する場合は、メールの内容と転送する宛先を慎重に確認する。

・電子メールを社外の複数宛先に同時に送信するときは、その宛先は BCC（ブラインドカーボンコピー：Blind Carbon Copy）を使用し、又は宛先を伏せて送信できるようにするシステムやツールを利用する等の対策を実施する。

- ☞ 多数人に同一内容のメールを送信する場合は、宛先を CC（カーボンコピー：Carbon Copy）やBCC にする一斉同報メールを利用するが、CC と BCC は適切に使い分ける必要がある。
- ☞ CC はメールアドレスが受信者全員に表示されるため、受信者がお互いのメールアドレスを知らない場合は、メールアドレスの漏えいとなってしまう。このような場合は BCC を利用する。

[参考知識：電子メールを受信する際の脅威]

　電子メールを受信する際に注意すべき脅威としては、フィッシングメールや標的型メール、スパムメールが考えられる。

[参考知識：無線 LAN のセキュリティ対策]

　無線 LAN の運用は、通信内容が傍受（盗聴）される危険性と隣合わせである。企業が無線 LAN を使用する際は、次のような対策が必要である。

【無線 LAN のセキュリティ対策の手法の例】

- ・WPA2 などの強力な暗号化方式を利用する。
- ・文字、数字、記号を混ぜ、20 文字以上にする等、推測されにくいパスワードを利用する。
- ・無線 LAN アクセスポイントで、ANY 接続拒否や、ステルス機能の設定を行う。
- ・接続のための認証機能を持つ無線 LAN スイッチと認証サーバ等の環境を導入する。
- ・電波が社外に漏れないような物理的対策（電波遮断シールド等）を講じる。

第7節　情報システムの動作確認時の対策

　情報システムの動作確認時の対策としては、以下の項目の実施が考えられる。

【情報システムの動作確認時の対策項目】

　1　情報システムの動作確認時のテストデータとして個人情報等の重要情報を利用しない

　2　情報システムの変更時に、それらの変更によって情報システム又は運用環境のセキュリティが損なわれないことを検証する

1　情報システムの動作確認時のテストデータとして個人情報等の重要情報を利用しない

【手法の例】

・情報システムの動作確認時のテストデータとして個人情報等を利用することを禁止する。

・やむを得ず個人情報等をテストデータとして利用する場合、利用できる条件を明確にし、それに従う。

　　【重要情報をテストデータとして利用する場合の条件の例】

　　　・事前承認を必要とし、利用する個人情報等はマスキングや置換え、暗号化をする。

　　　・テスト環境と本番環境を分離する（本番データの誤った書換えや試験環境の障害による運用停止などの対策）。

　　　・同一環境を利用せざるを得ない場合は、テスト環境と本番環境とでシステムの使用領域（ディスク，ユーザグループ等）を分離する。

　　　・テスト後は、テストデータを情報管理責任者等に返却する、又は確実に破棄する。

2　情報システムの変更時に、それらの変更によって情報システム又は運用環境のセキュリティが損なわれないことを検証する

【手法の例】

・情報システムの変更時に、情報システム又は運用環境のセキュリティが変更前と同等以上に維持されていることを検証する。

・不要になったシステム機能が残存していないか確認する。

・システム変更によりウェブサイトやモバイルサイトに公開すべきでない個人情報が閲覧できるようになっていないか公開前に確認する。

第8節　情報システムの監視

　個人情報等の重要情報を取り扱う情報システムの管理運営体制が十分であるかについて、運用状況を定期的に確認し、問題があれば是正、見直しをすることが重要である。

　なお、個人情報を取り扱う情報システムを監視した結果の記録は、それ自体が個人情報に該当する場合があるので、その管理には注意を要する。

　情報システムの監視については、以下の項目の実施が考えられる。

【情報システムの監視項目】

　1　個人情報等の重要情報を取り扱う情報システムの使用状況を定期的にチェックする

　2　個人情報等の重要情報へのアクセス状況を定期的にチェックする

著者紹介

坂東 利国（ばんどう よしくに）

慶應義塾大学法学部法律学科卒業　弁護士（東京弁護士会）
東京エクセル法律事務所パートナー弁護士
日本労働法学会所属
日本 CSR 普及協会所属
一般財団法人日本ハラスメントカウンセラー協会顧問
主な取扱業務は人事・労務、一般取引等の法律顧問・代理人

【主な著書】
「マイナンバー社内規程集」（日本法令）
「個人情報保護士認定試験公認テキスト」（マイナビ出版）
「無期転換制度による法的リスク対応と就業規則等の整備のポイント」（DVD・日本法令）
「働き方改革と労働法務（働き方改革検定公式テキスト）」（マイナビ出版）
「人事に役立つハラスメント判例集 50」（マイナビ出版）
「管理職用ハラスメント研修の教科書」（マイナビ出版）
「5つの最高裁判決を踏まえたすぐにわかる『同一労働同一賃金』の実務への影響」
（DVD・日本法令）
「TAX&LAW グループ会社の経営実務―法務・連結会計・税務―」（共著・第一法規）
　ほか

監修者紹介/課題 II

牧野鉄郎（まきのてつろう）

成城大学法学部法律学科卒業

一般財団法人個人情報保護士会特任講師

一般財団法人全日本情報学習振興協会監事

一般財団法人個人情報保護士会監事

一般財団法人全国就職活動支援協会理事

一般財団法人日本ハラスメントカウンセラー協会代表理事

個人情報保護実務検定 公式テキスト

2024年1月28日 初版第1刷発行
2024年8月8日 初版第2刷発行

著　者　坂東 利国

監修者（課題Ⅱ）　牧野鉄郎

編　者　一般財団法人 全日本情報学習振興協会

発行者　牧野 常夫

発行所　一般財団法人 全日本情報学習振興協会
　　　　〒101-0061　東京都千代田区神田三崎町3-7-12
　　　　　　　　　　　　　　　　清話会ビル5F
　　　　　　　　　　　　TEL : 03-5276-6665

販売元　株式会社 マイナビ出版
　　　　〒101-0003　東京都千代田区一ツ橋2-6-3
　　　　　　　　　　　　　　　一ツ橋ビル2F
　　　　TEL : 0480-38-6872（注文専用ダイヤル）
　　　　　　　03-3556-2731（販売部）
　　　　URL : http://book.mynavi.jp

印刷・製本　大日本法令印刷株式会社

©2024　坂東 利国　一般財団法人 全日本情報学習振興協会
ISBNコード　978-4-8399-8601-8　C2034
Printed in Japan